中国社会科学院创新工程学术出版资助项目

Theory
and
Practice of
URBAN
GOVERNANCE

城市管理的理论与实践

宋迎昌 ◎ 著

社会科学文献出版社
SOCIAL SCIENCES ACADEMIC PRESS (CHINA)

前　言

改革开放30多年来，中国的城镇化快速发展，城市建设日新月异，城市管理问题日益突出。俗话说，城市三分靠建设，七分靠管理。好的城市管理，不仅可以实现城市的高效运转，而且可以形成和谐的社会氛围以及良好的生态环境。当前，大力弘扬城市管理学恰逢其时。

国外研究城市管理已有上百年历史，国内仅有十多年历史，尽管起点较低，但研究队伍庞大，吸引了行政管理学、城市历史学、城市经济学、城市社会学、城市地理学、城市规划学等研究领域的学者参与其中，研究成果丰富。但是与中国社会需要相比，仍然存在较大差距：一是对城市管理理论研究不足，多数是就事论事；二是研究成果的应用性不强，多数走在了实践的后面，难以指导城市管理改革；三是研究视野局限，缺乏跨学科综合研究。实践呼唤中国学者要尽早投身该研究领域，拿出令人信服的研究成果。

本人曾长期从事城市与区域规划研究工作，在社会实践中积累了大量研究素材，但对该学科的研究尚属生手。2009年担任中国社会科学院城市发展与环境研究所所长助理兼城市与区域管理研究室主任后，深感肩上学科建设的重任。幸运的是，本研究得到了中国社会科学院基础研究学者资助计划（2009~2012年）的支持，使本人能够抽出三年时间专心研究城市管理问题。本书是本人三年来研究的最终成果。令人欣喜的是，在三年计划结束前夕又得到中国社会科学院创新工程项目出版资助出版本书。

本书在研究思路设计上，将城镇化进程与城市管理模式演变放在一个整体研究框架下，力图从时空演变的角度把握城镇化进程中城市管理模式演变的客观规律，构建起城市管理的理论研究框架。在此基础上，结合中国实践，对若干领域的城市管理进行了专题研究。

在内容设计上，本书分为总论和分论两部分。总论部分侧重于理论研究，内容包括概述，城市管理的若干相关概念，城市起源、城市发展与城市管理，中国城市管理演变历史脉络，国外城市管理演变历史脉络，基于城镇化进程的城市管理模式演变规律等六章；分论部分侧重于中国应用研究，包括中国城市土地管理、中国城市规划管理、中国城市经济管理、中国城市人口管理、中国城市环境管理、中国城市社区管理等六章。

第一章概述，在对国内外城市管理及相关领域研究综述基础上，构建起本书研究的基本框架，提出了本书研究的五大主线，即时间脉络梳理、空间脉络梳理、科学研究立场、综合研究方法及中国实践研究，提出了本书研究的九个重点问题，即时间维度上的城市管理、空间维度上的城市管理、城镇化进程中的城市管理、中国城市土地管理、中国城市规划管理、中国城市经济管理、中国城市人口管理、中国城市环境管理、中国城市社区管理。

第二章城市管理的若干相关概念，从城市发展、城市规划、城市管理三个方面对国内外学术界频繁出现的若干概念进行了简单介绍，目的是为深化城市管理领域的理论研究提供必要的概念支撑，为中国在若干领域开展城市管理改革提供必要的理论指导。

第三章城市起源、城市发展与城市管理，对城市起源、城市特征、城市发展历程、城市管理主体、城市管理特征、城市管理内容和城市管理手段进行了一般意义上的逻辑梳理，目的是为城市管理研究提供粗略的分析背景，为深入剖析中西方城市管理演变脉络提供一个方向性的指导。

第四章中国城市管理演变历史脉络，将中国城市管理的历史演变划分为三个时期，即历史时期的城市管理（1949年以前）、新中国成立后至改革开放前的城市管理（1949～1978年）和改革开放以来的城市管理（1979年以来）。在每一个时期，又从城市发展、城市管理理念、城市管理体制机制、城市管理法治四个方面展开论述，全方位、立体化地展现了中国城市管理演变的历史脉络。

第五章国外城市管理演变历史脉络，分三个层次论述。第一个层次是分古埃及、美索不达米亚、印度河流域、古希腊半岛、中美洲五个地区简单介绍了各自地理范围内的早期城市起源与发展状况。第二个层次是对西方国家城市发展与城市管理演变的历史脉络进行整体梳理，划分为古希腊时期、古罗马时期、中世纪时期、文艺复兴时期、工业化时期、后工业化时期六个不同而又相互衔接的发展阶段。在每个发展阶段，对城市发展与城市管理模式演变及其演变的背景因素进行了较为深入的剖析。第三个层次是对英国、美国、日本三个国家，分析其城市发展与城市管理演变的历史脉络。由此构建起一个全方位、立体化展示西方国家城市管理演变脉络的路径图。

第六章基于城镇化进程的城市管理模式演变规律，对中西方城市管理模式演变的路径进行了较为系统的总结概括，对中西方城市管理异同进行了比较研究，凝练出城镇化进程中城市管理模式演变的客观规律，并对其演变的动力机制进行了较为深入的探讨，最后提出中国城市管理改革的方向性建议。

第七章中国城市土地管理，对新中国成立以来中国城市土地管理沿革进行了简单梳理，对当前中国土地管理法制定的基本理念、农用地征用制度演变及城乡二元土地管理制度进行了较为深入的剖析，提出了落实农民的土地财产权、土地自由处置权、按市场经济规则修订土地管理法、限定政府公权、探索实现城市住房永久产权、尽快开征物业税等破解城市土地管理难题的办法。

第八章中国城市规划管理，简单回顾了中国城市规划管理的简要历程，对中国城市规划管理中现存的主要问题，如规划种类太多太滥、规划权威性不足、科学性不强、控制性不强、区域管制不够、历史文化传承保护不善、缺乏配套政策支持、监督机制不健全等进行了较为深入的分析，提出了新形势下要统一编制规划、科学编制规划、完善规划编制体系、健全规划管理机制、注重利益协调、配套完善政策等建议。

第九章中国城市经济管理，回顾了中国城市经济管理的简要历程，对中国城市经济管理现存的主要问题，如政府管制太多、鼓励出口太强、过分依赖房地产、国有经济的市场垄断、城市战略管理趋同等进行了较为系统的分析，提出了进一步推进市场化改革、依靠法治规范企业行为、赋予城市更多的发展自主权、设置产业引进和退出门槛、制定城市个性化战略管理导引等建议。

第十章中国城市人口管理，对新中国成立以来中国城市人口管理的历史脉络进行了简单梳理，对中国城市人口管理面临的主要问题，如外来暂住人口的尊严与城市认同、城市户籍制度改革不配套、计划生育政策带来的新问题等进行了分析，提出了要树立为民服务的理念、还居民居住和迁徙自由权、废除户籍制度、建立居民身份证制度、适度调整计划生育政策等建议。

第十一章中国城市环境管理，对新中国成立以来中国城市环境管理工作进行了简单梳理，剖析了中国城市环境管理现存的主要问题，提出以城市环境容量和资源承载力为依据制定城市发展规划、适时上调城市环境质量国家标准、提高城市环境基础设施建设和运营水平、强化环保政策的针对性、因地制宜实施城市环境管理的分类指导、继续深化城市环境综合整治制度、持久推进国家环境保护模范城市创建工作、积极推进绿色发展模式等对策建议。

第十二章中国城市社区管理，简单阐述了社区概念的产生与发展，对中国城市社区管理的历程与模式演变进行了较为深入的分析，对城市社区管理存在的主要问题，如思想观念转变不到位、行政管理色彩浓厚、组织结构不合理、管理制度不健全、社区居民缺乏认同感等进行了剖析，提出树立以民为本思想、构造完善的社区组织间关系、创新社区管理模式、健全法律体系、大力发展社区非营利组织等对策建议。

城市管理是一个复杂的研究领域，不仅需要多学科综合研究，更需要从复杂的表面现象中凝练出具有规律性的精华内容，从而构建起城市管理研究的理论体系。本书写作过程中，博士生钟少颖曾参与资料收集与整理工作，这里表示感谢！由于本人才疏学浅，对城市管理的理论与实践研究的认识可能存在偏差，研究过程中的重点把握可能不当，出现观点争议在所难免，敬请学术界同人批评指正！

宋迎昌
2012 年 11 月

目 录
CONTENTS

总 论

第一章 概述 / 003
    一 国内外城市管理及相关领域研究现状 / 004
    二 本书研究特色、框架及研究要点 / 023

第二章 城市管理研究的若干相关概念 / 026
    一 城市发展的相关概念 / 026
    二 城市规划的相关概念 / 029
    三 城市管理的相关概念 / 033

第三章 城市起源、城市发展与城市管理 / 041
    一 城市起源 / 041
    二 城市特征 / 042
    三 城市发展历程 / 044
    四 城市管理 / 048

第四章 中国城市管理演变历史脉络 / 061
    一 历史时期的城市管理（1949年以前）/ 061
    二 新中国成立至改革开放前的城市管理（1949~1978年）/ 076
    三 改革开放以来的城市管理（1979年至今）/ 088

第五章 国外城市管理演变历史脉络 / 117

一 国外城市起源与发展脉络 / 117

二 西方国家城市管理 / 127

三 分国别城市发展与城市管理 / 165

第六章 基于城镇化进程的城市管理模式演变规律 / 192

一 中西方城市管理比较 / 192

二 城镇化进程中的城市管理模式演变过程 / 199

三 中国城市管理改革的方向与路径 / 203

分 论

第七章 中国城市土地管理 / 209

一 中国城市土地管理沿革 / 209

二 中国城市土地管理现状 / 211

三 破解中国城市土地管理问题的出路 / 220

第八章 中国城市规划管理 / 223

一 中国城市规划管理的简要历程 / 223

二 中国城市规划管理出现的问题 / 226

三 中国城市规划管理面临的新形势与新任务 / 229

四 中国城市规划管理完善的方向 / 233

第九章 中国城市经济管理 / 237

一 中国城市经济管理的简要历程 / 237

二 中国城市经济管理现存的主要问题 / 240

三 中国城市经济管理改革的方向 / 243

第十章 中国城市人口管理 / 247

一 中国城市人口管理的简要历程 / 247

二　中国城市人口管理面临的问题 / 255

三　中国城市人口管理改革的方向 / 258

第十一章　中国城市环境管理 / 261

一　新中国成立以来的城市环境管理工作 / 261

二　中国城市环境管理主要问题 / 268

三　中国城市环境管理改革方向 / 271

第十二章　中国城市社区管理 / 275

一　社区概念的产生及其发展 / 275

二　新时期中国城市开展社区建设的意义 / 279

三　中国城市社区管理历程 / 280

四　中国城市社区管理存在的主要问题 / 289

五　中国城市社区管理改革的方向 / 291

参考文献 / 294

总 论

第一章　概述

【摘要】 本章在对国内外城市管理及相关领域研究综述的基础上，构建起本书研究的基本框架，提出了本书研究的五大主线，即时间脉络梳理、空间脉络梳理、科学研究立场、综合研究方法及中国实践研究，最后提出本书研究的九大重点问题，即时间维度上的城市管理、空间维度上的城市管理、城镇化进程中的城市管理、中国城市土地管理、中国城市规划管理、中国城市经济管理、中国城市人口管理、中国城市环境管理、中国城市社区管理。

城市，作为人类经济社会发展的引擎，从它诞生之日起，就通过聚集与扩散，不断改变着区域与城市的职能结构与空间结构，并在这个过程中不断发展壮大自己。城市是人居中心，也是经济、社会、文化活动中心，还是科技创新与制度创新中心，更是环境保护与生态建设重心。城市化是人类社会发展不可逾越的阶段，2011年中国的城镇化率达到51.3%，标志着中国已经进入城镇化的下半程。21世纪前半叶，是中国完成城镇化的时期。在这段时期，中国城镇化积累的体制机制矛盾将更加突出，城镇化进程中产生的贫富分化、地区差距、资源消耗、环境污染、住房短缺、交通拥堵、产业竞争力下降、城市安全不足等问题将时刻困扰着各级城市管理者。

城镇化的发展与城市问题的解决，迫切需要科学的城市管理理论予以指导。西方发达国家城市管理理论研究已经有100多年的历史，但在中国仅仅有十多年时间。作为一门新兴学科，城市管理学研究的是城市管理的一般规律和基本方法，它既不同于国民经济的宏观管理，也不同于企业的微观管理，而是属于中观层面的管理，具有自己独特的运行规则和管理方法。在研究城市管理时，既要把握城市与区域发展的整体性，又要关注城市各个领域的运行；既要探讨影响城市发展的全局性、战略性、前瞻性问题，又要把握城市运行中的具体问题。加强城市管理研究，尽快提高城市管理的理论水平，是推进中国现代化的客观要求和紧迫任务，对指导各地实践有重要的现实意义。

一 国内外城市管理及相关领域研究现状

在国外，城市管理学研究有上百年的历史，但在国内，城市管理研究起步较晚。总体看，国内研究伴随着中国城镇化发展而不断深化，研究内容伴随着城市发展需要而逐步展开，目前适合中国国情而又有实操性的理论研究尚不成熟，方法研究也不规范，研究内容各有侧重，研究成果应用有一定的参考价值，但与时代发展要求相比尚有较大的差距。兹将有代表性的研究成果概述如下。

（一）国内著作类研究成果

最近 10 年来以城市管理为题名公开出版的学术著作有 20 部，这些著作的主要研究内容见表 1-1。

表 1-1 国内城市管理研究的主要学术著作介绍

序号	作者	著作	主要研究内容
1	胡刚（2012）	城市管理	城市竞争力管理、城市规划与发展战略管理、城市经济管理、城市社会管理、城市环境管理、城市基础设施管理、城市交通管理、城市土地与住房管理、城市经营管理、城市危机管理、生态城市建设与可持续发展等
2	王枫云（2010）	城市管理学新编	城市管理学总论、城市管理学分论、城市管理的新方法与新领域
3	王德起、谭善勇（2009）	城市管理学	城市起源与发展、城市管理目标、城市管理体制、空间管理、基础设施管理、经济管理、人口管理、生态环境管理、文化管理及管理创新等

续表

序号	作者	著作	主要研究内容
4	彭和平、侯书森（2009）	城市管理学	城市起源、市政体制、城市的科学发展、可持续发展、和谐发展及城市规划、城市经济、城市文化、城市环境、城市土地、城市公共安全、城乡一体化等方面的管理
5	程俐骢（2009）	城市管理概论	城市发展与城市化趋势，城市管理的主体与客体，城市规划、土地、交通等管理工作的理论与务实
6	连玉明（2009）	城市管理的理论与实践	城市管理的基本问题、城市治理模式、数字化城管模式、农村城市化中的城市管理、城市管理中的服务型政府
7	叶裕民、皮定均等（2009）	数字化城市管理导论	中国城市管理悖论，数字化城市管理的理论架构、制度建设、系统建设、标准体系及发展趋势
8	郑国（2009）	国内外数字化城市管理案例	国外政府的数字化公共服务、城市警务、道路与交通管理，我国先行城市数字化城市管理的建设历程和成就
9	陈强、尤建新（2008）	现代城市管理学概论	现代城市管理的基本概念与管理模式，城市规划、基础设施、经济、环境、社会、信息化等领域的管理及城市管理创新等
10	姚永玲（2008）	城市管理学	城市化的阶段性与阶段性的城市管理、城市管理的依据、城市管理原理及主要内容
11	张波、刘江涛（2007）	城市管理学	城市管理的发展脉络、城市管理的主体、制度框架、战略管理、经济管理、环境管理、空间管理、基础设施管理、社会事务管理、交通管理、品牌管理、公共事件管理等
12	王佃利、曹现强（2007）	城市管理学	城市化、城市管理体制、城市管理分论、城市管理展望
13	唐华（2006）	美国城市管理——以凤凰城为例	美国行政体制及城市概述、美国市政管理模式、财政预算管理、城市规划管理、城市经济发展策略与管理、城市科技发展策略与管理、城市社区建设服务与管理、城市公共服务与管理、城市交通服务与管理、城市电子政务应用与管理

续表

序号	作 者	著 作	主要研究内容
14	周俊（2006）	城市管理学导论	城市化，城市管理理念、理论、体系、体制，以及规划管理、基础设施管理、经济管理、社会管理、环境管理、文化管理等
15	马彦琳、王建平（2006）	现代城市管理学	城市管理的基本理论、城市管理的主体、手段、客体及变革方向
16	王谦（2005）	现代城市公共管理	城市内涵、城市公共管理、城市政府及城市规划与建设管理、城市经济管理、城市社会保障体系管理、城市人口管理、城市环境管理等
17	杨戌标（2005）	中国城市管理研究——以杭州市为例	我国城市管理的内涵、职能、目标、原则、体制、方法、绩效评价等方面的理论探索和杭州市案例研究
18	诸大建（2004）	管理城市发展：探讨可持续发展的城市管理模式	可持续发展城市管理模式的理论研究、上海可持续发展城市管理的实证研究
19	王郁（2004）	城市管理创新：世界城市东京的发展战略	东京城市发展的历史、城市政府管理体制、市政建设投资与经营管理体制、区域行政制度、基础设施、居住问题和环境政策
20	顾朝林（2003）	城市管治：概念·理论·方法·实证	管治概念、城市管治国际研究、中国城市管治理论框架、中国城市规划与管治、中国城市管治实证研究、中国城市区域管治等

国内与城市管理学相近的学术著作很多，有代表性的学术著作如表1-2所示。

从表1-1看，国内城市管理研究的主要内容大致包括城市发展理论、城市管理总论（包括城市管理主体、城市管理法治与机制、城市管理手段等）、城市管理分论（城市分部门或行业管理）、城市管理展望（新趋势或者新方向）等。

表1-2 国内部分与城市管理学相近的学术著作

序号	作者	著作	主要研究内容
1	汪伟全（2011）	区域经济圈内地方利益冲突与协调	区域视角下的利益冲突理论与协调模式、中外区域协调机制的比较研究、地方利益冲突与协调的实证研究、地方利益协调的机理分析、区域利益协调与共享的实现
2	张创新等（2010）	公共管理学前沿探微	责任型政府、行政问责学理论、政府管理模式、社会和谐发展论、农村行政管理法治论、区域创新体系论
3	陶希东（2010）	中国跨界区域管理：理论与实践探索	全球化视野下的跨界区域管理问题、跨界区域管理的多元理论基础、跨界区域管理的国际经验、跨界区域管理的基本模式与机制重建、案例分析与制度设计
4	侯军岐、曲波（2009）	国民经济管理学	国家发展战略与管理模式、国民经济决策与规划、国民经济组织与调控、国民经济监测与预警、国民经济需求管理、国民经济供给管理、国民经济供求平衡管理、国民经济区域结构管理、国民经济产业结构管理、城市发展管理和社会发展管理
5	卫鹏鹏（2009）	中国区域经济协调发展机制研究	区域经济协调发展的基本理论、机制构建、要素流动、区域合作、制度创新与政策调整
6	陈瑞莲（2008）	区域公共管理理论与实践研究	区域公共管理理论，区域公共物品供给，区域发展中的政府间竞争、关系协调、流域网络治理机制，区域公共管理实践范例
7	张军扩、侯永志（2008）	协调区域发展：30年区域政策与发展回顾	区域发展战略与政策的总体框架、推进形成主体功能区的战略与政策、针对贫困地区和贫困人口的专项扶贫政策、资源枯竭型地区政策、生态功能区政策等
8	侯景新等（2006）	行政区划与区域管理	我国行政区划的历史沿革、中央政府与地方政府的关系、行政区划与经济区划的关系、世界典型国家的行政区划、我国行政区划问题及改革设想
9	杜肯堂、戴士根（2005）	区域经济管理学	区域经济系统、区域经济增长、区域产业结构、区域空间结构、区域可持续发展、区域分工、区际贸易、区域合作、区域政策、区域经济管理、县域经济管理

从表1-2看，国内和城市管理学相近的学术著作主要研究内容和城市管理学的本质内涵与要求尚有一定差距，从严格意义上来说，这些并不属

于城市管理学研究的核心内容，比如，区域经济管理学，着眼点是区域经济发展和区域经济管理，并没有将城镇化放在核心位置；国民经济管理学，着眼点是整个国民经济，不是城市经济；公共管理学，着眼点是政府管理体制、机制与法制，看不到城市；区域经济圈内地方利益冲突与协调，着眼点是区际利益协调，也看不到城镇化的影子。但这些相近学科研究，还是为城市管理学研究提供了可供借鉴的研究思路，一些有价值的研究内容可以纳入城市管理学研究的框架体系之中。

（二） 国内论文类研究成果

通过文献搜索，发现国内学者最近10多年来在城市管理及相关领域取得的研究成果十分丰富，既有理论方面的探索，也有对实践案例的研究，还有国外经验借鉴研究。这些研究成果对于完善城市管理理论、指导地方实践发挥了重要作用，其主要研究内容包括如下。

1. 区域管理机制与政策

这方面研究主要是结合中国区域经济协调、大都市发展、主体功能区建设和生态补偿机制构建等方面的社会需要而展开。

在区域管理研究方面，周业安、赵晓男（2002）在论文《地方政府竞争模式研究——构建地方政府间良性竞争秩序的理论和政策分析》中，提出要降低地区间交易成本，提高落后地区的竞争力，实现各地区之间的平衡发展，只有通过制度创新来提高地区间的分工和专业化水平。赵建平（2005）在论文《寻找流域与区域管理的结合点》中提出了一个命题，即流域管理与区域管理相结合，是未来水资源统一管理需要解决的问题。赵琳琳、柯学东、窦丰昌等（2006）在《广州日报》撰文，呼吁应速建跨行政区的区域协调机制。曾兆勇（2006）在其硕士学位论文中，将博弈论引入区域合作机制构建中，并运用到东北亚区域合作的具体案例中。卓凯、殷存毅（2007）在其论文《区域合作的制度基础：跨界治理理论与欧盟经验》中，从跨界治理的视角，借鉴欧盟的跨界治理经验，研究我国区域经济合作的制度基础，提出了一个符合市场经济原则的跨界治理体系。毛良虎、赵国杰（2008）在《都市圈协调发展机制研究》一文中，阐述了国外区域经济管理的经验与启示，提出了都市圈协调发展的制度构架。姚尚建（2009）在其论文《区域公共危机治理：逻辑与机制》中，认为当前中国区域公共危机治理尚处于起步阶段，现阶段关键是要建立必要的政府与政府、国家和社会联合反应机制，逐步实现权力下移、统一指挥、分别响应、相互合作、逐步推开。张京祥、何建颐（2010）在《构建以"公共政策"为核心内容的区域规划体系》一文中，提出区域规划的公共政策属性，主张将公共政策纳入区域规划体系。安树伟、肖金成、吉新峰（2010）对我国"十二五"时期区域政策调整进行了研究，提出中央政府应主要考虑不同区域间的利益，地方政府主要考虑本区域内不同主体的利益；要注重区域政策的具体化；要提高东部和东北的城市化质量，加快中西部地区城市化发展；实施有差别的国家援助政策等观点。

在大都市管理研究方面，张京祥、黄春晓（2001）在《管制理念及中国大都市区管理模式的重构》一文中，阐述了管制及城市与区域管制的概念，简单比较了中西方大都市区管理模式，提出了管制理念下我国大都市区管制体系重构的设想。邹兵、施源（2004）在《建立和完善我国城镇密集地区协调发展的调控机制》一文中，分析了区域协调问题的成因与我国区域发展问题，对城镇密集地区现行的协调方式、特点、问题进行了剖析，并以珠三角地区为例，给出了城镇密集地区协调机制构建的方向建议。谢守红、傅春梅（2006）在论文《西方大都市区的管理模式及其对我国的启示》中，分析和探讨了西方国家大都市区的几种不同管理模式，并结合我国城市发展实际，提出了若干促进大都市区发展的建议。吕国庆、汤茂林、姜海宁（2009）在论文《中国八大都市区管治阶段的判定》中，注意到大都市发展状况与治理有着相当程度的关联，尝试借助城市流模型判断目前中国大陆地区存在的八大都市区管制所处的阶段，并给出了有针对性的管制对策建议。张京祥（2009）在其论文《省直管县改革与大都市区治理体系的建立》中，回顾了改革开放以来中国市—县行政关系的反复变化，认为这种变化正是我国区域治理体系尚不成熟的表现，不应频繁使用。针对目前我国许多地方正在实施的"省直管县"体制改革，指出应该区别情况对待，而不宜简单划一。在借鉴西方大都市区治理体系的基础上，提出一个重要的观点：充分利用省直管县、调整地级市职能的机遇，构建具有中国特色的双层制大都市区治理体系。蒋嵘涛、李萍（2009）在其论文《城市群政府管理体制创新对"两型社会"建设的回应路径研究》中提出在"两型社会"建设背景下，我国城市群管理体制存在诸多不适应。要以建设服务型政府为重点，以政府职能转变为目标，以行政区划调整来提供空间，逐步走向城市群行政一体化。方创琳、张舰（2011）在其论文《中国城市群形成发育的政策保障机制与对策建议》中，针对中国城市群形成发育中出现的新特点和存在的新问题，从权力、财力、法力和能力四方面构建了城市群可持续发展的组织协调保障机制、公共财政保障机制、法律法规保障机制和资源环境保障机制，提出了加快城市群健康发展的若干保障措施。

在主体功能区建设管理方面，陈潇潇、朱传耿（2006）在论文《试论主体功能区对我国区域管理的影响》中，对主体功能区的基本内涵和我国传统区域管理的缺陷进行分析，提出主体功能区对我国区域管理的四大影响。樊杰（2007）在论文《我国主体功能区划的科学基础》中，分析了主体功能区划的理论基础，从法律、规划和政策构成的空间管制制度安排层面，对主体功能区划的定位、实施和协调进行了讨论。张可云（2008）认为，主体功能区的提出是中国区域管理的一大创新，是完善区域管理的一个过渡性安排。梁启东、郑古蕊（2008）在论文《生态功能分区与辽宁经济社会协调发展》中，阐述了生态功能分区的重大意义，提出辽宁生态功能分区促进经济协调发展的对策建议。吉新峰、安树伟（2009）撰文《主体功能区建设中区域利益的协调机制研究》，阐述了在市场经济条件下，主体功能区建设中区域利益协调机制建立的原则，探讨了其应包含的内容，在此基础上提出应从协调目标、协调内容、协调主体、协调手段与途径、协调程序等几个方面构建完善的主体功能区建设中区域利益的协调机制。何光汉（2010）在《区域空间管制下的四川省主体功能区建设研究》一文中，探讨了主体功能区以及区域空间管制与主体功能区建设的相关理论，结合四川实际，提出了一些对策建议。

在生态补偿机制构建方面，张永平（2007）在《建立生态补偿机制的财政政策研究》一文中，介绍了国内外建立生态补偿机制的成功经验，提出了我国建立生态补偿机制的财政税收政策建议。吴顺发、程和侠（2007）

在《关于完善西部生态补偿机制的建议》一文中,从平衡地区经济发展的角度出发,分析了西部现有生态补偿制度的缺陷,提出了完善西部生态补偿制度的途径。邹红美(2007)在其论文《生态补偿机制的实践与反思》中,分析了中国现行生态补偿机制的局限性及其问题产生的根源,提出了有效生态补偿机制的实现路径。从事过类似研究的还有王健(2007)、李宁等(2010)。罗志红、朱青(2009)在论文《完善我国生态补偿机制的财税政策研究》中,从财税视角考察和分析了我国生态补偿机制的发展路径,针对现行财税政策中财政投入不健全、调节手段单一、税收体系不完善和收费不规范等问题,提出应进一步调整和完善相关财政政策、税收体系和规范收费制度来促进我国生态补偿机制的完善和有效运行的政策建议。

2. 城市管理法制与机制构建

这方面研究主要集中在城市管理法制、城市管理机制构建理论、城市管理机制构建的国外经验与城市管理机制构建的中国地方实践研究等方面。

在城市管理法制方面,周执前(2009)在《中国古代城市管理法律初探》一文中,较为系统地梳理了中国古代城市管理法律及其特点,给读者呈现了较为清晰的发展脉络。宋迎昌、蒋贵凰(2009)在《中国城市管理的法制建设》一文中,对新中国改革开放30年以来城市管理法制变迁进行了较为系统的梳理。

在城市管理机制构建理论方面,章仁彪(2002)在《从"全能政府到无为而治"——论现代城市管理理念的转变》一文中,提出从"全能政府"向"有限政府"的转换是市场经济发展的必然结果,现代城市管理中的"善治"应是强化政府公共行政管理职能与扩大城市管理市场化改革的统一,"无为而治"是以"无为"之形而行"有治"之实,是"依法治市"与"以德治市"的统一。郭正林(2004)在《城市管理创新导向:从政府管理到公共治理》一文中提出,要由政府管理向公共治理转型,在管理方式上实现多元治理,在治理工具上更多地采用分权、授权、谈判、协商、合作、自治等方式等有创新性的观点。岳书敬(2005)研究了不对称信息条件下政府效率的提高与公众参与,提出组成各种团体的公众参与地方政府决策过程中可以使处于不完全信息状态下中央和地方博弈的风险损失减少。申剑、白庆华(2006)在《从城市管理走向城市治理》一文中,对城市治理的概念进行了阐述，提出由城市政府管理走向多元社会治理是改革的方向。李昕、陈鸿惠（2006）在《城市管理中的政府权能变迁》一文中，按照历史发展路径，把西方政府权能变迁历程概括为六种理论，即消极有限政府、积极干预政府、政府失败说、企业化政府、治理和善治、公共服务型政府。王佃利（2006）在《城市管理转型与城市治理分析框架》一文中，提出政府、私营部门和非政府组织是城市治理中最重要的行为主体。李陈筛（2010）在《布坎南的公共选择理论对我国政府改革的启示》一文中提出，要健全监督制度，从制度上约束政治过程中的"经济人"趋向，遏制腐败；引入市场力量，把握政府干预的力度；完善科层制度建设，加大政府机构改革等观点。

在城市管理机制构建的国外经验研究方面，陈光庭（1999）在论文《西方国家城市行政体制的改革趋向》中，介绍了西方国家的城市政府职能和管理体制特点，展望了改革方向。郑溢元（2006）在《市辖区政府职能问题分析——以广州市四个市辖区政府为例》一文中，从理论与实证的角度，探讨我国市辖区政府职能设置的合理性与改革方向，并与中国香港、中国台湾、日本、韩国、美国等国家或地区的城市基层管理机构进行对比研究，提出要理顺市、区两级政府的职能权限划分，调整市辖区政府内部的职能设置，充分发挥地方的灵活性与积极性等建议。杨芳芳（2007）在《我国城市辖区制度研究》一文中，对美国、欧洲、日本的市辖区制度与我国的市辖区制度进行了比较研究，提出了我国市辖区制度改革的方向建议。

在城市管理机制构建的中国地方实践研究方面，杨长明（1999）在《襄樊学院学报》上撰文《中国城市管理体制的历史考察与改革思考》，系统分析了中国城市管理体制的历史演变过程，并提出了自己的看法。李盛（2001）在《关于我国城市管理转轨的若干问题》一文中，提出市场经济条件下的城市管理应坚持营销理论、可持续发展原则、公共服务意识，构建职责明确的权责体系。赵燕青（2002）在《从城市管理走向城市经营》一文中，提出随着外部环境的市场化，城市应当逐渐蜕化成为更加符合市场规则的经营性组织。陈友青（2002）在其硕士学位论文《从城市管理到城市治理——论我国城市管理模式的转变》中，论述了我国传统城市管理模式面临的挑战、西方国家城市治理理论与实践以及我国城市管理改革的方向。王郁（2003）在其论文《从城市规划到城市管理的转型与挑战》中，提出城市规划只能是城市管理体系中的一个手段而不是全部，城市管理的目的是为了协调，强化城市功能，保障城市发展计划的实施，促进城市社会与人类的健康发展。李军杰、钟君（2004）在《中国地方政府经济行为分析——基于公共选择视角》，运用公共选择学派理论来描述中国地方政府经济行为的政策决策和实施过程，揭示了各种经济过热背后深层次的地方政府决策体制中的设计缺陷，并提出了克服相关缺陷的政策建议。李健（2006）在《刍议我国的城市管理体制创新》一文中，提出建立科学、长效的城市管理体制是适应我国城市建设发展、提高管理水平的根本途径。聂小明（2006）在《从行政主导到多元治理——昆山城市管理模式转型研究》中，引入新公共理论、民营化、多元化治理等国内外城市管理先进理论，实证分析行政主导下的昆山市城市管理模式的现状、问题以及转型的目标与途径。吴俊、王达（2007）在《城市建设与城市管理体制及机制研究》一文中，提出构建科学的体制机制是实现城市建设与城市管理和谐发展的关键，要健全城市规划的决策机制，完善土地经营管理机制，稳定非经营性基础设施建设资金来源，建立城市基础设施信息管理平台。张秀仕（2009）在《从中西城市文化的比较看构建和谐城市管理的途径》中，提出导致城管执法陷入困境的深层次原因是"官本位"的法律文化传统以及由此导致的城市管理模式的落后，培养法治精神和创新城市管理模式是解决困境的根本出路。刘淑妍（2009）在《当前我国城市管理中公众参与的路径探索》中，分析了我国城市管理中的公众参与现状，同时总结了国外经验，提出了我国应该改变原有的政府主导的公众参与模式，建立基于城市管理全过程的公众参与路径。冯晓英（2009）在其论文《公共治理视角下的城市管理》中，认为城市管理过程中"人""物"分离是导致城市管理效能低下的制度成因，并探讨了北京数字化城市管理的经验与局限，提出以数字化人口管理监督平台为载体实现城市管理与社会管理有效对接的制度与机制。王怀坤（2010）在《城市管理长效化问题研究》中，借鉴国内外城市长效化管理的经验与做法，结合连云港市，提出了城市管理长效化的对策。朱建辉（2011）在其硕士学位论文《城市摊贩治理研究：国家与社会关系视角下的底层抗争与权力交换——以湖南 L 市为例》中，提出市场经济的发展促进了利益分化，多元的社会利益呼吁社会组织发展和社会权力的成长，城市摊贩的治理亟须社会机制的引入，以寻求城市化进程中城市市容与流动摊贩权利之间的一种平衡，缓解城管人员与摊贩之间的矛盾。魏培（2011）在论文《转型期我国利益表达机制研究》中，注意到了"利益表达"这种容易被忽视的现象，提出合理合法的利益表达有助于推进政治民主化。

3. 城市管理模式与做法

这方面研究既有城市管理模式创新，也有城市管理新技术应用。叶嘉安（2004）在《香港城市管理与可持续发展》一文中，较为系统地介绍了香港在城市管理方面的经验与做法，得出了许多有借鉴意义的启示。徐轶（2005）在其硕士学位论文《我国城市管理模式沿革及其创新研究》中，对我国城市管理的模式演变进行了历史考察，对新时期我国城市管理模式创新进行了展望。陈平（2006）在《数字化城市管理模式探析》中，介绍了北京市东城区数字化城市管理模式运行的基本情况，对其取得的成效与引发的思考进行了阐述。胥静（2008）在《信息化时代城市管理新模式的构建——数字城管》中，分析了信息技术发展给现代城市管理带来的机遇与挑战，认为我国当前正在推进的"数字城管"是对原有城市管理模式的创新，结合我国"数字城管"的行政生态分析，提出了"数字城管"推进过程中需要采取的一些策略。从事过类似研究的还有姜爱林、任志儒（2007）。喻兴龙（2008）在《深化城市管理综合执法改革，构建和谐城管》一文中，以兰州为例，阐述了城市管理综合执法的现状、问题以及改革方向。杨宏山（2009）在《数字化城市管理的制度分析》中，阐述了我国传统城市管理模式面临的挑战，对我国正在兴起的数字化城市管理模式进行了述评，提出拓展公众参与和信息公开是数字化城市管理创新的方向。易志斌、马晓明（2009）在《多中心合作治理模式与城市管理发展方向》一文中，分析了传统城市管理模式存在的问题，论证了多中心合作治理的可行性，提出了构建多中心合作治理模式的设想。

4. 国外经验借鉴

国外经验研究既有分国别的经验借鉴，也有国外经验借鉴的系统总结。李壮松（2002）在《美国城市经理制——历史到现实的综合考察》一文中，从历史学角度对美国城市经理制的确立到发展的基本脉络进行了梳理，对其发展演变的原因进行了较为深入的剖析。马祖琦、刘君德（2003）在《国外大城市中心城区区级政区职能研究》一文中，根据区级政区在城市管理中的地位与职能定位，将国外大城市管理归纳为"强市弱区""多头分散""都市一体化管理、区级政区相对分权"的三种模式，并总结出了一些对我国有所借鉴的经验和做法。从事过类似研究的还有朱英明（2001）、马祖琦（2006）。罗思东（2005）在其博士学位论文中从地方政府间关系与区域主义改革角度对美国大都市地区的政府与治理进行研究。从事过美国类似研究的还有张京祥、刘荣增（2001）、贾希为（2002）。蓝志勇（2005）以美国凤凰城的案例及经验为例，研究了地方政府的治理创新战略。通过剖析凤凰城的市政管理结构，找到了凤凰城成为美国管理最优城市的原因，并总结出许多可供借鉴的经验。罗翔、曹广忠（2006）在《日本城市管理中的地方自治及对中国的启示》一文中，以东京为例回溯了东京都市制的演变历程，探讨了日本中央政府与地方城市政府的关系及权限分配，并提出了对我国城市管理的若干启示。顾强生（2007）在论文《弹响城市管理三部曲——新加坡城市管理的启示》一文中，总结了新加坡城市管理的好经验与好做法，认为可以为我国城市管理所借鉴。李远（2007）在《德国区域管理理论与实践及可鉴之处》中，对德国区域管理的概念、理论与实践进行了系统阐述，提出了若干可借鉴的经验。尹卫东（2007）在《世界经济与政治论坛》撰文《用最少的资源，做最好的自己——新加坡城市规划建设的启示》，对新加坡的经验与做法进行了较为系统的介绍，提出了许多有价值的启示。邱中慧（2007）在《中美地方政府改革比较》一文中，分析了中美两国公共权力结构的差异和两国改革的路径，认为美国地方政府改革对我国地方政府改革具有一定借鉴意义。吴量福〔美〕、韩志红（2009）在论文《中美地方政府的行政立法与执法系统：案例比较研究》中，通过对中美两国地方政府在土地管理中的不同目的和管理方式的比较，认为在美国地方政府实践中可行的办法并不适用于中国。

5. 城市管理理论

城市管理理论研究既有城市管理的理论介绍，也有城市管理理论的历史追溯。陈振明（1996）在其论文《市场失灵与政府失败——公共选择理论对政府与市场关系的思考及其启示》中，对公共选择理论进行了系统介绍，认为这一理论对于我们处理好社会主义市场经济条件下政府与市场的关系具有启发意义。叶南客、李芸（2000）在《现代城市管理理论的诞生与演进》一文中，从学术史的角度，追溯了城市管理科学的理论化、体系化进程；通过对多学科融合分析，明确提出现代意义上的城市管理理论孵化于20世纪前期城市科学和管理科学的演进与交汇，突出标志如20世纪30年代闻名于世的"雅典宪章"和"霍桑实验"。随后，作者从学科前沿的视野简介了当前盛行的城市管理理论六大学派，并展望了国际城市管理的四大现代化趋势。陈迅、尤建新（2003）在《新公共管理对中国城市管理的现实意义》一文中，首先阐述了新公共管理的内涵，然后对新公共管理运用于中国城市管理提出了具体思路，指出可在城市管理中将政府职能转变、城市管理的主体和城市管理的手段三个方面贯穿新公共管理的理念，并进而提出了新公共管理应用于中国城市管理的三大条件。叶岱夫（2004）在《空间稀缺理论与城市管理》一文中，从城市空间稀缺的特征出发，提出了城市空间管制的理论基础是通过空间管制，优化配置空间资源，妥善解决城市总体利益与个体利益的平衡关系。段溢波（2005）在论文《公共选择理论的"政府失败说"及其对我国政府管理的启示》中，分析了公共选择理论的"政府失败说"，并总结出对我国政府管理有用的启示：一是必须承认"经济人"假设的合理性，二是要充分认识政府职能的有限性，三是必须承认"寻租行为"的现实性。据此，提出了转变政府职能、规范政府行为、引入竞争机制等应对措施。何翔、唐果（2005），刘薇（2009），张瑜、牛晓燕（2009），徐增辉（2008）也进行过类似的研究。郝毛、诸大建（2005）在论文《基于三元治理结构的现代化城市管理》一文中，将现代化城市管理的基本特征归纳为长效型、引导型、服务型、责任型、信息化、市场化、社会化、法制化等八个方面，并提出了完善政府、企业、社会三元治理结构的设想。刘月（2005）在《中国政府治理体系研究》一文中，将治理理论引入分析框架，提出中国要转变治理理念，走向公民社会组织与政府间的合作与互动。姜爱林、任志儒（2006）在论文《现代城市管理若干理论述评》中，回顾了近年来国内外影响较大的现代城市管理理论、生态城市管理理论、新城市主义管理理论、城市营销理论、经营城市理论、城市竞争力理论和数字城市理论等，指出我国城市管理理论研究有余而实证研究不足，未来城市管理的研究必将呈现出进一步综合化、系统化的发展趋势。赵锦辉（2008）在《西方城市管理理论：起源、发展及其应用》一文中，从城市管理的前提、目的、主体、客体和手段五个方面阐述了西方城市管理理论的起源、发展及其应用。范广垠（2009）在《城市管理学的基础理论体系》一文中，提出完整的城市管理理论体系应包括狭义的城市管理理论和城市理论。目前我国城市管理及相关教材对城市理论重视度不够，我们应该补上这一课。

6. 城市管理绩效评价

这方面研究起步较晚，主要集中在城市管理绩效评价的指标体系构建方面。冯建涛（2008）在论文《我国地方政府绩效评估的价值体系研究》中，认为价值取向是地方政府绩效评估的灵魂，并提出了"效能、公平、民主、秩序"四项基础价值取向。宋斌、谢昕（2008）在《地方政府绩效考评的人文GDP指标体系初探》一文中，提出要注重实现地方政府四个GDP（经济GDP、绿色GDP、人文GDP、人力GDP）的全面发展，尤其要将人文GDP纳入考评轨道并建立科学的指标体系。应瑛等（2009）在《城市管理公众满意度指数模型实证分析》一文中，引入公众参与概念，构建了城市管理公众满意度指数模型（UMPSI），并在杭州市八城区进行了应用研究。王岱凌、蒋国瑞（2009）采用平衡计分卡方法提出了城市管理绩效评价体系，并运用层次分析法确定各项指标权重。将指标分类为定性指标和定量指标，确定各项指标隶属函数值，最终得出绩效评分结果，为管理者提供了科学的决策依据。刘坚（2010）以相关理念和方法为基础，以平衡计分卡为框架，构建了评估株洲市城市管理绩效的指标体系，提出了新形势下提升城市管理的有效对策。

（三）国外研究方面的中文成果

通过网上搜索，发现研究国外城市管理领域的中文著作并不多，它们之中有译著，也有中国学者的著作。5本有代表性的经典著作如表1-3所示。

表 1-3　城市管理国外研究的部分中文成果

书名	作者	出版社	出版时间	主要内容
城市管理学：美国视角（第六版）	〔美〕戴维·R.摩根（David R. Morgan）等	中国人民大学出版社	2011 年	作者从地方政府管理的视角，分美国城市管理环境、现代城市的冲突管理和物品（服务）供给、内部管理过程、城市的未来四个部分，分析了美国城市管理的环境变迁，系统地概述了美国城市的治理结构、政策过程、冲突管理、服务供给、内部管理及未来发展
城市管理的成功之道	〔美〕奥威尔·鲍威尔（Orville W. Powell）著，姜杰、孙倩译	北京大学出版社	2008 年	本书从政府议会经理制的起源及实施讲起，系统总结了作者几十年城市管理的工作经验，围绕市经理一职展开对此职业的规划及专业建议
美国城市管理——以凤凰城为例	唐华	中国人民大学出版社	2006 年	本书以美国城市化进程的历史沿革、当今城市格局及行政体制入手，以美国亚利桑那州首府凤凰城的城市管理实践为基础，比较系统地介绍了美国的城市管理经验，内容涉及市政管理模式，城市经济发展策略与管理，城市科技发展策略与管理，城市社区建设、服务与管理，城市公共服务与管理，城市电子政务应用与管理等
德国大都市地区的区域治理与协作	唐燕	中国建筑工业出版社	2011 年	本书介绍了传统区域主义、公共选择学派、新区域主义等三种经典区域治理理论，对德国空间规划体系与斯图加特地区、汉诺威区域、莱茵鲁尔地区、柏林—勃兰登堡地区的区域治理经验进行了总结
美国新城市化时期的地方政府——区域统筹与地方自治的博弈	王旭、罗思东	厦门大学出版社	2010 年	本书回顾了美国城市化发展从乡村到城市、再从城市到大都市区的两大阶段，分析了大都市区蔓延与地方政府零碎化的矛盾，系统总结了大都市区政府构建的尝试、公共选择学派与地方政府自治、新区域主义与大都市治理等

从表1-3看,国外研究成果主要侧重于介绍国外城市管理的理论、经验与做法,对我国的城市管理有借鉴意义,但由于国情不同,在中国应用时要有鉴别。

(四) 外文类研究成果

1. 外文类学术著作

从国外相关领域最新研究的英文图书文献资料的分析来看,国外研究主要集中在城市化基本完成阶段的大都市治理及应对全球气候变化的城市治理行动等方面。

一是都市区管理问题研究。Sebastian Dembski(2011)在其著作《大都市区治理与战略学习》(*Metropolitan Governance and Strategic Learning*)中,提出城市转型与日益加剧的城市间竞争给城市地区发展带来了新的挑战。城市向腹地拓展造成城市地区内部的社会经济关系比过去只关注城市核心问题变得更为复杂。事实上,大多数城市已经变成区域城市,给相关规划的协调带来挑战。在这种背景下,基于城市与区域发展的战略规划与学习正在引起争议。在城市地区,大都市治理与战略学习的能力被看做是城市发展的必须要素。许多城市对此的响应是制定和实施空间战略,从而形成新的政治舞台。Alan A. Altshuler(2011)在其著作《美国大都市的治理与机会》(*Governance and Opportunity in Metropolitan America*)中,提出美国的城市象征着国家的繁荣、活力与创新。即使出现了郊区化趋势,许多中心城市依然吸引了大量新的投资与就业。许多城市地区受困于经济差距和社会风险。对大都市地区的居民来说,扩张的经济机会、城市和城市居民面临的问题、大都市层面的决策结构都是重要的考虑问题。Tassilo Herrschel(2011)在其著作《城市、国家与全球化:欧洲、北美的城市—区域治理》(*Cities, State and Globalization: City-Regional Governance in Europe and North America*)中,通过一系列案例研究,对欧洲(东部和西部)、北美的城市区域主义的不同文化进行了比较研究,认为城市的空间性相比于区域概念越来越模糊,不管是真实的还是想象的,相互作用、相互竞争、相互依赖成为区域发展的主题。

二是城市发展过程中的管理问题研究。Jon Pierre(1997)在其主编的著作《城市治理中的伙伴关系：欧洲与美国经验》(Partnerships in Urban Governance: European and American Experience) 中，对城市治理中的公私伙伴关系进行了概述，并对美国、英国、瑞典的经验进行了总结。Agnes Franzen 等人（2011）在其著作《荷兰城市发展进程中的管理：治理、设计与可行性》(Management of Urban Development Processes in the Netherlands: Governance, Design and Feasibility) 中，注意到欧洲城市地区发展经历了公共部门主导到私营部门主导的变化，并依据其在房地产和住房领域的研究与执业资历，研究了荷兰对这种变化的治理、设计与可行性。

三是将城市管理与气候变化联系起来进行研究。Herbert Girardet（2008）在其著作《城市、人、星球：城市发展与气候变化》(Cities People Planet: Urban Development and Climate Change) 中，认为城市的增长正在改变人类和地球表面的条件。现在世界一半人口居住在城市，超过千万人口的巨型城市创造了复杂的空间结构。它们是现代经济和运输系统的中央枢纽。当代城市的资源利用与废物排放主宰了地球上的人类存在。化石燃料技术推动了现代城市化进程。但是在未来数十年，许多城市在日益强化的气候变化面前脆弱不堪，我们需要一场面向未来的城市革命，极大地提高能源利用效率，采用可再生能源技术，模仿自然生态系统零排放。Michele Betsill（2011）在其著作《城市与气候变化：城市的可持续性与全球环境治理》(Cities and Climate Change: Urban Sustainability and Global Environmental Governance) 中，认为气候变化是我们这个时代最具挑战性的问题之一，城市作为温室气体的主要排放地，在全球环境治理中应该承担地方责任。作者在书中以英国、美国、澳大利亚为例，检讨了减缓气候变化的地方政策。

2. 外文类论文成果

从国外相关领域研究的期刊文献资料看，研究范围较宽，研究问题较为深入，概括而言主要集中在以下几个方面。

一是城市治理理念。Ade Kearns 和 Ronan Paddison（2000）探讨了由"城市管理"到"城市治理"的理念变化，分析了经济全球化对城市之间竞争的加剧和对城市治理由"福利政府模式"向"经济发展模式"转型的影响。Julia Gerometta（2005）认为，社会经济的两极分化和社会排斥是现代城市的标志。许多福利国家深陷后福特主义转型的危机之中。城市治理需要承担政治、社会、经济改革的后果。在新的城市治理安排中，民间社会将发挥扭转社会排斥的关键作用。Alan Gilbert（2006）研究了拉丁美洲的城市善治问题，认为拉丁美洲很少城市的治理能够称得上"善治"，但是在过去 15 年波哥大在某些方面可以被称为"典范"，这归功于 2004 年以来上台执政的"左翼政府"，但是并不能认为波哥大是完美的，贫穷将继续困扰这个城市。

二是城市多元化治理。David Harvey（1989）研究了最近资本主义体系中城市治理由管理主义向企业主义的转型。Michael Carley（2000）研究了英国城市再生中的伙伴关系和城市治理问题，认为当地政府、商界和志愿者团体形成的伙伴关系在城市再生政策制定的成功方面发挥了至关重要的作用。Ingemar Elander（2002）认为，城市治理中的公私伙伴关系比传统意义上的政府管理形式更有效率。Patsy Healey（2004）研究了创意或创新与城市治理的形式或做法的关系，认为多层次、多维度的城市治理有助于激发创意和创新。

三是城市治理模式。Jon Pierre（1999）认为，西欧城市治理过程超越了党派之争，国家因素在塑造城市治理方面发挥了关键作用，城市政治中的不同因素展现出不同的城市治理模式。Jonathan S. Davies（2002）认为，网络不是英国城市复兴的政治治理的主要模式，中央政府在地方政策制定中有很大影响力。在混合市场，层级比网络更加普及，因此伙伴关系应该被作为城市治理的独特模式。伙伴关系和网络（政体）模式应该成为城市治理比较研究的主要对象。David Sweeting（2002）通过考察伦敦市长来研究城市治理中的领导个性，从地方领导的外部环境、领导行政的制度安排、地方环境和领导个人特质四个方面构建了概念分析框架，认为强化伦敦治理需要加强市长与其他组织的协商沟通。Alan DiGaetano 和 Elizabeth Strom（2003）构建了比较城市治理的跨国家综合框架，并用美国、英国、法国、德国四国城市治理中的公私伙伴关系安排来证明这个框架的效用。Isabel Breda-Vázquez 等（2009）研究了葡萄牙城市再生政策中公私伙伴关系的多样化合作治理模式，认为治理文化是一个重要的影响因素。Anita Kokx 与 Ronald van Kempen（2010）研究了城市政策整合过程中的政府垂直治理构架,并结合荷兰城市案例,评价了垂直治理结构中的地方利益相关者的经验及其对多层次治理理论与欧洲善治理论的适宜性。Kimberly L. Nelson 等(2011)研究了城市治理中的冲突与合作问题,认为衡量治理质量的一个手段是评价存在于民选官员与管理人员之间的冲突与合作。研究结果表明,政府形式和按区选举的议员比例是两个影响地方层面治理质量的最重要因素。Ann O'M. Bowman 等(2012)研究了最近10年来美国地方政府的权力与权威变迁,得出的结论是,在大多数情况下,地方司法机构,特别是在城市,权威逐步转移到州政府手中。Marc Parés 等(2012)研究了西班牙加泰罗尼亚地区公民参与城市再生指向的网络治理的进展,重点研究了加泰罗尼亚地区的10个贫困社区的3个问题,即①公民参与治理网络的程度,②这种参与的实质影响,③参与城市再生的治理网络的影响因素变化,得出的结论是,发展参与治理网络与城市再生政策执行效果有关系。

四是大都市治理。Christian Lefèvre(1998)研究了西方国家大都市政府与治理,认为西方世界自上而下施加的大都市体制改革的失败已经呼吁体制建设的新观念。自下而上的治理方式正在为不同类型的国家所考虑。Neil Brenner(2003)认为,自20世纪90年代初以来,西欧出现的城郊合作、区域协调、区域空间规划和大都市机构组织的新形式极大地推动了大都市治理的回归。与此相对照,大都市治理的形式也由福特主义—凯恩斯主义时期强调行政现代化、国土均衡、有效提供公共服务转变为在欧洲一体化背景下强调经济优先,比如国家竞争和吸引外资等。Aprodicio A. Laquian(2005)研究了亚洲城市地区的大都市治理改革问题,认为统一的大都市治理在区域规划、区域公共服务协调,比如交通、供水和卫生设施、固体废弃物处理等方面取得了极大成效。包括向地方下放权力的社会改革遇到了地方传统权威和政治腐败的挑战,公民社会团体在大都市治理改革方面发挥作用极少,只有少数例外。Nihad Bunar(2011)对瑞典1999年实施的旨在通过瑞典政府和7个直辖市投资4亿欧元用于斯德哥尔摩地区、哥德堡地区和马尔默地区24个最贫困城市街区的,促进一体化、减少失业和犯罪、提高教育健康和民主参与的,以地区为基础的都市发展计划的成效进行了全方位客观评价。Jeroen Klink 等(2012)通过重温巴西库里蒂巴案例，研究了大都市边缘都市碎片和新地方主义现象，认为这给未来大都市在社会空间、经济与环境战略等方面实现可持续发展带来了挑战。

五是城市治理与气候变化。Thomas Tanner, Tom Mitchell, Emily Polack, Bruce Guenther（2009）以10个亚洲城市为例，研究了城市治理适应气候变化的评价体系，包括权力下放和自治、问责制和透明度、响应速度和灵活性、参与和包容性、经验和支持5个方面，这个体系可以帮助城市在未来的规划、设计与实施的气候变化中适应能力建设。Miranda. A. Schreurs（2010）认为，应对气候变化是一个需要不同层级政府和政治、经济、社会等不同侧面采取统一行动的问题，国家、区域和地方政府在发展中国家减缓气候变化与气候适应战略方面可以发挥不同和互补作用。相比较而言，在东亚关注国际和国家层面的行动较多，关注区域和城市政府的行动较少。

二 本书研究特色、框架及研究要点

（一）本书研究特色

从以上文献综述分析来看，尽管可以将国内外对城市管理的研究归纳出一些重点的研究领域与研究问题，但是由于作者所处的时代背景不同、国别不同、专业背景不同，研究关注点有很大差异，导致专业文献杂乱无章，但隐藏在其中的核心线索仍然清晰可见。本书博采众长，以开阔的研究视野构建本书的研究框架，并形成独特的研究特色。

1. 研究主线之一——时间脉络梳理

经济基础决定上层建筑，上层建筑对经济基础有巨大的反作用。城镇化进程中的城市与区域结构演变可以被认为是经济基础，城市管理可以被认为是上层建筑。城镇化进程中的经济基础是不断变化的，要求城市管理不断调整，不断与之适应。本着这一认识，从时间维度来看，城市管理理论体系的历史演变是有规律可循的。这是本书的研究主线之一。

2. 研究主线之二——空间脉络梳理

城镇化在地域空间的表现可以分成三个阶段：第一个阶段是单中心聚集阶段，一切发展要素向城镇聚集；第二个阶段是聚集与扩散相持阶段，也是都市区孕育和形成阶段；第三个阶段是多中心空间结构形成阶段，也就是大都市区发展阶段。空间结构的演变也要求城市管理作出相应的变革，这是本书的研究主线之二。

3. 研究主线之三——科学研究立场

我们处在一个城镇化大发展的时代。城镇化进程中的城市与区域结构演变这个"经济基础"是客观存在的，不因社会制度与意识形态差异而不同，因此与之对应的城市管理也应该有规律可循。我们不能戴着"有色眼镜"去研究城市管理问题，要抛开姓"资"姓"社"的争议，从客观科学立场研究问题，寻找内在规律，这是本书的研究主线之三。

4. 研究主线之四——开展综合研究

以往研究城镇化的学者，对制度变革研究重视不够；研究制度变革的学者，对城镇化发展规律缺乏清晰的概念。从文献梳理来看，前者往往容易简单照搬其他国家或地区的管理模式与做法，而不顾及其是否适用；后者往往容易陷入意识形态之争，成为姓"资"姓"社"争论的口舌。本研究力图将城镇化与制度变革两方面的研究有机结合起来，整合在一个总体研究框架下，使用多学科综合研究方法，这是本书的研究主线之四。

5. 研究主线之五——中国实践研究

在系统总结城镇化进程中的城市管理理论的基础上，结合中国国情，在若干领域开展有针对性的应用研究，为中国国民经济和社会发展提供有价值的决策咨询建议，这是本书的研究主线之五。

（二）本书研究框架

本书在总体框架设计上分为总论与分论两部分。总论部分侧重于理论研究，在对国内外城市管理研究综述的基础上，从时间维度与空间维度对城市管理演变的脉络进行系统梳理，建立起基于城镇化进程的城市管理理论框架。分论部分侧重于中国应用研究，以总体理论为指导，结合中国发展阶段，从若干领域入手，进行针对性研究，以指导中国实践。

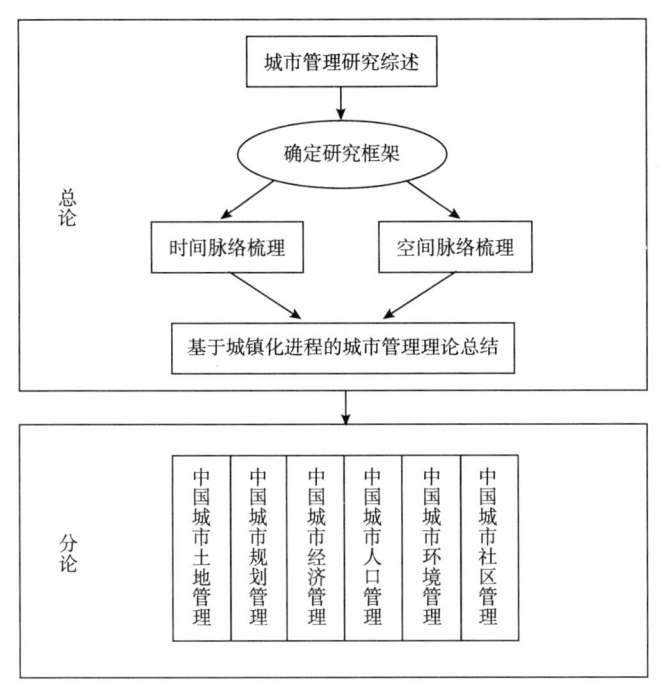

```
                    ┌─────────────────┐
                    │  城市管理研究综述  │
                    └────────┬────────┘
                             ↓
                    ╭─────────────────╮
            总      │   确定研究框架    │
            论      ╰────────┬────────╯
                     ┌───────┴───────┐
                     ↓               ↓
              ┌───────────┐   ┌───────────┐
              │ 时间脉络梳理│   │ 空间脉络梳理│
              └─────┬─────┘   └─────┬─────┘
                    └───────┬───────┘
                            ↓
              ┌──────────────────────────────┐
              │基于城镇化进程的城市管理理论总结│
              └──────────────┬───────────────┘
                             ↓
            分   ┌──┬──┬──┬──┬──┬──┐
            论   │中│中│中│中│中│中│
                 │国│国│国│国│国│国│
                 │城│城│城│城│城│城│
                 │市│市│市│市│市│市│
                 │土│规│经│人│环│社│
                 │地│划│济│口│境│区│
                 │管│管│管│管│管│管│
                 │理│理│理│理│理│理│
                 └──┴──┴──┴──┴──┴──┘
```

图 1-1 本书的研究框架设计

（三）本书研究要点

本书对以下 9 个方面的问题展开重点研究：

（1）从时间维度上看，伴随着城镇化进程，城市管理是否有规律可循？
（2）从空间维度上看，伴随着城镇化进程，城市管理是否有规律可循？
（3）是否可以摸清基于城镇化进程的城市管理模式演变规律？
（4）在城镇化进程中，中国土地管理如何适应城市发展的需要？
（5）在城镇化进程中，中国规划管理如何适应城市发展的需要？
（6）在城镇化进程中，中国城市经济管理如何变革？
（7）在城镇化进程中，中国城市人口管理如何变革？
（8）在城镇化进程中，中国城市环境管理如何变革？
（9）在城镇化进程中，中国城市社区管理如何完善？

第二章 城市管理研究的若干相关概念

【摘要】 本章从城市发展、城市规划、城市管理三个方面对国内外学术界频繁出现的若干概念内涵进行了简单梳理，目的是为深化城市管理领域的理论研究提供必要的概念支撑，为中国在若干领域开展城市管理改革提供必要的理论参考。

一 城市发展的相关概念

(一) 城市

一般说，城市是以非农业人口和非农产业集聚而形成的较大聚落区（包括按国家行政建制设立的市、镇）。城市的基本特征是，工商业发达，人口密集，基础设施完善，建筑林立。城市是现代经济社会复杂巨系统，城市内部社会分工高度发达。城市是区域经济发展的节点，对区域经济发展有显著的辐射带动作用。城市是现代文明的发祥地，也是新观念、新技术、新制度、新产业、新品牌诞生的摇篮。同时，城市也具有脆弱性，因此，抵御自然灾害和公共安全危害的能力建设十分重要。

(二) 城镇化

城镇化（urbanization），是指农村人口转化为城镇人口的过程。在这个过程中，非农产业不断向城镇聚集，城镇数量不断增加，城镇规模不断扩大。城镇化包括三个方面的内容：一是职业的非农化，二是居住的城镇化，三是生活方式的城镇化。这三个方面的城镇化，往往受制于各种主客观条件，不可能同步完成，有时甚至需要一两代人才能完成。历史地看，城镇化是人类社会发展的一个阶段，也是无法逾越的一个历史阶段。城镇化的动力，经历了初期农业剩余推动、中期工业化推动、后期服务业推动的转变。城镇化水平与各地经济社会发展阶段和水平息息相关。城镇化推进的过程，既是城市问题不断发生变化的过程，也是城市管理理念与模式不断革新的过程。

（三）郊区化

郊区化（sub-urbanization），亦称城市郊区化，是指城镇化在经历了城市中心区绝对集中、相对集中和相对分散以后的一个绝对分散的阶段，表现为人口、工业、商业等先后从城市中心区向郊区迁移，中心区人口出现绝对数量的下降。郊区化是城镇化中期以后出现的一种现象，是城镇化的一种表现形式。大城市的郊区化在全世界带有普遍性，它是都市区与都市密集区形成与发展的基础。

（四）都市区

都市区（metropolitan area），是指发达的中心城市与郊区及周边中小城市和小城镇组成的经济社会联系密切、专业化分工高度发达、就业人口流动频繁、城市功能高度融合的城乡一体化发展地域。都市区是区域化的城市，是工业化中后期与城市郊区化发展的产物。都市区可以突破城市行政边界，实现跨界发展。

（五）都市密集区

都市密集区，是指若干个都市区首尾相连，在地域空间上形成的高度发达的城镇化地区。都市密集区是城镇化发展到高级阶段的产物，是一国综合竞争能力的具体体现。从世界范围看，凡是都市密集区形成的地方，都是经济社会活动最频繁的地区，也是一国引领科技创新与制度创新的地区，更是国民财富创造最集中的地区。

（六）生态城市

生态城市（ecological city），从广义上讲是建立在人类对人与自然关系深刻认识基础上的新的文化观，是按照生态学原则建立起来的社会、经济、自然协调发展的新型社会关系，是有效利用环境资源实现可持续发展的新的生产和生活方式。狭义地讲，就是按照生态学原理进行城市设计，建立高效、和谐、健康、可持续发展的人类聚居环境。"生态城市"作为对传统的以工业文明为核心的城镇化运动的反思、扬弃，体现了工业化、城镇化与现代文明的交融与协调，是人类自觉克服"城市病"、从灰色文明走向绿色文明的伟大创新。它在本质上适应了城市可持续发展的内在要求，标志着城市由传统的唯经济增长模式向经济、社会、生态有机融合的复合发展模式的转变，体现了城市发展理念中传统的人本主义向理性的人本主义的转变，反映出城市发展在认识与处理人与自然、人与人关系上取得的新突破，使城市发展不仅仅追求物质形态的发展，更追求文化上、精神上的进步，即更加注重人与人、人与社会、人与自然之间的紧密联系。

（七）数字城市

数字城市（digital city），是指以计算机技术、多媒体技术和大规模存储技术为基础，以宽带网络为纽带，运用遥感、全球定位系统、地理信息系统、遥测、仿真—虚拟等技术，对城市进行多分辨率、多尺度、多时空和多种类的三维描述，即利用信息技术手段把城市的过去、现状和未来的全部内容在网络上进行数字化虚拟实现。"数字城市"系统是一个人地（地理环境）关系系统，体现人与人、地与地、人与地相互作用和相互关系，这个系统由政府、企业、市民、地理环境等既相对独立又密切相关的子系统构成。地球表面测绘与统计的信息化（数字调查与地图），政府管理与决策的信息化（数字政府），企业管理、决策与服务的信息化（数字企业），市民生活的信息化（数字城市生活）等四个方面的信息化是数字城市必须具备的客观要素。

（八）低碳城市

低碳城市（low-carbon city），是指以低碳经济为发展模式及方向、市民以低碳生活为理念和行为特征、政府公务管理层以低碳社会为建设标本和蓝图的城市。低碳城市由低碳经济、低碳生活和低碳管理三方面构成，其中低碳经济是指在可持续发展理念指导下，通过技术创新、制度创新、产业转型、新能源开发等多种手段，尽可能地减少煤炭、石油等高碳能源消耗，减少温室气体排放，达到经济社会发展与生态环境保护双赢的一种经济发展形态；低碳生活是指生活作息时所耗用的能量要尽力减少，从而减少碳，特别是二氧化碳的排放量，进而减少对大气的污染，减缓生态恶化，主要是从节电、节气和回收三个环节来改变生活细节。低碳管理是指以低碳发展为导向的政府管理，它是对传统政府管理模式的创新，包括低碳指向的政府管理体制机制构建、法律法规政策制定以及政府系统运转的低碳化。

（九）智慧城市

智慧城市（smart city），是指充分借助物联网、传感网，在智能楼宇、智能家居、路网监控、智能医院、城市生命线管理、食品药品管理、票证管理、家庭护理、个人健康与数字生活等诸多领域，把握新一轮科技创新革命和信息产业浪潮的重大机遇，充分发挥信息通信（ICT）产业发达、RFID相关技术领先、电信业务及信息化基础设施优良等优势，通过建设ICT基础设施、认证、安全等平台和示范工程，加快产业关键技术攻关，汇聚更多的人才，建立更好的意见表达机制，实行更科学的发展规划，构建城市发展的智慧环境，形成基于海量信息和智能过滤处理的新的生活、产业发展、社会管理等模式，面向未来构建全新的城市形态。智慧城市既包括数字城市的硬环境支撑，也包括和谐发展的软环境支撑。

二 城市规划的相关概念

（一）城市规划

城市规划（urban planning），是研究城市的未来发展、城市的合理布局和综合安排城市各项工程建设的综合部署，是一定时期内城市发展的蓝图，是城市建设和管理的依据，也是城市规划、城市建设、城市运行三个阶段管理的龙头。城市规划的任务是根据国家城市发展和建设方针、经济技政策、国民经济和社会发展长远规划、区域规划，以及城市所在地区的自然条件、历史情况、现状特点和建设条件，优化城镇体系；确定城市性质、规模和布局；统一规划、合理利用城市土地；综合布置城市经济、文化、基础设施等各项建设，保证城市有秩序、协调发展，使城市的发展建设获得经济效益、社会效益和环境效益的有机统一。城市战略研究为城市规划提供了理论基础，城市规划则是城市战略的具体落实。城市规划是城市管理的一种有效手段。

（二）城镇体系规划

城镇体系规划（urban system planning），是指一定地域范围内，以区域生产力合理布局和城镇职能分工为依据，确定不同人口规模等级和职能分工的城镇分布与发展规划。城镇体系规划的内容包括：分析区域发展条件和制约因素，提出区域城镇发展战略，确定资源开发、产业配置和保护生态环境、历史文化遗产的综合目标；预测区域城镇化水平，调整现有城镇体系的规模结构、职能分工和空间布局，确定重点发展的城镇；原则确定区域交通、通信、能源、供水、排水、防洪等设施的布局；提出实施规划的措施和有关技术经济政策的建议。城镇体系规划一般分为全国城镇体系规划、省域（或自治区域）城镇体系规划、市域（包括直辖市、市和有中心城市依托的地区、自治州、盟域）城镇体系规划、县域（包括县、自治县、旗、自治旗域）城镇体系规划4个基本层次。

（三）控制性详细规划

控制性详细规划（regulatory planning），是指以城市总体规划或分区规划为依据，确定建设地区的土地使用性质、使用强度等控制指标、道路和工程管线控制性位置以及空间环境控制的规划。控制性详细规划包括的基本内容有：①土地使用性质及其兼容性等用地功能控制要求；②容积率、建筑高度、建筑密度、绿地率等用地指标；③基础设施、公共服务设施、公共安全设施的用地规模、范围及具体控制要求，地下管线控制要求；④基础设施用地的控制界线（黄线）、各类绿地范围的控制线（绿线）、历史文化街区和历史建筑的保护范围界线（紫线）、地表水体保护和控制的地域界线（蓝线）等"四线"及控制要求。

（四）国土规划

国土规划（territorial planning），是指从土地、水、矿产、气候、海洋、旅游、劳动力等资源的合理开发利用角度，确定经济布局，协调经济发展与人口、资源、环境之间的关系，明确资源综合开发的方向、目标、重点和步骤，提出国土开发、利用、整治战略的重大措施和基本构想。国土规划内容包括：自然条件和国土资源的综合评价；社会经济现状分析和远景预测；国土开发整治的目标和任务；自然资源开发的规模、布局和步骤；人口、城镇化和城市布局；交通、通信、动力和水源等基础设施的安排；国土整治和环境保护；综合开发的重点地域；宏观效益估计；实施措施等。国土规划在空间规划中具有至高无上的地位，是其他一切空间规划的指导。

（五）区域规划

区域规划（regional planning），是指在一定地区范围内对整个国民经济建设进行总体的战略部署。它以国家和地区的国民经济和社会发展长期规划为指导，以区内的自然资源、社会资源和现有的技术经济构成为依据，考虑地区发展潜力和优势，在掌握工农业、交通运输、水利、能源和城镇等物质要素的基础上，研究确定经济的发展方向、规模和结构，合理配置工业和城镇居民点，统一安排为工农业、城镇服务的区域性交通运输、能源供应、水利建设、建筑基地和环境保护等设施，以及城郊农业基地等，使之各得其所，协调发展，获得最佳的经济效益、社会效益和生态效益，为生产和生活创造最有利的环境。

（六）都市区规划

都市区规划（metropolitan planning），是指在都市区范围内对区域发展有重大影响项目进行的总体战略部署。都市区规划属于区域规划，是最近10多年来随着大城市空间快速扩展而兴起的规划，目前还没有纳入中国法定的规划体系之中。都市区规划的内容主要包括区域功能定位、产业选择与空间布局、人口布局、重大基础设施布局、生态与环境保护设施布局、都市区治理框架、中心城区与周边地区关系协调等。都市区规划对大都市中心城区的总体规划编制有指导意义。

(七) 主体功能区规划

主体功能区规划（major function-oriented zone planning），就是根据不同区域的资源环境承载能力、现有开发密度和发展潜力，统筹谋划未来人口分布、经济布局、国土利用和城镇化格局，将国土空间划分为优化开发、重点开发、限制开发和禁止开发四类，确定主体功能定位，明确开发方向，控制开发强度，规范开发秩序，完善开发政策，逐步形成人口、经济、资源环境相协调的空间开发格局。优化开发区域是指国土开发密度已经较高、资源环境承载能力开始减弱的区域；重点开发区域是指资源环境承载能力较强、经济和人口集聚条件较好的区域；限制开发区域是指资源承载能力较弱、大规模集聚经济和人口条件不够好并关系全国或较大区域范围生态安全的区域；禁止开发区域是指依法设立的各类自然保护区域。主体功能区规划是战略性、基础性、约束性的规划，也是国民经济和社会发展总体规划、区域规划、城市规划等的基本依据。

(八) 土地利用规划

土地利用规划（land use planning），亦称土地规划，是指在一定区域内，根据国家社会经济可持续发展的要求和当地自然、经济、社会条件对土地开发、利用、治理、保护的要求，在空间上、时间上所做的总体战略性布局和统筹安排。它是从全局和长远利益出发，以区域内全部土地为对象，合理调整土地利用结构和布局；以利用为中心，对土地开发、利用、整治、保护等方面做统筹安排和长远规划。目的在于加强土地利用的宏观控制和计划管理，合理利用土地资源，促进国民经济协调发展。土地利用规划是实行土地用途管制的依据。土地利用规划具体内容包括：查清土地资源、监督土地利用；确定土地利用的方向和任务；合理协调各部门用地，调整用地结构，消除不合理土地利用；落实各项土地利用任务，包括用地指标的落实，土地开发、整理、复垦指标的落实；保护土地资源，协调经济效益、社会效益和生态效益之间的关系，协调城乡用地之间的关系，协调耕地保护和促进经济发展的关系。

(九) 国民经济与社会发展规划

国民经济与社会发展规划（national economic and social development planning），是指国家对国民经济与社会发展各项内容所进行的分阶段的具体安排。在中国国家层面，一般每五年编制一次，由全国人大审议批准通过实施。在地方层面，也相应的每五年同步编制一次，由同级地方人大审议批准通过实施。国民经济与社会发展规划的主要内容包括：上一次五年规划实施取得的成效与问题、新的五年规划期面临的形势与任务、规划的指导思想、基本原则与发展目标、规划任务与重点、规划实施的保障机制与措施等。

三　城市管理的相关概念

(一) 城市管理

城市管理（urban management），是指以城市这个开放的复杂巨系统为对象，以城市基本信息流为基础，运用决策、计划、组织、指挥等机制，采用行政、经济、法律、技术等手段，通过政府、市场与社会的互动，围绕城市运行和发展所进行的决策引导、规范协调、服务和经营行为。

城市管理可以有广义的理解，也可以有狭义的理解。广义的城市管理是指对城市一切活动进行管理，包括政治的、社会的、经济的和市政的管理。狭义的城市管理通常就是指市政管理，即与城市规划、城市建设及城市运行相关联的城市基础设施、公共服务设施和社会公共事务的管理。

现代城市的复杂性决定了城市管理工作的复杂性。从参与角色上看，城市管理主体包括政府（含各级政府、各城市管理相关部门）、市场（含企业等市场经济的各个主体）和社会（含社区、民间组织、媒体和学术机构等）；从管理层次上看，城市管理包括市级、区级、街道、社区、网格等多个层次；从时间维度上看，城市管理包括前期规划管理、中期建设管理与后期运行管理几个部分；从逻辑维度上看，城市管理包括预测、决策、组织、实施、协调和控制等一系列机制；从专业维度上看，城市管理包括市政基础设施、公用事业、交通管理、废弃物管理、市容景观管理、生态环境管理等众多子系统，而每个子系统又包含许多可以进一步细分的子系统，整个系统呈现出多主体、多层次、多结构、多形态、非线性的复杂巨系统特性。

（二）城市治理

城市治理（urban governance），是指城市政府与社会各阶层、各团体构建平等协商对话机制，共同参与城市管理的方式。城市治理有五重含义：①政府和非政府的共同合作、共同经营，实现各自的目的。②治理对象为城市，包括政治、经济、社会、文化、人等的总和。③治理手段有多元化的趋势，包括经济、法律、法规，物质和非物质手段。④治理目的，为了在竞争中获胜，在经济全球化的竞争中生存和发展。⑤治理有属于市场行为的部分特征，即追求利润的最大化、成本最小化。

城市治理与城市管理有细微差别，它是由城市管理演变而来的。相比较而言，城市管理的行政色彩要浓重一些，城市治理的人文色彩和协调成分要突出一些。城市治理的产生有深刻的社会背景：①城市建设投资主体的多元化；②城市移民来源的多渠道；③城市管理的日益复杂；④城市市民阶层分化的多层次；⑤城市外部竞争日趋激烈；⑥市民民主参与城市事务的热情和能力提升；⑦市场化、国际化、法治化和新技术革命的推动。城市治理要实现的目标有：①优化城市政府的管理效率；②建立引导、调控、促进和监督城市社会、经济和生态系统运行的有效组织体制；③将市场的激励机制和民营企业的管理手段引入政府的公共服务领域；④倡导善治，就是强调效率、法治、责任三者协调平衡；⑤促进政府与民间、公共部门与私人部门之间的合作和互动；⑥完善城市社会的自组织特性；⑦扩展和提升城市社会资本。

（三）城市规划管理

城市规划管理（urban planning administration），是指对包括城市规划编制管理、城市规划审批管理和城市规划实施管理这三个相互衔接阶段的全过程管理。城市规划编制管理主要是组织城市规划的编制，征求并综合协调各方面意见，规划成果的质量把关、申报和管理。城市规划审批管理主要是对城市规划文件实行分级审批制度。城市规划实施管理主要包括建设用地规划管理、建设工程规划管理和规划实施的监督检查管理等。

（四）城市建设管理

城市建设管理（urban construction administration）是城市管理的有机组成部分。中国有关法律规定，城市规划区内各种建设活动（包括地面的、架空的和地下的），由城市规划主管部门统一管理。在城市成片新建和改建的地段，应按照城市规划的要求，实行综合开发和统一建设。营建具体的建设项目（包括新建、改建和扩建的），都必须向城市规划主管部门提出申请。规划部门审查了建设项目的建设位置（包括具体的控制坐标和标高）和技术条件，如建筑物的密度、层数、体型、立面、色调、风格以及同环境的协调关系等有关设计文件，认为符合规划要求并发给建设许可证，方可进行建设。城市规划主管部门有权对违章建设的单位和个人进行检查和处理，可责令停建，给予警告或按章罚款，必要时也可依法提请司法部门予以制裁。

（五）公共选择理论

公共选择理论（theory of public choice）是当代经济学领域中一个较新的理论分支与学说，它帮助人们理解和加深对公共产品、公共权力、公共选择等核心概念的认识，主要从新政治经济学理论的视角介绍国家的起源、政府的权利和义务、公共所有权、公共资源、公共政策、宪法、宪政、共和、民主和自由、市场与国家等方面的基础理论与基本知识。

公共选择理论产生于20世纪40年代末，并于五六十年代形成公共选择理论的基本原理和理论框架，60年代末以来，其学术影响迅速扩大。英国经济学家邓肯·布莱克被尊为"公共选择理论之父"，他于1948年发表的《论集体决策原理》一文（载《政治经济学杂志》1948年2月号），为公共选择理论奠定了基础，1958年出版的《委员会和选举理论》被认为是公共选择理论的代表作。公共选择理论的领袖人物当推美国著名经济学家詹姆斯·布坎南。布坎南从 20 世纪 50 年代开始从事公共选择理论研究,他发表的第一篇专门研究公共选择的文章是《社会选择、民主政治与自由市场》(载《政治经济学杂志》第 62 期,1954 年 4 月号)。布坎南与戈登·塔洛克二人合著的《同意的计算——立宪民主的逻辑基础》被认为是公共选择理论的经典著作。布坎南因在公共选择理论方面的建树,尤其是提出并论证了经济学和政治决策理论的契约和宪法基础,而获得 1986 年度诺贝尔经济学奖。

公共选择理论认为,人类社会由两个市场组成,一个是经济市场,另一个是政治市场。在经济市场上活动的主体是消费者(需求者)和厂商(供给者),在政治市场上活动的主体是选民、利益集团(需求者)和政治家、官员(供给者)。在经济市场上,人们通过货币选票来选择能给其带来最大满足的私人物品;在政治市场上,人们通过政治选票来选择能给其带来最大利益的政治家、政策法案和法律制度。前一类行为是经济决策,后一类行为是政治决策,个人在社会活动中主要是作出这两类决策。该理论进一步认为,在经济市场和政治市场上活动的是同一个人,没有理由认为同一个人在两个不同的市场上会根据两种完全不同的行为动机进行活动,即在经济市场上追求自身利益的最大化,而在政治市场上则是利他主义的,自觉追求公共利益的最大化;同一个人在两种场合受不同的动机支配并追求不同的目标,是不可理解的,在逻辑上是自相矛盾的;这种政治经济截然对立的"善恶二元论"是不能成立的。公共选择理论试图把人的行为的两个方面重新纳入一个统一的分析框架或理论模式,用经济学的方法和基本假设来统一分析人的行为的这两个方面,从而拆除传统的西方经济学在经济学和政治学这两个学科之间竖起的隔墙,创立使二者融为一体的新政治经济学体系。

(六)新公共管理理论

新公共管理(new public management)是 20 世纪 80 年代以来兴盛于英、美等西方国家的一种新的公共行政理论和管理模式,也是近年来西方规模空前的行政改革的主体指导思想之一。它以现代经济学为自己的理论基础,主张在政府公共部门广泛采用私营部门成功的管理方法和竞争机制,重视公共服务的产出，强调文官对社会公众的响应力和政治敏锐性，倡导在人员录用、任期、工资及其他人事行政环节上实行更加灵活、富有成效的管理。

新公共管理理论的诞生有深刻的历史背景。自20世纪中叶开始，西方发达资本主义国家普遍实行"福利国家"制度。它们运用凯恩斯主义经济学指导国家的经济活动，试图依靠政府的作用来弥补市场的不足。然而过了多年，"福利国家"制度并未取得如愿的经济增长和社会满意度。20世纪六七十年代以来，经济滞胀、政府扩大支出产生高税收、政府公共服务无效率，造成社会普遍不满，最终导致意识形态变革。人们开始从政治上批判"福利国家"的政策基础，主张以自由市场、个人责任、个人主义来重塑国家和社会。

在意识形态上崛起的"新右派"思想，主要来源于自由经济思想、新制度经济学和公共选择经济学。它强调自由市场的价值，批评政府干预的弊端，主张用市场过程取代政治或政府过程来配置社会资源并且作出相应的制度安排。它认为国家和政府作为非市场力量，会扭曲社会资源的有效配置。高税收将资源从"创造财富"的私营部门转移到"消费财富"的公共部门，妨碍经济增长和削减社会福利。只有让市场进行资源的最佳配置，让消费者和生产者决定福利的供给和需求，才能促进社会和经济的繁荣。于是，市场化成为政府改革的必然选择。公共企业的私营化、公共服务的市场化、公共部门之间的竞争、公共部门与私人部门之间的竞争，广泛成为西方国家的政府改革策略。

市场化改革，从一定意义上讲，是在为政府减负，同时也意味着政府放权。在现代国家，政府扮演着双重角色，即"社会福利的提供者"与"经济稳定和增长的主舵手"。政府在社会保障、社会公平、教育平等、医疗保健、环境保护等方面依然承担着不可推卸的责任，仍然支配着巨大的社会资源。社会要求政府"花费更少、做得更好"，更有效地使用公共财政资源。对此，政府必须积极从内部管理上挖潜，寻找新的管理理念和管理工具，提升政府的管理能力。私营企业优良的管理绩效和先进的管理方法，自然成为政府进行管理创新的改革选择。西方国家的政府改革鼓吹市场化和效法私营企业管理，最终导致不同于传统政府管理模式的新公共管理典范的诞生。

(七) 服务型政府

服务型政府也就是为人民服务的政府，用政治学的语言表述是为社会服务，用专业的行政学语言表述就是为公众服务。它是在公民本位、社会本位理念的指导下，在整个社会民主秩序的框架中，把政府定位于服务者的角色，并通过法定程序，按照公民意志组建起来的以为人民服务为宗旨，以公正执法为标志，并承担着相应责任的政府。

服务型政府是一个具有核心竞争力的政府，是一个民主和负责的政府，是一个法治和有效的政府，是一个为全社会提供公共产品和服务的政府，是一个实现了合理分权的政府。

服务型政府要求政府不仅要代表最广大人民群众的根本利益，为经济、社会等事务服务，认真履行"人民"政府的宗旨，还必须适应经济全球化和世贸组织规则的需要，坚持公开、公正、合法、透明等原则，用市场经济的观点和方法解决机构设置重叠、职能交叉、政出多门、重复管制等问题，努力把政府工作重心转移到依法行政、加强市场调节、社会监管、公共服务等职能上来。服务型政府应该是为民政府、责任政府、法治政府、阳光政府、创新政府。

(八) 有限政府

"有限政府"是指政府自身在规模、职能、权力和行为方式上受到法律和社会的严格限制和有效制约。

法治最重要的政治职能就是铲除无限政府，确立和维持一个在权力、作用和规模上都受到严格的法律限制的"有限的政府"。而法治的最高阶段就是宪政。宪政的目的也是对政府的权力进行限制，以达到充分保护公民权利不受公权力侵犯的目标。

有限政府与有效政府并不对立，相反，有限政府是有效政府的前提。无限政府，不可能是有效政府。在有限政府之下，要使国家和政府有所作为的最好办法，就是对国家和政府的权力和能力加以必要的限制。没有限制的权力，必然要导致对权力的滥用，从而败坏了国家的政治秩序。一个合理的政府理所当然地只能是有限政府。

（九）政府失灵

政府失灵（government failure）是指政府由于对非公共物品市场的不当干预而最终导致市场价格扭曲、市场秩序紊乱，或由于对公共物品配置的非公开、非公平和非公正行为，而最终导致政府形象与信誉丧失的现象。

政府失灵的主要表现形式有：①公共决策失误导致的产品短缺或过剩、信息不足、官僚主义和政府政策的频繁变化；②缺乏竞争压力，没有降低成本的激励机制，现出因监督信息不完备而导致的政府工作机构的低效率；③政府权力介入市场交易活动而产生的"寻租"行为；④政府膨胀。消除政府失灵现象的途径，一是市场化改革，二是宪政和分权改革。

（十）市场失灵

市场失灵（market failure）是指对于非公共物品而言由于市场垄断和价格扭曲，或对于公共物品而言由于信息不对称和外部性等原因，导致资源配置无效或低效，从而不能实现资源配置零机会成本的资源配置状态。

市场失灵的表现有：①收入与财富分配不公；②公共产品供给不足；③竞争失败和市场垄断的形成；④公共资源的过度使用；⑤失业问题；⑥区域经济不协调问题；⑦外部负效应问题。

（十一）公民社会

公民社会或市民社会（civil society）是指围绕共同的利益、目的和价值上的非强制性的集体行为。它不属于政府的一部分，也不属于营利的私营经济的一部分。换而言之，它是处于"公"与"私"之间的一个领域。通常而言，它包括那些为了社会的特定需要、为了公众的利益而行动的组织，诸如慈善团体、非政府组织（NGO）、非营利组织（NPO）、社区组织、专业协会、工会等。

在中国，通常将"civil society"一词译为"公民社会"，实际上这里译为"公民团体"或者"公民组织"更符合原意。

（十二）非政府组织

非政府组织是英文 non-governmental organizations 的意译，英文缩写 NGO。自 20 世纪 80 年代以来，人们在各种场合越来越多地提及非政府组织（NGO）与非营利组织（NPO），把非政府组织与非营利组织看作在公共管理领域其作用日益重要的新兴组织形式。

从概念上来说，非政府组织是指"处于政府与私营企业之间的那块制度空间"。它是现代社会结构分化的产物，是一个社会政治制度与其他非政治制度不断趋向分离过程中所衍生的社会自组织系统的重要组成部分。非政府组织一般具备六个方面的显著特征，即组织性、民间性、公益性、非营利性、自治性和志愿性。

（十三）政府绩效

政府绩效（government performance）是指政府在社会经济管理活动中的结果、效益及其管理工作效率、效能，是政府在行使其功能、实现其意志过程中所体现出的管理能力，它包含经济绩效、社会绩效、环境绩效和政治绩效等方面内容。

经济绩效是政府绩效的核心，在整个体系中发挥着基础性作用。维持经济持续发展，社会财富稳定增长，是政府绩效的首要指标。社会绩效是政府绩效体系中的价值目标。实现经济绩效的目的，就是为实现社会绩效，保持国家安全、社会稳定，居民安居乐业。环境绩效是政府绩效体系中的基础保障，它的目的是为实现经济社会可持续发展提供基础支撑。政治绩效是整个政府绩效的中枢。实现经济绩效和社会绩效需要政治绩效作为法律和制度的保障。

第三章　城市起源、城市发展与城市管理

【摘要】 本章对城市起源、城市特征、城市发展历程、城市管理主体、城市管理特征、城市管理内容和城市管理手段等进行一般意义上的逻辑梳理，目的是为城市管理研究提供一个分析背景，为深入剖析中西方城市管理演变脉络提供方向性指导。

一　城市起源

城市是人类社会发展进程中的一种客观形态。城市的起源与发展和人类社会的发展进程密切关联。世界上最早形成的城市迄今已有五六千年的历史。

城市是社会生产力发展到一定阶段的产物，人类社会三次大分工孕育了城市。在原始社会，人类以狩猎为生，过着穴居和巢居的生活，居无定所。由于社会生产力的不断进步，在原始社会后期，产生了以农业和畜牧业分离为标志的第一次社会大分工，为城市的产生提供了良好的条件。为了适应这种新的生产方式和生活方式，人类逐步形成了原始固定群居的居民点。此后由于金属工具的逐步使用，提高了劳动生产率，出现了产品剩余，使商品生产和交换成为可能，出现了以手工业和农业相分离的第二次社会大分工。奴隶社会初期，随着商品生产的发展和商品交换的扩大，商业从农业和手工业中分离出来，出现了人类社会第三次大分工。这次社会大分工，一方面形成了商人阶层，另一方面产生了以商品加工和商品交换为生存方式的固定居民点。同时，由于阶级的出现和部落之间的战争，出于保护自我的原因，这些居民点不断修筑城池，于是就产生了人类历史上

的早期城市。

多数学者认为，城市的产生至少要满足以下四个方面的条件：

①剩余产品产生。如果生产力水平非常低下，劳动没有剩余，则不可能养活一批不从事生产者。只有当农业生产力发展到一定水平，食物出现了大量剩余，才具备了城市存在和发展的基本条件。

②社会劳动分工形成。当制造工具成为一种职业，工具制造者具备了脱离土地而生活的能力，城市才具备了自我形成和发展的能力。

③社会阶层分化。社会阶层出现巨大分化，居于上层的少数人能够凭借权力将社会财富集中起来，也只有在这种情况下，才需要有保存和消费这些财富的适宜场所。久而久之，这种场所才会演变为城市。所以，社会阶层的分化是城市诞生的催化剂。

④定居生活方式出现。相对于乡村居民点来说，城市是坚固而稳定的，更为持久。显然，居无定所的游牧生活方式是不可能产生城市的，居有定所是城市产生的前提。只有当人们具备了稳定的住所，才有可能建造起庞大而坚固的城市。

二 城市特征

城市和乡村都是人类社会的存在形式。从本质上讲，都是人的属性的延伸和物化。要更深刻地认识城市的特征，有必要将其与乡村作一番对比。也只有从对比中才能发现城市的基本特征。

城市的社会主体是非农群体，农村的社会主体是农业群体。由非农群体所主导的社会是城市社会，由农业群体主导的社会则是乡村社会。城乡之间最根本的区别首先是社会性质的差异，社会性质决定着聚落的基本特征和整体面貌。城市与乡村的特征对比见表3-1。

与乡村比较，城市具有以下五个方面的显著特征：

①人口聚集。不同背景、不同职业的人聚集在城市，组成关系复杂的社会群体，其中包括最富于创造性的群体。

②文化交融。城市社会成分多样，各种思想流派和艺术门类相互交融与碰撞，从而激发出创新的火花，并成为各种变革思潮的策源地。

表3-1 城市与乡村特征的对比

类别	细目	城市	乡村
社会特征	社会主体	非农群体	农业群体
	社会组织	严密，复杂	松散，简单
	社会结构	复杂，通常有多层次的划分	简单，通常没有明显的分层，或仅有富人和穷人的区别
	社会性质	非农社会	农业社会
	社会活动	非农活动为主，分工复杂	农业活动为主，分工简单
	活动场所	城区	村庄和田野
	社会职能	提供能够满足人发展需要的生活用品或服务，并主导着一个地区的社会发展	创造能够满足人的生存需要的生活用品，维持社会的存在
	影响范围	通常超出本市或本地	通常在本村或本地
	社会财富	丰富，多样	贫乏，单一
经济特征	主要活动	制造业和服务业	农业（含林、牧、渔业）
	经济结构	复杂，行业多按技术分工	简单，行业多按自然分工
	活动主体	工人和商人	农民（含牧民和渔民）
	活动场所	工厂和商店	农田（含牧场和渔场）
	经济水平	高	低
文化特征	主要活动	都市文化	乡村文化
	文化结构	丰富、多元，当代文化为主体	简朴、原始，传统文化为主体
	活动主体	专业性的文人	兼业艺人
	活动场所	专业场所	简易场所
	文化素质	高	低
建筑特征	主要建筑	房屋、厂房、店铺	房屋
	街道	宽阔，多呈网络状	短小，多呈枝杈状
	广场	常位于市中心，用于集会	常位于村旁，主要用于生产活动
	基础设施	比较齐全	比较贫乏
	建筑密度	高	低
聚落特征	人口规模	大	小
	人口密度	高	低
	空间结构	复杂，平面圈层状和立体多层	简单，平面均衡分布
	空间形态	多呈片状	多呈点状

资料来源：牛凤瑞主编《城市学概论》，中国社会科学出版社，2008，第19页。

③经济发达。城市既是一个地区经济发展水平的集中体现，又是孕育先进生产力的摇篮。

④职能众多。一般来说，城市是周围地区甚至更大范围内的政治、经济、文化或交通中心，在区域社会经济发展中发挥着龙头作用。

⑤设施完善。城市集中了一个地区先进的生产力，有能力建造更适合自身发展需要的条件和设施，从而提高整体生产效率，增加居民的生活舒适度。

三　城市发展历程

从远古人类最初的居民点，到城市的产生，直至发展的今天，其演变路径大致为：临时栖息点→稳定寄居地→原始村落→雏形城市→早期城市→古代城市→近代城市→现代城市。

（一）史前城市

原始社会人类过着依附于自然的渔猎与采集生活，居无定所。旧石器时代晚期，一些族群开始半定居，出现了土窑。中石器时代，原始畜牧业和农业萌芽，开始出现比较稳定的寄居地。新石器时代，出现了第一次社

图3-1　墨西哥玛雅文化遗址（来源于百度图片）

会大分工。农业氏族群体的规模扩大,逐步转向定居生活,导致村落的形成。人类社会出现第二次社会大分工和第三次社会大分工,为了便于交换,商人及手工业者逐渐向交通条件较好的地点聚集,形成了原始集市。公有制逐步被私有制所取代,氏族公社之间通过战争掠夺和抢占财富,为了抵御入侵,几个氏族联合起来,组成部落和部落联盟。部落或部落联盟构筑的防御工事逐步演变成稳固设施,这是史前城市的雏形。

(二) 早期城市

早期城市产生于奴隶社会。其特点是城市规模小、数量少,城市中手工业、商业已有所发展,阶级分化十分明显;城市是行政、宗教、军事或者手工业中心,政治统治功能突出。在城市里王室宫殿和寺庙占据突出地位。由于奴隶社会的生产力还比较低下,农业在经济体系中仍占统治地位,城市对农村在经济上的依赖很强,因此出现了"城邦"这种早期城市形态。所谓"城邦",是指以一个城市为中心,加上周围村庄共同组成一个独立的国家或者行政组织,实现奴隶主对城市和周围村庄的统治。在古希腊、古印度、古埃及都出现和存在过"城邦",中国春秋战国时期的一些以一个城市为据点的诸侯小国也属于"城邦"性质。

图 3-2 古希腊城邦遗址 (来源于百度图片)

(三) 古代城市

古代城市存在于封建社会时期，具有自然经济时代的封闭性、消费性、孤立性特征。在封建社会，农业生产技术明显提高，剩余产品越来越丰富，手工业技术得到进一步发展，交通运输手段增多并被广泛利用。这些都促进了商品交换的扩大，推动了城市的扩大和发展。但由于受当时社会、经济、技术等条件的制约以及城防工事体系、供水、卫生条件的限制，除少数例外，城市规模一般不大，功能单一，结构和形态比较简单。城市没有自我发展的经济力量，依然依靠农业积累，城市发展的数量、规模、速度受制于农业经济的承受能力。

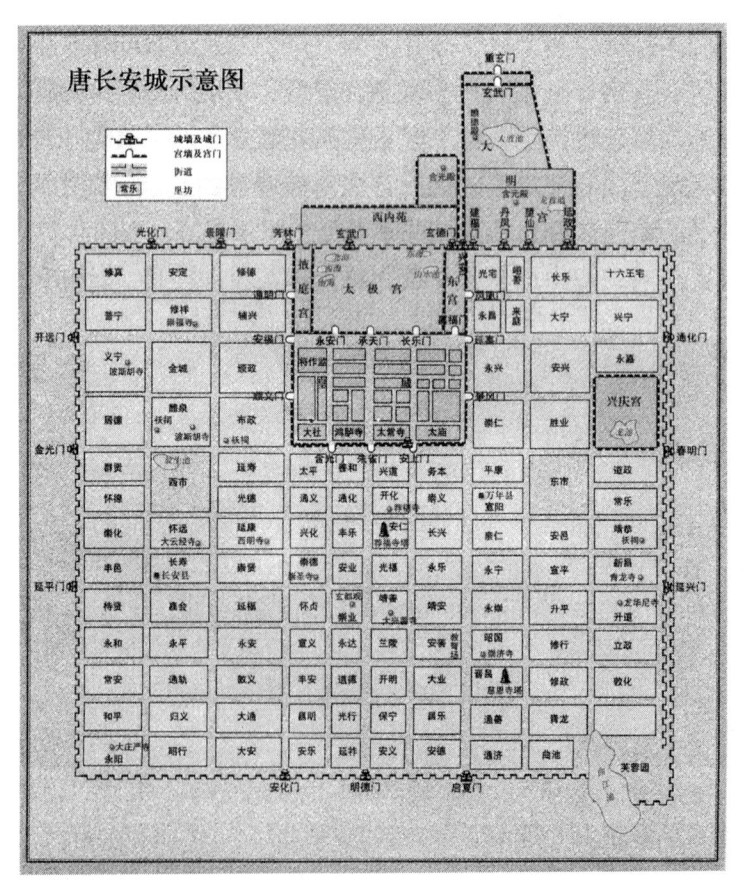

图 3-3 唐都长安城平面布局示意图（来源于百度图片）

(四)近代城市

这一阶段始于工业革命,距今 200 多年历史。以蒸汽机的发明和广泛应用为重要标志的工业革命,创造了人类历史上前所未有的生产力,驱使资本、财产和人口等由分散状态走向集中,摆脱了人类生产活动对土地的依赖,以机器化工业代替了手工业生产,以广泛的社会化专业协作代替了分散孤立的生产状态。交通运输业的发展大大促进了商品交换、经济联系和人员往来,缩短了时空距离。这些为城市的大发展创造了极其有利的条件,导致城市数量迅速增加,城市规模急剧扩大,城市性质和功能发生变化,经济功能越来越突出,"城镇化的时代"就此开始。

图 3-4 近代城市汉阳(来源于百度图片)

(五)现代城市

19 世纪末 20 世纪初,自由资本主义进入帝国主义阶段,世界进入现代城市发展阶段。这个阶段,城市人口迅猛增长,经济实力大大增强,出现了前所未有的特大城市、大都市区、都市密集区。城市经济在国民经济中占据主导地位，城市通过强有力的政权机构、雄厚的经济实力和各种先进的基础设施对其他地区实行控制，成为一个地区乃至一个国家的政治、经济和文化中心。其显著特征是：城市成了经济中心和人居中心；第三产业逐步取代工业成为城市最重要的经济部门；城市由分散孤立发展过渡到成片发展；由城市问题日益严重激发的城市可持续发展越来越引起人们的关注。

图 3-5　现代城市纽约（来源于新华网）

四　城市管理

城市管理随城市的产生而产生，随城市的发展而发展。城市管理有狭义和广义之分。狭义的城市管理，也叫"市政管理"，是指城市政府对城市公共事业、公共事务的管理，包括城市规划的制定和实施；城市各种法规和制度的制定和执行；城市各种基础设施的建设和管理；城市各种公共服务设施的建设和管理；城市环境和卫生的管理；城市治安和公共秩序的维护和管理；城市财政税收的管理；城市人口管理；城市社会福利及各种公益和救济事业的管理。广义的城市管理，是指对城市一切活动进行的管理，包括政治的、经济的、社会的、文化的和市政的管理。

（一）城市管理主体

在世界各国城市管理的实践中，城市管理主体大致分为两类情况：一是一元化的管理主体，即政府成为管理城市的唯一合法机构；二是多元化的管理主体，即除了政府之外，还存在其他管理主体，如企业、市民、社会团体等。前者在发展中国家比较普遍，后者则在发达国家中比较常见。

1. 城市政府的角色

在市场经济发展的不同时期，政府干预的范围、内容、力度和方式都不相同。从20世纪30年代政府扮演的"守夜人"角色，到凯恩斯主义者主张的政府干预政策，再到以现代货币主义学派等为代表的新自由主义思潮的兴起，城市政府的角色一直在发生变化。综观现代市场经济国家在处理城市政府与市场、企业和社会关系的过程中的实践，可以将城市政府的一般作用归纳为以下五种基本角色。

（1）公共物品的提供者

公共物品是指社会公众可以共享的产品、服务或资源。公共物品所具有的非排他性和非竞争性造成私人企业缺乏提供公共物品的动力，城市政府必须通过公共财政，担负起生产和提供公共物品和服务的责任，如环境保护、公共卫生、公共教育、公共交通、公共治安、食品安全、灾害防治、空间管制等。

（2）经济运行的调控者

由于"市场失灵"现象的存在，政府有时必须干预经济运行过程，对经济活动进行宏观调控。政府调控总需求和总供给，保持宏观经济总量平衡；政府促进产业升级，推动产业结构和布局优化，提高城市经济竞争能力；政府制定优惠政策，缩小区域差距与城乡差距，促进区域与城乡协调发展。

（3）外部效应的消除者

外部效应有正效应和负效应两种。城市政府通过补贴或者直接的公共部门生产来推进正外部效应的产出；通过直接的行政管制或者经济惩罚来限制负外部效应的产出。

(4) 社会公平的维护者

市场经济在提高经济效益的同时，会带来社会分配不公问题，从而引发社会动荡。城市政府制定和实施收入再分配政策以及建立社会保障制度，解决公平与社会协调发展问题。

(5) 市场秩序的守护者

放任自流的市场竞争与过度干预下的不完全竞争都有可能产生垄断现象，对公平市场竞争产生破坏。政府要充当市场竞争的"裁判员"角色，为市场公平竞争创造和维护必要的制度环境。政府还需要制定各种反垄断法和反不正当竞争法，设立相应机构，维护竞争的市场结构。

2. 非政府或非营利组织的作用

在城市发展中，政府作用在宏观经济管理和社会发展的总体协调上有优势，但在微观领域的公共事务方面，政府作用往往力不从心，或者政府提供公共服务的效率较低，市场提供公共服务也没有积极性。在这种情况下，引入非政府组织或者非营利组织是一个很好的选择。非政府组织（NGO）或者非营利组织（NPO）来源于西方。所谓非政府组织是指在特定法律系统下，不被视为政府部门的协会、社团、基金会、慈善信托、非营利公司或其他法人，它兴起于 20 世纪 70 年代，80 年代开始盛行于全世界。而非营利组织是不以谋求利润为目的的组织，其概念产生略晚于 NGO，兴起于 20 世纪 80 年代。它是指在政府部门和以营利为目的的企业（市场部门）之外的一切志愿团体、社会组织或民间协会。可以说，NGO 与 NPO 是从不同角度来说明社会组织的性质，前者更注重某一类民间组织与政治性组织的区别，后者则更注重某一类民间组织与营利性企业的区别。但 NGO 和 NPO 有共同的属性，即它们都属于组织行为，而非个人行为；都属于非官方性质；都属于非营利性质，但可以有收入和盈余用于机构和公益项目的持续发展；都具有独立的决策机制，如董事会；都具有自愿性质。

现代城市管理中，越来越重视发挥 NGO 或者 NPO 的作用，从而促进城市政府职能转变，提高城市政府工作效率，逐步消除城市政府中存在的官僚主义和腐败及寻租等现象。

3. 公众参与的作用

公众参与城市管理，越来越成为发达国家城市管理行之有效的一种方法。当今时代，人们已经不能再接受这样一种制度安排，即政府的公共政策是由那些掌握权力，声称代表公共利益，但拒绝公民参与政策过程的少数领导人制定的。新技术发展的刺激，直接推动了信息快速的扩展和传播，越来越多的公民逐渐认识到，他们有能力影响那些关乎他们生活质量的公共政策的制定与执行。于是，接下来的结果就是，他们不断地要求在公共政策制定过程中获得发言的机会。在今天，除非公民参与的要求得到政策制定者的充分重视，否则，如果大多数公众对公共政策制定过程十分冷漠、麻木不仁或者极力反对，政府的决策制定都会被证明是毫无意义的。

目前，在发达国家由公众参与发展而来的新公民参与运动（NPI），正受到越来越多国家城市政府与市民的认同并得到逐步推广。NPI与传统公众参与的区别是，它更强调公民对管理全过程的参与，即公民不仅参与政策制定，而且一旦政策被采纳，公民也积极参与政策的实际操作。此外，NPI还一反传统公民参与的精英主义倾向，扩展了相关公民参与的范围，包括低收入阶层的市民与一些市民组织。公民参与城市管理，不仅可以使城市管理者在决策制定时获得更多有关市民偏好的信息，还可以增进市民对决策的可接受程度，提高公共服务质量与效率，切实维护公民权益。

（二）城市管理特征

城市管理的对象是城市复杂巨系统，既包括对城市物质形态的管理，也包括对城市居民的管理。现代城市内部分工高度发达，与周边地区联系十分密切，城市居民诉求千差万别，客观上要求城市管理必须具备应对这些问题的能力。综合来看，现代城市管理具有以下四方面的基本特征。

1. 开放性

城市是一个开放的巨系统，时时刻刻与外界保持着物质、能量、资金、人员和信息的交流。可以说，不开放，城市就失去了活力，甚至生命。因此，只有开放式的城市管理，才能增强城市的开放性功能。城市管理要有区域视野、国家视野，甚至国际视野，引导各种生产要素有序流动，促进城市可持续发展。

2. 综合性

现代城市是高度复杂的社会综合体，社会、经济、环境资源等系统具有各自的运行规律和特征，既自成体系，又相互影响、相互制约，并同外界环境有着密切的物质、能量、人员、资金和信息交流，从而决定了城市管理具有综合性特点。城市管理不能立足于"头疼医头、脚疼医脚"，而要用普遍联系的观点，从系统综合的角度入手，寻找城市管理的着力点和突破口，达到"事半功倍"的效果。

3. 动态性

现代城市作为一个有机整体，各个局部系统的运转都会影响到城市整体系统的运行，因此要掌握城市运行的客观规律，从长远的、动态的角度来管理城市，而不能静止地、孤立地管理城市的各个组成要素。要本着与时俱进的理念，根据城市发展条件和发展阶段的变化，不断调整城市管理方式、方法和模式，使城市管理不断迸发出新的活力。

4. 差异性

城市规模有大有小，城市经济有强有弱，城市发展阶段有前有后，城市居民有贫有富，城市文化积淀有厚有薄，城市生态环境有优有劣，客观上决定了城市管理模式和手段要服从地域特点，要有地域差异，因此现代城市管理要发挥各个城市的主观能动性，不搞"一刀切"，不搞"大一统"，允许各个城市根据自己的条件和特点，探索适合自己的管理模式和管理方法。

（三）城市管理的内容

城市是一个复杂的巨系统，城市管理的内容也是庞杂的，对城市管理的内容进行精确的概括和分类是困难的。这不仅仅因为城市管理涉及面广，更因为在不同国家、不同发展阶段和不同经济与政治体制下，城市管理的内容往往也有较大差异。

在以计划经济和政治集权为特征的国家中，城市管理几乎包括城市的一切事务，"国家办企业，企业办社会"，"计划一切，一切计划"，从城市发展的目标，到企业的生产计划，再到市民的生老病死，都纳入城市管理体系。在市场经济国家中，城市管理的内容相对比较宏观，通常不会涉及企业内部的经营事务，更不会深入私人生活空间。在发展中国家，由于市民的自组织程度、受教育程度都比较低，其城市管理比发达国家承担更多的任务，城市管理的内容也相对广泛。

在现代市场经济较为成熟的国家，城市管理的内容主要涵盖以下六个方面。

1. 城市规划管理

城市规划是城市未来发展的蓝图。城市政府导引城市发展方向和协调城市各方面发展时序的城市规划管理分为规划前管理、规划中管理和规划后管理。

规划前管理主要有两方面内容：一是确立相关的规划法规，确认规划主体、规划权限、规划的效力和时限等。二是确立城市定位和城市功能。城市规划要依据城市定位，综合考虑如何以最经济合理的方式实现城市的目标功能。城市定位要考虑城市发展的历史性和客观性，充分考虑城市发展面临的基本环境和条件，考虑城市在区域分工中的地位，充分利用内部和外部两种资源，建设特色城市。在城市功能问题上，首先要依据城市定位选择城市主导功能；其次要考虑城市的协调性，保证城市各项建设的协调发展，合理配置城市的基本功能。

规划中的管理主要包括：①保证规划制定程序的合法性，如规划制定单位是否具有相应的资质和制定规划所必需的专业技能，规划是否吸收了公众的意见和建议，规划能否按时完成等。②保证规划本身的科学性和可行性。城市规划必须依据城市定位、城市功能和城市现实的社会经济条件，脱离实际的规划缺乏科学性和可行性，难以在城市建设中得到贯彻和实施。

规划后管理的目的是保证已经制定的规划能在实践中得到贯彻，避免"规划规划，纸上划划，墙上挂挂"的尴尬，并能根据社会经济发展变化按既定程序对规划进行修改。

2. 城市经济管理

社会主义市场经济体制下的城市经济管理既不同于传统计划经济体制下对企业生产和产品价格的控制，也不同于国家对市场的宏观调控。城市经济管理作为中观层次管理，有自身特定的内容。

首先是维护市场秩序。如打击假冒伪劣产品、保护知识产权、维护公平竞争秩序等。

其次是引导投资。为了吸引投资，城市政府采取各种措施改进投资环境，如制定产业发展导向政策和企业用地优惠政策，减少审批、简化办事环节，改善交通、通信、供水、供电等基础设施。政府还可以通过直接投资、税收优惠、调整土地价格等措施，引导资本向某一行业或市域范围内的某一地点聚集，或者通过行政命令、提高税收等措施促使某一行业（其发展已经与城市整体的发展不相适应，如高能源消耗、严重污染环境等）退出。

最后是通过行业协会实现对企业的监督和协调。市场经济条件下，政府无权过问企业的生产，但可通过行业协会对企业的生产经营进行监督和协调。

市场经济体制下，城市政府对经济的直接管理职能逐渐被弱化，经济主导型的城市管理逐步向社会主导型的城市管理转变。

3. 城市社会管理

城市社会管理是市场经济体制下城市管理最重要的内容之一。城市社会管理的具体内容可以归纳为以下几个方面。

（1）制定行为规则，维护社会秩序

城市是人口、产业高度聚集的空间，不仅人流量和物流量大，而且相互间影响也大，客观上要求有一个良好的秩序和安定的环境。秩序来源于规则，完善的规则是秩序的前提。规则不但告诉人们应该做什么和不应该做什么、应该怎么做和不应该怎么做，而且要明确对违反规则的行为进行惩罚，从而使人们对自己的行为形成稳定预期。

行为规则主要是国家和地方政府部门的法律和规章，包括两个部分：国家、所在省（市、自治区）或其他上级辖区管理部门制定的法律和规章；根据国家有关法律法规制定的本市实施条例或细则。法律和规章是具有强制性的正式制度规定，在国家力量的支持下强制实施。城市依据实际需要，结合自身特点，在国家授权范围内的法制建设是城市行为规则建设的主体内容。

行为规则包括道德规范。道德规范通常通过公众舆论监督执行，不具有强制性。在一个稳定成熟的社会中，道德规范对社会秩序的形成和维护往往会发挥相当大的作用。进行行为规则建设，要贯彻依法治国和以德治国相结合的指导思想，法制建设和道德建设紧密结合。

行为规则还包括非正式规则。城市是人类社会发展的产物，在长期的历史进程中，特定区域内的城市形成了具有自身特色的传统，这些传统对城市居民和企业潜移默化，是城市社会重要的支配力量。合理利用这些非正式的行为准则并加以正确的引导，对城市规则建设和社会稳定具有重要作用。

行为规则只是秩序稳定的基本前提。只有规则成为企业和居民普遍遵循的行为准则时，城市秩序才有保障。要使规则成为企业和居民普遍的行为准则，关键是对规则的执行实施严格的监督。如果对违反规则的行为及时进行应有的惩罚，使违反道德的行为受到舆论的批评、谴责和抨击，遵守规则者能得到应有的褒奖，那么规则就能逐步得到广泛的认可和执行，从而成为普遍的行为准则。因此，加强规则建设必须加强执法力度，做到有法必依、执法必严、违法必究，使规则切实得到实施。

（2）对基础设施等公用事业的管理

城市交通、水电、邮政、电信等公用事业具有自然垄断性质，加强对这些行业的管理尤为必要。对公用事业的管理主要包括直接投资、项目审批和监管、运营监管等。

城市的人、财、物高度集中，频繁交流，交通是决定一个城市运转效率的关键性因素。城市交通与企业生产、居民生活密切相关，城市形象也与此有莫大关系。交通管理，一方面是道路等硬件设施建设的管理，政府要动员包括财政资金、社会资本在内的各种力量，保证交通设施的适度超前发展；另一方面则是日常交通管理，要通过学习先进经验，在实践中不断摸索提升交通管理水平。对水电等其他公用事业的管理主要包括两个方面：其一是保证城市生产生活用水用电有充足稳定的供应；其二是保证城市供水供电，在满足效率要求的同时价格平稳。

（3）对医疗卫生事业的管理

医疗卫生事关人们生命健康，政府必须对医药制造与销售和医疗服务实行严厉的审查和监督。医疗卫生最大的特点是信息不对称，政府部门或者第三部门通过资格认证、定期检查、价格管制等校正信息不对称导致的各种问题，以最大限度地保护市民的生命健康。

(4) 对教育事业的管理

俗话说，"十年树木，百年树人"。教育是有关城市可持续发展的百年大计，城市政府有义务保障教育的财政投入，确保义务教育法的实施。对教育发展进行科学规划，对学校布局进行优化，对教学质量进行评估，对特殊教育进行扶持，对低保家庭进行教育援助等。

(5) 社会保障

城市是人口的聚集体，落后和发达、贫穷和富足并存，不同阶层、不同身份和地位之间的群体存在各方面的差异。落后和贫穷是社会不稳定的重要根源，尤其是在高度密集的城市社会中，这一问题更加突出。社会保障是社会的稳定器，如何保障城市底层市民的基本生活，是维护城市社会秩序的重要课题。

政府是社会保障的主要承担者，政府通过转移支付设立最低生活保障，通过强制手段建立养老保险、失业保险和医疗保险，通过财政和募捐等多种手段筹集各类救济基金等。社会保障的另一支柱是以第三部门为主导的民间慈善事业，以及市民互助、营利性组织的直接捐赠等多种形式。民间慈善机构通过各种方式筹集善款，并依据一定的标准和程序进行发放。

在成熟的城市社会中，各种不同的保障形式相互配合，形成覆盖全社会的保障网络，确保贫困阶层的基本生活，为城市社会的稳定创造条件。

4. 城市文化管理

城市文化管理的主要内容包括：意识形态控制、文化产业管理、文化事业管理、文化遗产管理等。

意识形态控制是政府作为国家代理人必然承担的责任，政府对宣传工具、舆论导向等的管制是意识形态控制的常见方法。

文化产业管理主要是对电影、电视、网络以及娱乐场所的规制和管理，目的是在繁荣文化的同时倡导进步健康的文化，遏制颓废、没落文化的影响和传播。

文化事业管理主要是指对教育科技事业的管理，其主要目的是促进教育发展和科技不断创新，加速人力资本和科学技术的积累，促进科技转化为现实的生产力。

文化遗产管理包括物质文化遗产管理和精神文化遗产管理，保护和弘扬历史遗存。物质文化遗产主要是指各种文物古迹遗存，如北京故宫、西安兵马俑等。精神文化遗产主要是指各种传统的习俗、风情等，如傣族的泼水节、蒙古族的那达慕等。

5. 城市生态环境管理

人口和产业的大规模聚集带来了城市的繁荣，也带来了严重的生态环境问题。随着城市现代化水平的提高，生态环境管理在当代城市管理中占据越来越重要的地位，主要基于以下两点。

一是生态环境关系城市可持续发展。生态退化、环境污染已经成为全球性问题，在城市空间内这一问题更为突出。生态环境通常在生产函数之外，城市生态环境管理一方面要通过一定的管理手段和方法将企业的"外部经济"内部化，从而避免更大范围的生态环境恶化，另一方面要强制性地恢复已经遭受破坏的生态环境。

二是随着经济和社会的进一步发展，生态环境已经逐步进入人们的消费函数，环境质量成为衡量人们消费水平和质量的重要因素。相应的，生态环境已经成为衡量城市人居环境的重要因素。因此，加强工业"三废"排放和治理的管理，控制机动车尾气排放，加大建筑节能力度，加强生活垃圾管理和对科学消费方式的引导，建设良好的生态环境是城市管理的一项重要任务。只有强化市容管理，建设良好的城市生态环境，才能实现城市社会、经济、人口、资源和环境的可持续发展。

6. 城市应急管理

城市应急管理是指城市政府及其他公共机构在突发事件的事前预防、事发应对、事中处置和善后管理过程中，通过建立必要的应对机制，采取一系列必要措施，保障公众生命财产安全，促进社会和谐健康发展的有关活动。相比美国、日本、澳大利亚和加拿大等国，中国的城市应急管理起步较晚，但发展迅速，在应对城市突发公共事件时正在发挥积极作用。

以上城市管理的六个方面内容相互联系，紧密结合，缺一不可。当前，要避免城市管理中思想认识上的一些误区。一种误区认为，城市管理就是市政管理，管理的范围仅仅局限在市政公用设施方面，人为地缩小了城市管理的范围。另一种误区则认为，城市管理就是城市各部门管理的总和，城市管理就是工业管理、农业管理、商业管理、科教文卫管理、治安管理等的简单加总，人为地割裂了城市各要素之间的有机联系，忽视了城市管理的整体性和系统性。

（四）城市管理的手段

现代城市是一个巨大、复杂的系统，其管理手段多种多样。不同的手段应用于不同领域，针对不同目标，要因时制宜、因市制宜、因条件制宜。现代城市管理经常运用的手段包括：宣传手段、法律手段、行政手段、经济手段和信息技术手段等。

1. 宣传手段

宣传手段是指通过公共媒体发布消息、公告，公布法规、条例、细则，发出倡议、号召等，宣传政府或第三部门主张，以期获得公众的支持和配合，更好地实现城市发展目标。宣传手段最重要的特征就是不具有强制性，而以劝导和说服为目的。

报纸、电视、网络等媒体受众广泛，影响大，与媒体保持良好关系，不但有利于广泛宣传相关的制度、政策和措施，减少新的管理措施实施的阻力，也有利于政府和公众之间的沟通，消除二者的误会。

2. 法律手段

城市管理法律手段是指通过制定和执行相关法律法规，强制当事人依据法律法规行事，并在法律法规受到藐视和挑战时采取必要的惩戒措施。与其他手段相比，法律手段最重要的特征就是严肃、规范、稳定、强制。用法律法规调整、理顺各方面的关系，是促进城市管理制度化、规范化、法治化的唯一途径。

国外城市管理的经验表明，不论是规划管理、经济管理还是社会管理、环境管理，都必须有相关的法律法规作保障。没有一套比较完整的城市法规体系，城市管理就会因失去依据而陷入紊乱。英国在 1835 年就制定了《城市政府组织法》，法国 1954 年制定了《城区整治规划》，日本 1956 年制定《首都地区发展法》，新加坡更是以重视立法和严格执法而著称的城市国家。

3. 行政手段

城市管理的行政手段是指城市政府运用行政权力直接干预市民、企业或第三部门的行为。与其他手段相比，行政手段往往可以在短期内取得立竿见影的效果，但也常常引发连锁反应。管理城市行政手段必不可少，尤其是在法制不健全、经济不发达的城市中，行政手段在城市管理中往往扮演主要角色。

行政作为一种管理手段最重要的体现就是行政命令，如责令污染严重的企业停业整顿、向为城市发展作出重大贡献的个人颁发荣誉市民证书等。

4. 经济手段

城市管理经济手段是指从影响成本与收益入手，引导当事人选择保持或改变某种影响城市发展的行为。相对其他手段，城市管理经济手段具有更大的灵活性，当事人具有根据相应的经济刺激调整自身行为的内在动力。常用的城市管理经济手段主要有：收费制度、罚金制度、补贴制度等。

收费制度是指对当事人的相关行为征收一定费用，以补偿这一行为产生的不利影响或者避免过分"拥挤"。如收取企业排污费、向高速公路的使用者收取使用费等都属于这种情况。

罚金制度是一种事后的强制性刺激，对违反城市管理有关规定，或者有损于城市发展的有关行为人处以一定罚金。罚金制度在生态环境管理和交通管理中较为常见。如企业进行违规排污必须交纳罚款、机动车违规驾驶也常常被要求交纳罚金。

补贴制度一般是指对因执行城市管理相关规定而受到损害的当事人进行的一种经济补偿，也可以看作是对执行城市管理规定的一种奖励。一个明显的例子是拆迁补贴。为了保证城市规划的实施，必须对原有的城市布局进行调整，那些需要拆迁的市民和企业因此遭受的损失就需要进行适当补偿。补贴一般可分为补助金、贴息贷款和税收优惠等。补贴可以一次发放，也可以多次发放。

5. 信息技术手段

当今时代，信息化技术席卷全球，城市信息化正在塑造 21 世纪的新型城市。电子政务、电子商务、社区信息服务、数字化城市管理等新型城市管理手段不断涌现，对传统城市管理手段形成了不小的冲击。电子政务、电子商务在中国城市管理中的应用已经相当普遍，社区信息服务，包括社会保障信息服务、医疗信息服务、科技教育信息服务、交通信息服务、居民日常生活信息服务等，在中国的许多城市正在稳步推进。数字化城市管理在国家住房和城乡建设部的主抓下，经过多批次试点，技术日渐成熟，示范推广正在进行。可以预见，现代信息技术将极大地提升城市管理的效率，并将推动城市管理体制机制创新。

总之，城市管理手段尽管各有不同的适用范围，但各种管理手段往往又可以相互结合发挥作用。随着经济社会迅速发展、城市规模扩大、人口流动增多、商品流通和市场竞争的复杂化，只有综合运用多种手段，才能实现高效率的城市管理。

第四章 中国城市管理演变历史脉络

【摘要】 本章将中国城市管理的历史演变划分为三个时期，即历史时期的城市管理（1949年以前）、新中国成立后至改革开放前的城市管理（1949~1978年）和改革开放以来的城市管理（1979年以来）。在每一个时期内，又从城市发展、城市管理理念、城市管理体制机制、城市管理法治四个方面展开论述，全方位、立体化地展现了中国城市管理演变的历史脉络。

一 历史时期的城市管理（1949年以前）

（一）城市发展

中国是四大文明古国之一，城市发展有四五千年的历史。在漫长的农业文明发展过程中，伴随着朝代更迭、区域开发和经济重心转移，中国城市发展的总体状况和空间格局也经历了多次变化。

1. 夏至西汉

自公元前21世纪起，中国城市进入了孕育、诞生和发展时期。城市由中华文明发祥地——中原地区向外逐步扩展，经济活动主要集中在长安（今西安）、咸阳、洛阳、徐州一线。当时经济发展的基本特征是：城市经济日趋繁荣，人口不断向城市集中，促使了城市的发展，城市规模日益扩大，如齐国国都临淄就达7万多户20万人以上[①]。城市的职能不只局限于

---

① 彭和平、侯书森编著《城市管理学》，高等教育出版社，2009，第35页。

政治，经济职能日益凸显。城市的构造开始鲜明分层，出现城郭分工：城或内城、小城，以政治活动中心为主；廓或外城、大城，成为经济活动中心。在功能分区上由简单趋向复杂和综合。战国期间，城市体系结构逐渐集中简化。秦商鞅变法使城市的发展进一步有序：城市出现国都、郡、县三级，秦始皇分天下为40郡，郡下有县，由此奠定此后两千余年间中国三级城市体系结构。这一时期城市的发展呈现出以下特点：①在黄河中下游地区和淮河流域城市发展最为迅速，中国城市的发展水平北方高于南方。据司马迁《史记·货殖列传》记载，当时全国有18个较大的城市，黄河流域是当时商业活动的主要流域，淮河流域次之，长江流域又次之。18个城市的分布为今河南有7个，河北有2个，山东2个，山西2个，安徽2个，湖北1个，江苏1个，广东1个。②随着汉水流域、长江三角洲和四川盆地的开发，这些地区逐渐兴起了一些城市。③诸侯争霸，大国吞并小国，从而出现了一些规模较大的城市，城市的商业职能开始增加，例如魏国的大梁、赵国的邯郸、秦国的咸阳、楚国的郢都等是当时商业兴盛的大都会。

2. 东汉到隋唐

这时期中国城市发展十分迅速，空间分布第一次出现均衡化格局，以西安、洛阳、徐州为主线的中国东西向的经济中轴线（丝绸之路）仍然保持强大的经济优势，同时以长江沿线为南翼、黄河沿线为北翼的经济格局开始并行发展，东部和西部也没有明显的地区差异，呈现出共同繁荣的发展势头。这一时期属于城市创建期，是在持续不断动荡演变进程中实现的，包括西汉末年、东汉末年、西晋末年和隋朝末年的四次大破坏。初唐的长安成为当时的世界性中心城市，城市人口近百万①。日本、新罗、百济和西方各国均来长安等城市观摩。城市人口在地区分布上也出现了较大的变化，明显表现为南方地区城市数量开始超过北方，洛阳、扬州、益州（成都）、杭州、苏州、汴州、太原、魏州（河北道治所）、湖州、宣州、润州（镇江）、越州（会稽）、广州等都是当时较大的城市。据宁越敏等《中国城市发展史》（安徽科技出版社1994年）估算超过10万人城市中，北方有5

---

① 彭和平、侯书森编著《城市管理学》，高等教育出版社，2009，第35页。

个，南方有 10 个。表明经济发展重心南移。隋唐以后，中国的经济重心开始转移到南方，长江中下游、四川盆地和东南沿海地区成为当时主要的城市发展区域。当时南方城市的发展主要受益于以下一些因素的影响：①大运河的开凿，改善了长江三角洲以及钱塘江流域与北方地区的交通联系，从而促进了南方经济的发展；②茶叶种植的影响，茶业是劳动密集型产业，茶叶的生产需要大量劳动力，刺激了劳动力向这一地区的转移，提高了南方地区的人口密度；③海外贸易的发展，促进了很多商埠城市的发展，并且产生了一些矿业城市，促进了经济的发展。

3. 五代、宋、元时期

这段时期城市规模进一步扩大，估计超过 10 万人的城市超过 40 座[①]。中国目前的历史文化名城大多都是在这一时期奠定的。北宋以前城市，"坊""市"分区，即住宅区和商业区严格分区。北宋时，伴随商品经济的发展和人口增多，"坊""市"界限被打破。北宋都城汴梁（今开封）是当时最繁华的城市，人口达百万以上。元时的都城元大都（今北京）是当时全国最大的城市。

4. 明、清（鸦片战争前）时期

明清两代是中国古代城市发展的鼎盛时期。明代全国共有大中城市 100 多个，小城镇 2000 多个。在城市数量普遍增多、城市规模普遍扩大的同时，还出现了一批专业化城市，如以陶瓷业为主的景德镇，在明时期已达 10 万人，清初已扩大到方圆 10 余里。江南苏州、嘉兴、湖州等是以丝织业为主的城市，制糖业城市有广东的番禺、东莞、罗定等，制茶城市有武夷、瓯宁，制烟城市包括瑞金、济宁等。全国大城市有南京、北京、苏州、杭州、福州、广州、武汉、成都、重庆、开封、济南、临清等，大部分集中于东南沿海一带，江浙两省差不多占了全国大中城市的 1/3。

5. 鸦片战争以后到全国解放初

这一时期的经济重心进一步东移，广州、上海、香港、青岛、天津、大连等沿海城市逐步取代了内地城市的中心地位，成为中国经济发展的支柱性城市。在这 100 多年历史中，中国的城市发展格局：一方面，由于市场

---

① 彭和平、侯书森编著《城市管理学》，高等教育出版社，2009，第 35 页。

经济的发展，形成了一批新型的工商业城市如上海、香港、大连、青岛、烟台等，同时沿江沿海交通发达地区的老城市开始发生性质上的变化，逐渐从封建统治中心转变为近现代工商业城市，如天津、广州、武汉等。另一方面，还建起了许多新兴的工矿业城市，如抚顺、唐山、焦作、大冶、萍乡、玉门等，以及铁路交通枢纽城市，如蚌埠、石家庄、长辛店、郑州、衡阳、浦口等。

总体来看，南宋以前中国的城市发展，基本上建立在农业剩余的基础之上，政治与军事防卫是城市的主要职能；南宋至鸦片战争前，中国出现了资本主义萌芽，手工业和商业促进了城市发展；鸦片战争至解放前，帝国主义入侵带来了近代工商业的发展，城市发展的动力由农业剩余、手工业与商业发展过渡为近代工商业发展，中国真正进入了城镇化的时代。但是由于数千年小农经济的束缚以及外部植入型的工商业发展，中国并没有从根本上摧毁以自给自足为特色的小农经济体系，建立起以商品经济为基础的近代产业体系，因而城镇化发展十分缓慢，至新中国成立时的1949年，中国的城镇化率仅为10.6%[①]。

（二）城市管理理念

中国古代城市管理思想的产生与发展，脱离不开中国的传统文化。可以说，鸦片战争以前，中国的城市规划、建设与管理思想，深深地打上中国传统文化的烙印。

1. 中国传统文化理念

（1）儒家文化理念

儒家倡导"仁政""德政"。孔子主张的"仁"有诸多含义，最主要的是"仁者，爱人"，"己所不欲，勿施于人"。孟子后来说："仁者无敌。"孔子说："政者，正也。子卒而正，孰敢不正。"他认为，"为政以德，譬如北辰，居其所而众星拱之"。唐太宗主张"官在得人，不在员多"。

（2）道家文化理念

道家主张"无为而治"。老子认为"以道莅天下，其鬼不神"。"道"

[①] 根据《中国统计年鉴（2011）》有关数据整理。

就是"顺应自然"。他说:"人法地,地法天,天法道,道法自然。"所以主张"去甚、去奢、去泰","治大国,若烹小鲜"。

(3)"天人合一"思想

中国古代哲学中的"天人合一"观念,发源于周代,经过孟子的性天相通观点与董仲舒的人副天数说,到宋代的张载、二程而达到成熟。"天人合一"可以理解为人与自然的和谐,其中包含着生态理念。

2. 中国传统城市规划思想

中国传统城市规划思想深受中国传统文化理念的影响,尤其体现在历朝历代政治统治中心——都城的营造上。

(1)皇权至上的统治思想

皇权至上的统治思想贯穿了中国封建社会始终,"普天之下,莫非王土,率土之滨,莫非王臣"。古都形制的演变对此演绎得淋漓尽致,李小波(2002)将其归纳为宫殿的数量变迁、都城中轴线的形成和宫殿在都城中的地理位置三个方面[①]。

①宫殿的集中规划。秦咸阳以咸阳宫为中心,将周围二百里内大批宫殿连成一个整体,分布于渭水两岸,蔚为壮观。主要宫殿有:咸阳宫、兴乐宫、信宫、阿房宫、召阳宫、梁山宫、甘泉宫、望夷宫等,同时仿制六国宫室,集中建于咸阳宫东侧。使"六王毕,四海一"的万丈豪情跃然于山川之间。

西汉长安城位于渭水以南,汉高帝时,把秦的离宫兴乐宫改为长乐宫,后经惠帝、武帝时期,陆续建有未央宫、北宫、桂宫、建章宫,构成长安城的主体。

东汉洛阳以北宫、南宫构成南北两宫制。

隋唐长安规划完整,先建宫城,再建皇城(集中建中央官署),最后建郭城。其中宫城分为太极宫、东宫、掖庭宫三大部分,以太极宫为行政中心,东宫体现皇位的继承制度,掖庭宫居住宫女。

宋元明清宫城的规划虽有一定改变,这种以一个宫城为中心的朝寝规划思路却历代延续。

---

① 李小波:《古代形制及其规划思想流变》,《城市问题》2002年第3期,第10页。

②中轴线的布局。秦汉都城宫殿众多，无明显的贯穿全城的中轴线。东汉洛阳南北两宫奠定了中轴线的雏形。曹魏邺城首次确定了南北中轴线。唐代长安城从承天门到明德门，一条纵贯南北的朱雀大街一气呵成，使宫城—皇城—郭城连为一体，层次分明。宋代东京（今开封）以从宣德门到南薰门的大街为中轴线。元大都（今北京）以中心台为全城中点，中轴线贯穿南北。明清北京城延续了元大都的中轴线，并且由于万岁山（清代改称景山）修建，使中轴线的王权意象得以渲染强化。登山远眺，南面金碧辉煌，前朝后寝；北面晨钟暮鼓，余音缭绕。

③择中而居。面南而王、择中而居，是古都规划的重要理念。中国古代第一部地理著作《禹贡》所提出的"五服说"即一种理想化的择中立国思想，以王都为中心，向外依次为甸服、侯服、绥服、要服、荒服。商代便有了"中央"的概念，周人对此更是推崇，《周礼·大司徒》中有系统论述，认为"择中立国"是天时、地利、人和三方面最有利的位置。这种思想源于奴隶社会，一直影响着封建社会的都城规划，"择中建宫"是其主要表现。

（2）天人合一的规划理念

①秦汉都城——法天象地。秦汉时期的天人合一思想带有迷信色彩，对天充满了敬畏，相信天上有上帝管理人间万事，而日月星辰的变动就是上帝对人间的表示，他们把天上的星辰组成一个系统，又把天与人的关系组成一个系统。秦汉都城的规划设计便是取法于天，形之于地。

咸阳城的规划，将渭河比作天上的银河，咸阳宫象征天极，并以其为中心，各宫殿环列周围，形成拱卫之势，构造成"为政以德，譬如北辰，居其所而众星拱之"的格局。

②唐宋都城——从"天"到"地"的转变。唐宋都城的规划主要强调礼制的完备，同时，城市布局和命名上融合了一些《周易》、堪舆（风水）思想。唐长安城的里坊共一百零八坊，其具体分布和含义是：皇城东西两侧各有三列，每列十三坊，象征一年有闰；皇城之南，东西四列，象征春夏秋冬四时。从数量看，皇城以南三十六坊、皇城东西七十二坊，共一百零八坊，这三个数字具有丰富的文化涵义。三十六取象于《周易》，

由太阴六六之数构成,历来被赋予象征大吉的涵义。七十二是《周易》立数的原则"三天两地"的衍生,天九地八乃最大的天地数,即阳数和阴数之极,七十二为两个极数之积,具有天地交泰、阴阳合德、至善至美的意义。

③从元大都到北京城——天、地、人一体。元朝在思想统治方面,尊儒崇孔,积极提倡理学,并规定四书五经以程、朱注释为准。元大都规划受周易思想影响极大,城门、坊名、宫殿名及其排列都与之有关。元大都以湖泊为中心的城市规划,是我国都城建设史上的创举。将湖光山色纳入工整庄严的宫城中,体现了一种回归自然的思想,是道家所宣扬的"人法地,地法天,天法道,道法自然"在古都规划中的具体体现。明代的紫禁城,则与天上的紫微宫对应,天坛、地坛、日坛、月坛环绕在城市周围构建出南北天地融合,东西日月交辉的意象。

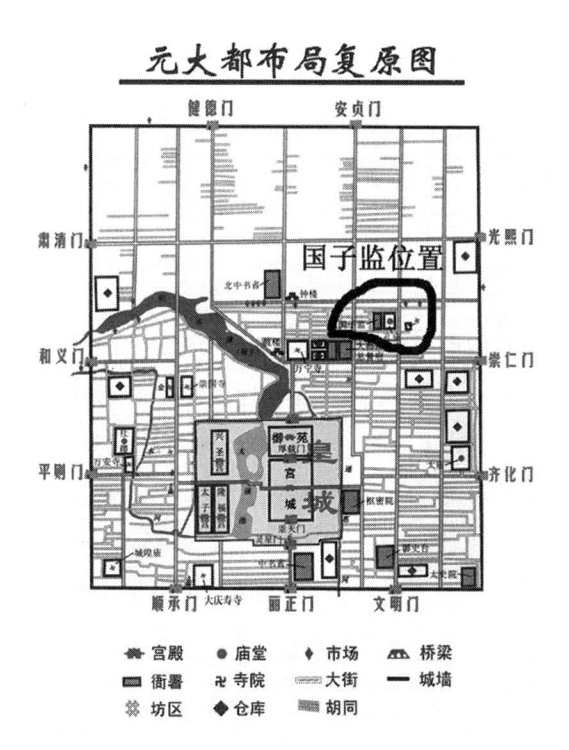

图 4-1 元大都布局复原图（来源于百度图片）

(3) 礼法并用的形制文化

礼制是儒家文化的核心内容之一，它渗透到中国社会的方方面面，都城形制是礼制最具体的体现。随着西周、东周两次建城高潮，礼制规划思想被系统地归纳和理想化地表达出来，《周礼·考工记》的营国制度记载："匠人营国，方九里，旁三门。国中九经九纬，经涂九轨。左祖右社，面朝后市，市朝一夫"。魏晋以后，这种思想广泛运用到都城规划中，曹魏邺城形成雏形，唐元明清一脉相承，尤其是元大都，几乎完全继承了这种思想。

城市管理制度也沿袭了这种思想。从西周到秦汉，城市中居民聚居的基本单位叫做"里"，设立"里"的目的是减少犯罪机会，维护社会治安。曹魏邺城出现了统一规划的里坊布局，唐长安的里坊达一百零八个，坊门定时开闭，十分严格。里坊制是封建社会都城"礼"与"法"结合的产物。

鸦片战争以后，上海、青岛、大连、天津、武汉、苏州、杭州、广州、沈阳、哈尔滨、香港、澳门、厦门、镇江、九江等城市在租界内出现了西方文化风格的建筑，并引进了西方城市管理思想，出现了类似西方的城市管理部门。但总体看，除了沿海通商口岸城市外，中国传统文化对城市规划、建设与管理的影响仍然居主导地位。

(三) 城市管理体制

历史上，中国的城市发展孕育于农业文明之中。在漫长的发展过程中，随着朝代更替和经济社会发展，城市管理体制也相应作出变革，大致分为两个发展阶段，具体如下。

1. 古代城市管理体制

中国古代城乡之间在行政上并没有严格的划分，长期实行市县合一、州县领导市镇的管理体制，具体集中表现在：①京畿隶属于中央政府；②城邑、重镇隶属于州、县。

但在具体管理体制上，历朝历代还是存在一定的差异性。黄科宏[①]

---

① 黄科宏：《简析我国古代与近现代城市管理的演变及特征》，《广西城镇建设》2010 年第 4 期。

（2010）将这种变化归纳总结如下。

（1）唐代以前的"坊市制"

在《周礼·考工记》的影响下，从西周到唐代，官府对城区规划、城市建置的格局一直采取严格的"坊市制"。市（商业区）与坊（汉代称"里"，即住宅区）分设，市内不住家，坊内不设店肆。市的四周以垣墙围圈，称"阛"；四面设门，称"阓"。市门朝开夕闭，交易聚散有时。市的设立、废撤和迁徙，都依官府命令而行。这种制度是统治阶级为维持封建秩序的稳定而建立的，同时也反映了当时商品经济发展程度较低。

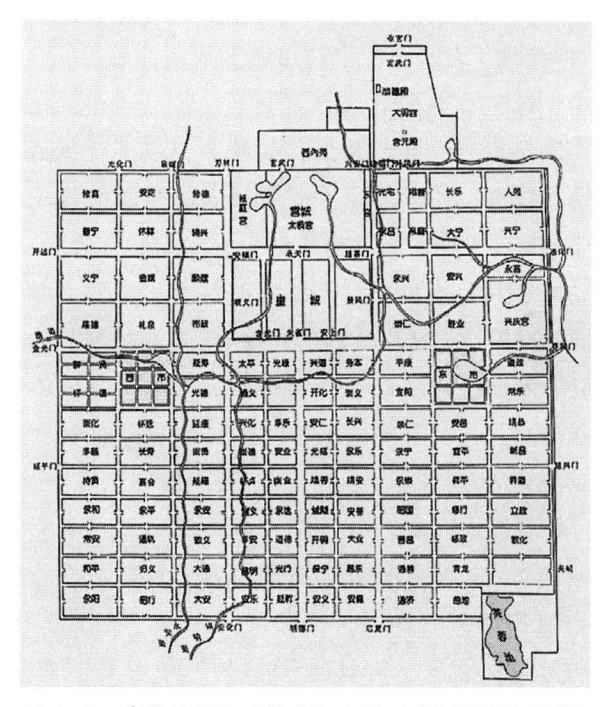

图 4-2　唐代长安的"坊市"布局（来源于百度图片）

唐代城市工商业较前有较大发展，市区规划整齐，被看做是"坊市制"最成熟的典型。长安城内有南北向大街 11 条，东西向大街 14 条，全城居民区共 104 坊。城南有一条朱雀门大街，街的东西部各设有占地两坊（六百步）的东市和西市。街衢绳直，整齐划一。唐朝末期，历经战乱与动荡，都城迁至洛阳，坊、市的围墙被破坏，原来的市已逐渐消亡，划成了坊，增加了建筑，成了居民区。

（2）宋代以后的"厢坊制"

从北宋起，自古相沿的"坊市制"被打破，"厢坊制"逐步建立。洛阳城内由原来的坊市分离制，嬗变成新的坊市合一制，坊中居民临街而居，沿街成市，这是洛阳城市演进过程中的一大进步，并带动全国。在市邻近的各坊和城门附近，已有手工业者和商人设店、摆摊售货。大城市出现夜市，市场的地域限制和时间限制随之取消。城中随处可开设商铺，小商贩也可在各处沿街叫卖，夜市盛行，城厢内外形成繁华的商业区，并出现了专业性的批发交易市场。

"厢坊制"的出现，是宋代在"坊市制"崩溃的形势下对城市管理制度的重要变革。这一制度始于东京（今开封），而后全国各大中城市大多设厢，直属州府，地位相当于县，其长官品秩高于或平行于县令。由此，城市与乡村有分治的味道，县官的职权受到很大的削弱，其权力所及大致为乡村或城市远郊地带，设厢的城市繁华地带则划归厢官管理。应该说，"厢坊制"适应了"坊市制"崩溃下的城市管理要求，并比"坊市制"更有利于城市商品经济的发展。从城市管理的角度看，"厢坊制"的实施也使宋代城市超越了城垣的限制，使之在空间的外延上拥有了发展的主动权。宋代开始实行的"厢坊制"对后世的城市管理产生了深远影响。

（3）明代的城市管理

明袭元制，在京城设五城兵马司作为承担城市管理职能的机构。其职责为治安、疏通沟渠、巡视消防等。管理机制上，城市设坊厢隅所，发挥与里甲制、保甲制相类似的作用，所设城内为坊，城外为厢。明朝规定，每坊（厢）设坊（厢）长一人，坊（厢）长一般由有"家身"的富户充当。一般市县坊厢下分为十甲，一甲有十户。到明朝中期以后，随着里甲制的松弛和解体，其机能被乡约保甲制所取代。"保"与"甲"的个别名称在隋唐之前就有，保甲组织则出现于宋代，最初专为维护社会治安而设，主要在乡村使用。明后期因城市社会治安恶化，统治者开始在城市利用保甲维护社会秩序，保甲遂逐步与坊厢融合成新的城市基层管理组织。

（4）清代的城市管理

清前期至中期，开始设置单独的城市管理机构，中央政府派驻机构与官员对主要都、市、镇进行管理，常见的机构是巡检司署。清初城市基层组织最初仿明朝里甲、厢坊之制，每百户为十甲，每甲设有长。城中称"坊"，近城称"厢"，各置一长。坊厢以下，有甲而无保。但随着城市治安的日益严峻，清政府开始在城市推行保甲法，使其具有户籍登记、互相监视和集体承担责任以控制地方社会的作用。在城市市政建设与管理方面，制定诸多法律。关于城市市政建设方面的法律，除了《大清律》继承《明律》中的有关规定外，还制定了《钦定工部则例》《钦定工部续增则例》《工程做法》等。民间则出现了许多宗族的拟制形式，成为基层社会的集团组织参与到城市管理中，如城市有街坊邻里组织、行会会馆等社会基层组织。城市建设也是属于城市公益与慈善事业的一部分，其职责主要由民间社会承担。

2. 晚清至民国时期的城市管理体制

这段时期，中国的城市管理体制发生了重大变化①。在封建帝制面临崩溃的前夜，清政府于 1905 年派员到西欧、日本诸国学习近代资产阶级国家的民主宪政和地方行政制度。1909 年初，清政府颁布了《城镇乡地方自治章程》，以示改革古老的行政制度。该章程在中国政制史上第一次以法律的形式将城镇区域和乡村区域区别开来，确认城镇与乡同为县领导下的基层行政建制，并规定府州县治城厢为"城"，人口满 5 万以上的为"镇"，不满 5 万的为"乡"；同时，对于自治含义、城镇议事会、城镇董事会和自治监督等问题也作了具体规定，城乡形成了不同的行政系统。

1921～1922 年中华民国的"北京政府"颁布了《市自治制》及其施行细则，确认市为"自治团体"，是地方国家行政单位的组成部分，并将市分为"特别市"和"普通市"两种。特别市的地位相当于县，普通市由县领导。特别市的监督为地方最高行政长官，京都市的监督为内务部，普通市的直接监督为县知事。特别市分区，市设市自治会为议决机关，设市自治公所为执行机关，特别市设市参事会为执行辅助机关。市自治公所相当于市政府。市的职权是在法令的范围内办理自治事务，其主要事项是教育、交通、水利、其他土木工程，劝业、公共营业、卫生、救济事业，其他依

---

① 杨长明：《中国城市管理体制的历史考察与改革思考》，《襄樊学院学报》1999 年第 3 期。

法给予市自治会的各项事务。1930年国民党政府又制定了《市组织法》，废除特别市和普通市的划分，将市的行政等级分为直隶行政院和直隶省政府两种。市以下设区，区以下设坊，坊以下设闾，闾以下设邻，区坊均设监察委员会。坊除设监察委员会外，还设调解委员会。《市组织法》经1933年和1947年两度修正，简化了设市标准，即院辖市为首都，人口在100万以上者，及政治、经济、文化上有特别情形者；省辖市为省会，人口在20万以上者，以及在政治、经济、文化上地位重要而其人口在10万以上者。市内行政体系为，"市以下为区，区之内编为保甲"。同时，将市政府的职权概括为执行上级政府的委办事项和办理本市自治事项。到1947年6月底，南京国民政府辖建制市69个，包括南京、上海、北平等12个院辖市，57个省辖市。至此，中国近现代都会和较大工商业城市都成为一级行政区划和县以上一级地方政权，同时在法律上具有地方自治的性质。

总之，历史地看，中国城市起源与发展的历史悠久，但长久以来有实体的城市，没有独立的城市建制。一直到宋代以后才有了独立的管理城市事务的机构，到晚清才正式实行市县分立体制，民国时期则将市县分立体制进一步规范化和法治化，标志着中国城市正式拥有了法定的政治地位。这在中国城市发展史上具有里程碑式的意义。

（四）城市管理规制

中国古代实行"人治"之下的"法治"，封建帝王的权力至高无上，帝王之下是按等级排列的各级官吏，君主通过他们对百姓实行统治，城市管理机构的设置和职能都有明确的规制①。

1. 城市管理体制方面的规制

都城在中国古代专制统治中有特殊地位。最初由中央政府有关官员和机构直接管理。《汉书》指出："内史，周官，秦因之，掌治京师。景帝二年分置左右内史。"后来改由专门的地方政府机构负责都城的管理，汉武帝时，改右内史为京兆尹，京师的一级管理机构开始由中央的一个部门改变为专门的地方机构，这种制度为以后几个朝代继承。最后，为维持对都城

---

① 周执前：《中国古代城市管理法律初探》，《河北学刊》2009年第7期。

的控制，既设置了专门的管理都城的地方机构，同时中央的有关部门也兼管都城。

在省州郡县治所城市的管理体制方面，城市始终是地方各级政府的治所，由封建衙门实行控制和管理。不过，县作为基层的行政单位，集财赋、司法、治安、教化为一体，其长官负有的城市管理责任一般比较直接。

在城市基层社会的控制与管理方面，从先秦时期的闾里制、秦汉及隋唐时期的里坊制、宋代的厢坊制，到元明清时期的里甲和保甲制，都无一例外地承担了户籍编制、征收赋税、征发徭役、维护社会秩序等职能。

2. 城市市政建设与管理方面的规制

（1）城市规划方面的规制

《周礼·考工记》是中国古代城市规划方面的法典。其中载有王城规制：①"方九里，旁三门"，即都城的规划形制为方形，每侧城垣设三门。②以城门为原点，采用经纬涂制（棋盘式）干道网，由三条南北及三条东西主干道（一道三涂）为骨干组成全城道路网。"国中九经九纬，经涂九轨。""经涂九轨，环涂七轨，野涂五轨。"③城内结构，"九分其国"，王室居中；"左祖右社，面朝后市。"④宫城实行前朝后寝之制，路门外为朝，内为寝宫，"内有九室，九嫔居之；外有九室，九卿朝焉。"这种规划方案以对称布局的手法把宫城置于全城规划的核心。宫城南北中轴线便是王城规划的主轴线。这条轴线南起王城正南门，经外朝，穿宫城，过市，直达王城正北门。门、朝、寝、市，都依次由南至北布置在此主轴线上。全城道路网及里坊均环绕宫城这个核心，沿主轴线对称布置，路门为路寝（正寝）的门，也是朝寝分区的界线。路门外为朝，内为寝宫。九卿的九室在应门内路门外，九嫔的九室在路门内。这使得宫城在全城的位置更加突出，充分体现了王者的尊严。

除提出王城规划制度外，还载有一些王城的具体营建制度：①朝、市规模为一"夫"，即占地方百步。②王城城垣高七雉，城隅高九雉。每面各开三门，共十二座城门。③宫城城垣高五雉，宫隅高七雉，宫门门阿高五雉。④由三条南北及三条东西主干道（一道三涂）为骨干组成全城棋盘式交通网络。⑤庙门宽周尺二丈一尺，庙中门（闱门）宽周尺六尺。应门宽周尺二丈四尺，路门宽周尺一丈六尺五寸。这些在历代都城建设中都得到了贯彻。

(2) 城市交通管理方面的规制

早在殷商时期就有规定："弃灰于公道者断其手。"唐代，交通规制较为详尽，一方面，鼓励交通设施建设，将道路、桥梁、津渡等公共设施的建设作为地方官员的要务，并作为考核政绩的依据之一。另一方面，重视交通秩序管理。《唐律》规定："诸于城内街巷及人众中，无故走车马者，笞五十，以故杀伤人者，减斗杀伤罪一等。"

(3) 城市环境管理方面的规制

中唐以前，城市公共卫生尚未引起政府的足够重视，在规制中也鲜有提及；中唐以后，城市公共卫生逐渐纳入城市建设管理规制中。《唐律》规定："其穿垣出污秽者，杖六十。"元朝颁布了保护水源的法令，据《都水间记事》载："金水河入大内，敢有浴者、浣衣者、弃土石瓴甋其中，驱牛马往饮者，皆持而笞之。"

3. 城市社会管理方面的规制

中国古代很早就有户籍、治安、消防、社会保障等方面的管理，并有相关的规制。

户籍管理规制方面。早在西周时，对于户籍就开始设置有关职官进行管理，根据《周礼·秋官》记载，掌管全国户口的机构为"司民"，司民之官要将每年生齿的人口依其性别、籍贯登记于户籍本上。秦汉及以后各代都对户籍管理制度极为重视，并在前代的基础上进一步完善。元代以后，户籍管理制度更加严格，以分类制度将各色人等分别编入不同的户籍，为维护社会治安、征发徭役、征收赋税、补充兵源等服务。

治安管理规制方面。历朝历代对盗窃、斗殴、赌博、嫖娼、造谣惑众等危害城市治安的行为均予以严厉打击，并立法制定了一些专门性城市治安管理制度。如《大明律》规定："凡京城夜禁，一更三点钟声已静、五更三点钟声未动，犯者，笞三十。二更、三更、四更犯者笞五十。外郡城镇，各减一等。其公务急速、疾病、生产、死丧不在禁限。若犯夜拒捕及打夺者，杖一百。因而殴人至折伤以上者，绞；死者，斩。"[①]

---

① 薛允升：《唐明律合编》，法律出版社，1999，第435页。

消防管理规制方面。周朝就有较为完备的规制，颁布有"火禁"，即防火的政令。规定："二月，毋焚山林"，"凡国失火，野焚莱，则有刑罚焉"。周以后的各朝代也都极为重视消防规制。如《唐律》有较详细的消防规定，内容可分为四类：第一，预防失火的规定。"诸库藏及仓储内"皆不得燃火，违者徒刑一年。第二，对失火肇事者的处分。"诸于山陵兆域内，失火者徒二年，延烧山林者流二千里，杀伤人者减斗杀伤一等，其在外失火而延烧者，各减一等"。第三，对放火者的刑罚。"诸故烧官府廨舍及私家舍宅，若财物者，徒三年，赃满五匹流二千里，十匹绞，杀伤人者以故伤论"。第四，对见火不救罪的刑罚。"诸见火起，应告不告，应救不救，减失火罪二等。其守卫宫殿、仓库及掌囚者皆不得离所守救火，违者杖一百"。

城市社会保障规制方面。儒家思想倡导"天地之大无弃物，王政之大无弃民"。历代统治者都将救助社会弱者作为自己应尽的责任。如《大明律》明文规定："凡鳏寡孤独及笃废之人，贫穷无亲属依倚，不能自存，所在官司应收养而不收养者，杖六十；若应给衣粮官吏尅减者，以监守自盗论。"

4. 城市经济发展方面的规制

中国传统文化存在严重的"重农抑商"情结。许多规制被用来抑制工商业发展。夏商周时期，实行工商食官制度，商人没有独立的自主权，由官府供养，为王室、诸侯等的消费从事交易活动。至春秋战国时期，城市工商业经济有较大发展。然而，秦汉以来，政府不断颁布重农抑商的法令，打击商人势力。一是实行官营禁榷制度。任何一种工商业，只要稍有利可图，就可能收归官营，禁止民营。如宋代的禁榷制度，列入政府专卖的物品有盐、酒、茶、矾、香料、矿业等。到明代，进一步扩展到盐、铁、酒、茶、铜、铅、锡、硝、硫黄，甚至瓷、烟草、大黄等。二是实行"不农之征必多，市利之租必重"的税收政策。但工商业毕竟是城市发展所必须，因此在一定限度内从产品质量、度量衡器标准、公平交易等规制制定方面对工商业发展还是给予一定的认可，对违反规制者制定了必要的惩罚措施。

鸦片战争以后，帝国主义的入侵动摇了中国几千年封建专制统治的基础。近代西方民主思想的引入、洋务运动的推进打破了"皇权至上""重农抑商"的传统儒家文化氛围。城市管理规制也发生了重大变革，行政区划进行了调整，晚清时期城市有了独立的建制，民国时期制定了大量有关城市管理的法律，如 1921~1922 年中华民国的"北京政府"颁布了《市自治制》及其施行细则，1930 年，国民党政府又制定了《市组织法》，1933 年和 1947 年两度修正了设市标准等。这些重大变革标志着中国的城市管理进入了现代文明轨道。

总而言之，中国古代治国的指导思想是儒家思想，核心是"礼"和"仁"，它贯穿于城市管理的方方面面，包括城市规划、建设与管理规制的制定等。以皇权为中心的等级制度，体现了统治阶级维护自身利益的价值取向，通过限制和控制人身权利与自由实现长治久安是统治者的心愿。实行城乡合一的管理制度，不给城市独立的建制是统治者推行"重农抑商"政策的结果。但是，没有城市政府，并不意味着没有城市管理的形式存在。鸦片战争打破了中国传统上的城市管理的既定轨迹，促使中国进行变革，使中国融入现代城市文明进程之中。

二 新中国成立至改革开放前的城市管理（1949~1978 年）

（一）城市发展

1. 1949 年中国城市发展状况

新中国成立前，中国有设市城市 58 座。经过调整建制，1949 年底（截至 12 月 31 日），中国有建制市 135 座（不含港澳台地区），其中中央直辖市 12 座，分别是北京、天津、沈阳、抚顺、鞍山、本溪、西安、上海、南京、武汉、广州、重庆；地级市 55 座，县级市 68 座[1]。

1949 年底，中国总人口 5.42 亿（仅包括中国大陆地区），其中市镇人口 5745 万[2]，城镇化率 10.6%，是一个典型的农业国。

---

[1] 来源：中华人民共和国中央人民政府网站中国概况部分。
[2] 来源：中国国家统计局网站。

1949年底，中国最大的城市上海有城市人口452万，天津196万，北京165万，广州105万，沈阳103万，武汉98万，南京68万，重庆66万，成都61万，济南51万，长春41万，苏州40万，西安40万，无锡36万，徐州30万[①]。人口百万以上城市仅有5个。

2. 1949～1978年中国城市发展状况

新中国成立后的30年，伴随着政治经济形势的变化以及国民经济和其他各项事业的发展，中国的城镇化走过了一条崎岖的发展道路。

（1）城镇化速度大起大落

从1949～1978年30年的发展历程来看，城镇化率由1949年的10.6%提高到1978年的17.9%，年均提高0.25个百分点，在世界各国城镇化发展史上可以用"缓慢"来形容。但在局部时段上，则表现为"大起大落"和"缓慢下降"的反城镇化规律特征，如1949～1960年，中国城镇化率提高了9.2个百分点，年均提高0.84个百分点，呈现出"大起"特征；1960～1963年，中国城镇化率降低了3个百分点，年均降低1个百分点，呈现出"大落"特征；1964～1978年，中国城镇化率降低了0.5个百分点，年均降低0.036个百分点，呈现出"缓慢下降"特征。

图4-1 中国城镇化率变化曲线（1949～1978年）

（2）建制市数量增加缓慢

从1949～1978年30年的发展历程来看，建制市数量由1949年的135

---

① 来源：从网上有关历史文献资料中查阅得到。

个增加到 1978 年的 193 个，年均增加 2 个，也可以用"缓慢"来形容。但在局部时段上，也表现为"大起大落"。1949～1961 年间，建制市数量增加了 75 个，年均增加 6.25 个，呈现出"大起"特征；1961～1963 年，建制市数量减少了 33 个，年均减少 16.5 个，呈现出"大落"特征；1965～1978 年，建制市数量增加了 24 个，年均增加 1.85 个，又呈现出"缓慢增加"特征。

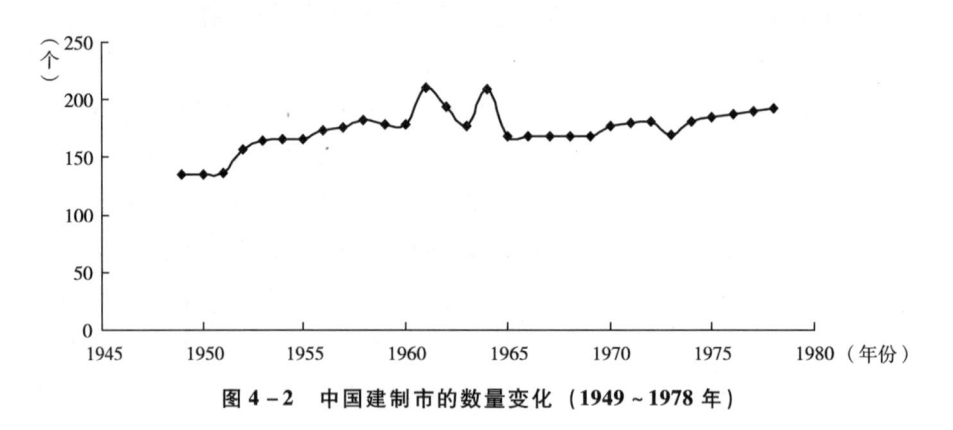

图 4-2 中国建制市的数量变化（1949～1978 年）

（3）人口百万以上城市数量增加不多

1949 年人口百万以上的城市有 5 个，1978 年增加到 13 个，年均增加 0.28 个，而同期建制市数量年均增加 2 个，与建制市数量增加缓慢相对应，人口百万以上的城市数量增加也可以用"缓慢"来形容。

（4）城镇体系格局发生重大变化

新中国成立初期，中国的建制市及大城市主要分布在东部沿海地区，特别是东北地区。经过 30 年的发展，中国的城镇体系格局发生了重大变化，中西部地区的资源型城市和省会城市普遍发展起来，城镇化呈现出相对均衡的发展格局。

（5）城乡联系薄弱

1949～1978 年，中国实行高度集权的中央计划经济管理体制，城乡联系由计划控制，农村人口转变为城镇人口的渠道十分狭窄，城镇人口主要依靠自然增长，农村人口长期被"捆绑"在土地上从事农业生产，导致城乡割裂，相互封闭。

（二）城市管理理念

新中国成立后至改革开放前的30年，中国实行的是高度集权的中央计划经济管理体制，这种体制建立的指导思想是确保社会主义建设方向，集中全国力量办大事。这种指导思想体现在城市管理上，形成了富有时代特色的城市管理理念。

1. 国家发展层面上的"赶英超美"情结

新中国是建立在旧中国"一穷二白"基础上的，在较短的时期内"赶英超美"，不仅是社会主义制度优越性的具体体现，而且是广大人民群众的客观要求。并且，将"赶英超美"具体化为主要工农业产品在数量上全面赶超英美，于是在指导思想上提出了"以粮为纲"、"以钢为纲"，依靠国家行政权力在全国范围内推行工业化（特别是重工业化）和开荒种地，将国家积累的大部分投入工农业生产领域，将提高居民生活质量的城市建设视为消费而长期得不到重视，基础设施和公共服务设施的投入严重不足，导致城市发展十分缓慢。

2. 国家安全层面上的"限制大城市论"

新中国成立后至改革开放前的30年，是世界上的"冷战"时期，东西方阵营对立，随时有爆发世界大战的危险。在这种背景下，中国将国防安全放在首位，严格限制大城市的发展，采取行政动员方式将沿海地区大城市的重点工业企业向"三线地区"①疏散，鼓励大城市知识青年上山下乡，导致大城市发展缓慢。

3. 壮大工人阶级队伍意义上的"消灭消费城市论"

新中国成立初期，中国有许多城市的生产功能并不突出，是名副其实的消费城市。这与当时主流意识形态相冲突。按照设想，城市应该掌握在工人阶级手里，成为工人阶级的聚集地，相应地也应该成为工业企业的聚集地。因此，强化城市的生产职能，消灭消费城市成为当时的主流价值取向，造成当时中国绝大多数城市转变为工业城市。

---

① "三线地区"是指，1964~1978年那个特殊年代，中国政府为保障国防安全而划定的地理区域，具体讲就是不包括新疆、西藏、内蒙古的中国中西部内地。

4. 基于粮食短缺的"城乡隔离论"

新中国成立初期,中国是一个典型的农业国。农业基础薄弱,粮食盈余不足,导致城镇化发展的农业基础很不牢固。粮食短缺成为城市发展的最大限制因素。为了减轻粮食需求压力,中国在国家层面上并不鼓励"城镇化"。有时因为自然灾害,粮食歉收,国家还要鼓动城市居民回农村发展。同时,制订了严格的城乡隔离户籍制度,农村居民转变为城镇居民,除了上学、参军而分配工作、招工、婚迁外,别无他途。

5. 对城镇化规律认识不清而产生的"反城镇化"意识

新中国的成立建立在"枪杆子里出政权"的基础上,经历长期的革命战争洗礼而选择的"农村包围城市"的革命道路最终赢得了胜利。由于对城市工作不了解,在指导思想上很容易回归"重农抑商"的意识,认为城市必须经过社会主义改造,才能为工人阶级所掌握,才能为社会主义建设事业服务。因此,忽视城市发展的商品属性,过多采用行政手段干预城市性质、城市规模和城市发展方向,就成了当时的主流价值取向。没有认识到城镇化是现代化不可逾越的发展阶段,城镇化对提升要素配置效率有巨大的促进作用,城镇化发展需要尊重经济规律等,导致在指导思想上时常陷入"反城镇化"的困境,从而造成中国的城镇化发展脱离世界城镇化发展的基本路径,表现为"进程缓慢""城乡割裂""工业化与城镇化分离"等特性。

(三) 城市管理体制机制

在市制设置上,新中国沿袭了民国时期市作为地方国家行政单位的组成部分的内容和市县分治的行政区划体系,与地方的省—地区—县三级管理体制相平行设有直辖市(省级)—设区市(地级)—不设区市(县级)三级体制。城市政府的主要职能确定为,集中力量做好城市的规划、建设和管理,加强各种公用设施的建设,进行环境的综合整治,指导和促进企业的专业化协作、改组联合、技术改造和经营管理现代化,指导和促进物质和商品的合理疏通,搞好文教、卫生、社会福利和各项服务事业,促进精神文明建设和创造良好的社会风气,搞好社会治安。同时,城市政府还应该根据国民经济总体要求和当地条件,做好中长期经济和社会发展规划①。

在管理体制上，新中国沿袭了历史上传承下来的思维定式，构建起全能管制型城市政府，突出显示了一个"管"字，城市公共物品和私人物品均由城市政府提供。不同时期，"管"的内容和形式有所变化。

1. 新中国成立初期的军事管制

军事管制是人民解放军转入战略进攻之后在城市接管中总结出来的经验，新中国成立初期被普遍推广。中央规定，5万以上人口的新解放城市和工业区，一般都实行军事管制，设立军管会。如先后解放的济南、北平、天津、南京、上海、郑州、太原、苏州、杭州等城市，都成立了军管会。军管会为城市的最高权力机关，统一领导军事、政治、经济、文化等事宜。军管会由上级指定攻城部队最高指挥机关的军政负责人与地方党政若干负责人组成，下辖市政府、警备司令部和各接管部门。军事管制是适应入城初期革命势力还未巩固，完整的人民民主政权还没有建立，群众还没有组织起来，社会秩序还没有安定的情况下采取的管理方式。军事管制的施行，加速了革命战争胜利的进程，保障了对城市的有效管理。在中华人民共和国成立后，军事管制的模式在新解放城市和地区继续沿用，军管会也继续承担着肃清反革命势力、建立革命秩序、保障新政权的纯洁性和人民生命财产安全的职能。因此在这一特殊时期，我国城市处于被管制的状态，而非现代意义上的管理。初期，军管会集党、政、军、民、企业的权力于一身，以利于集中领导各项接管工作。市政府虽然已成立，但尚无各职能部门，不能发挥正常的政府功能，只能在军管会领导下从事市政机关的接收工作和以市政府名义颁布法令。随着接收工作的完成，接管城市的任务便转向了对城市的管理。为了使城市管理工作能顺利进行，军管会内部开始按党、政、军、民、企的系统进行划分调整，陆续归口，使其成为实体单位。政府的各职能部门相继建立起来。市人民政府机构系统的建立，进一步加强了对城市的管理，大大提高了工作效率②。

---

① 杨长明：《中国城市管理体制的历史考察与改革思考》，《襄樊学院学报》1999 年第 3 期，第 24 页。

② 徐轶：《我国城市管理模式沿革及其创新研究》，《华东师范大学硕士学位论文》，2005。

2. "文化大革命"时期城市管理的瘫痪

1966年开始的"文化大革命"严重冲击了城市政府,革命委员会全面接管城市管理事务,革命委员会下属机构设大组,一般有办事组、政治组、文教组、公交组、财贸组等,各大组党政合一。可以说这段时期内的城市管理处于极度混乱和畸形的状态之中。

总体来看,新中国成立后至改革开放前的30年,中国的城市管理体制建立在高度集权的计划经济管理体制之上,政府的行政权力无限扩张,企业、事业单位和社会组织都被行政化,成为准政府部门。这种管理体制的基本特征是:①一元管理。政府成了城市管理的唯一主体,企业和市民只能被动接受管理。②手段单一。行政手段成了唯一法宝,法律、经济、教育、技术、服务等手段往往被虚置。③职能膨胀。事无巨细,都纳入城市管理范畴,管理机构过度膨胀。④财政统收统支。各级城市政府的财政收支受上级政府控制,没有独立性。城市政府缺乏推动地方经济社会发展的主观能动性。⑤缺乏服务意识。"官本位"意识浓重,只关注"管控",轻视"服务"。很显然,这种管理体制的效率十分低下,不是我们应该追求的目标。改革开放以后,自然而然地成为改革的对象。

(四)城市管理法治

新中国成立后至改革开放前的30年,中国管理地方事务的主导思想是"全国一盘棋""下级服从上级""权力在上,执行在下""全能政府"等。其精神实质体现在一个"管"字,要管得宽、管得多、管得严、管得住。在这种思想指导下,城市管理更多依靠的是领导人的讲话和红头文件,而不是法律条文。通俗一点说,依靠的是"人治",而非"法治"。从严格意义上说,这段时期中国并没有形成完整的城市管理法治体系。但是,在局部领域,依然存在某些为强化城市管理而制定的近似于法律条文的规定,有些甚至一直影响至今。

1. 城市规划管理方面

新中国成立以后,中央确定了城市规划在实施有计划的国民经济建设和城市发展建设中的综合职能。1949年10月,中央决定由政务院财经委员会（中财委）主管全国基本建设和城市建设工作，各城市建设管理机构也相继成立。1951年2月，中共中央提出了"在城市建设计划中，应贯彻为生产、为工人服务的观点"，"力争在增加生产的基础上逐步改善工人生活"的城市规划和建设方针。1952年9月，中财委召开了第一次全国城市建设座谈会，提出城市建设要根据国家的长期计划，加强规划设计工作，加强统一领导，克服盲目性。会议决定，从中央到地方建立健全城市建设管理机构，在39个重点城市成立建设委员会，领导城市规划和建设工作，要求主任委员由市委书记或市长担任，委员由工业、交通、水利、文教、卫生、军事等部门负责人组成。会议提出首先要制定城市总体规划，在总体规划指导下建设城市。

"一五"时期是中国城市规划初创时期。为了配合156项重点工程的建设，全国合理布局工业，有重点地建设城市。城市规划对从重大工业项目的选址、工业项目与城市的关系、基础设施的配套建设，到原有城市的改扩建、工厂生活区的建设标准等都发挥了重要的指导作用。1953年9月，中共中央提出"重要工业城市规划工作必须加紧进行，对工业建设比重较大的城市更应组织力量，加强城市规划设计工作，争取尽可能迅速地拟定城市总体规划草案，报中央审查"。这期间全国150多个城市先后编制了深度不同的城市规划。1954~1957年，国家先后审查批准了重点工业项目较集中的15个城市的总体规划和部分详细规划，使城市规划成为指导各城市建设的重要文件，也反映了城市规划的综合指导地位。尤其在落实156项重点工程的"联合选厂"工作中，规划的综合作用得到了应有体现。兰州、洛阳、太原、西安、大同、包头、成都、武汉等八大重点工业城市严格按照城市规划进行建设，较好地配合了工业建设，城市的格局也较为合理，为城市未来几十年的发展奠定了良好的基础。从技术上看，城市规划基本上采用的是苏联模式，虽有一些不足，但整体上为全国工业体系的迅速建立和城市发展作出了历史性贡献。

"大跃进"时期，盲目冒进造成的失误导致许多城市出现了不切实际地扩大规模、改建旧城，造成很大浪费。1960年11月举行的全国计划工作会议宣布"三年不搞城市规划"。这一决策的形成尽管有特殊的历史背景，但对"大跃进"中形成的不切实际的城市建设无疑起到了放纵的作用，而且各地城市规划机构被撤销，规划队伍被精简，使城市建设彻底脱离了城市规划的指导。为了纠正"大跃进"造成的混乱和失误，1961年1月中共中央提出了"调整、巩固、充实、提高"的方针。1964年大小"三线"建设先是实行"靠山、分散、隐蔽"原则，后又改为"靠山、分散、进洞"原则，形成了不建集中城市的思潮，其影响波及全国。1966年开始的"文化大革命"十年，高校城市规划专业停办，图纸资料被散毁，全国城市规划工作总体上被废弃，导致乱拆乱建成风，城市布局混乱，市政设施不足，环境污染严重，住宅紧张，严重影响了生产和人民的生活。1978年，全国城市人均居住面积仅为3.6平方米，比1949年的4.5平方米下降了0.9平方米；全国各城市有半数以上的建成区没有排水管网，平时污水横流，雨后积水成灾。城市建设的严重无序和滞后，直接影响国计民生和安定团结[①]。

2. 城市户籍管理方面

中国的传统户籍制度源远流长，春秋时期已经萌芽，秦汉时期就已经形成，目的是为皇朝纳粮、纳税、服兵役。晚清时期，为君主立宪改革的需要，制定了《户籍法》，民国政府继承并修订完善了这部法律。

新中国成立后，废除了这部《户籍法》。1949年，中国共产党与各民主党派一起制定了《共同纲领》，提出"中华人民共和国公民有居住、迁徙的自由权"。1954年，中华人民共和国第一部宪法明文规定，"中华人民共和国公民有居住和迁徙的自由"。然而，在当时复杂的历史背景下，并没有兑现宪法作出的承诺。

解放前夕的1948年，中央社会部下发《新解放城市的公安工作介绍》文件，指出："户口工作是管理城市的重要环节，是建立革命秩序、掌握社会动向，了解阶级关系、限制坏人活动的工作基础，是公安工作不可缺少的工作"。可见，这一时期户籍制度主要是为了建立"革命秩序"，管制"反革命""敌人""坏人"。

1950年，公安部召开第一次全国治安行政工作会议，明确了户口工作的任务："发现、控制反动分子，管制他们不许乱说乱动……以巩固革命秩

---

① 牛凤瑞：《城市学概论》，中国社会科学出版社，2008。

序。"会议提出要有步骤地建立全国性户籍制度,要求在十年之内达到弄清全国人口户数。此次会议还强调:此前户口工作在调查管制反动分子方面发挥的作用"非常不够",必须使之成为公安保安工作中有力武器之一。按照此次会议的精神,在 1950 年底,户籍制度建设与全国性镇反运动紧密地结合了起来。

1951 年 7 月,颁布了新中国首个全国性的户籍法规《城市户口管理暂行条例》,该条例并未限制民众的居住和迁徙自由,城乡之间、城市与城市之间的人口流动并没有受到特别的限制。农村人口向城市迁徙比较自由,对于在城市有生存基础的居民都准予入户。《城市户口管理暂行条例》第一条即开宗明义地说明,制定原则是"维护社会治安,保障人民安全及居住、迁徙自由"。

1952 年,"三反""五反"运动后,城镇工商业开始萎缩,大量工商户歇业停产,城市失业严峻,大量农村人口又涌入城市,由此造成城乡冲突。于是,政府干预农民进城。最初,政府并没有强制限制农民进城,多为通过说服教育、劝导动员、组织劳动生产等柔性方式来干预农村人口涌入城市。

1953 年,中国开始执行第一个五年计划,全面移植苏联的计划经济体制,优先发展重工业。以农业积累为基础搞工业化,导致农民负担过重,大批农民涌入城市谋生,引起城市粮食供应紧张。不得已,1955 年 8 月,国务院正式颁布《农村粮食统购统销定量供应暂行办法》和《市镇粮食定量供应暂行办法》两个文件,把粮食的计划供应指标与城镇户口直接联系起来。在农村,实行粮食定产、定购、定销(简称"三定")的办法,明确农民自己解决吃粮问题;在城市,在"按户核实"供应的基础上,规定对非农业人口一律实行居民口粮分等级定量供应。随着统购统销政策的基本定型,我国对户籍管理又做了相应调整,一方面加紧了城乡户籍管理制度的建设,把"农业人口"和"非农业人口"在人口统计指标上划分开来;另一方面加强了对迁徙人口的管制,将原先由民政部掌管的农民户口登记、统计工作统一移交到公安部处理。

1958 年,全国人大常委会以毛泽东名义签署《中华人民共和国户口登记条例》,确立了一套较完整的包括常住、暂住、出生、死亡、迁出、迁入、变更等 7 项人口登记在内的户口管理制度，以法律形式严格限制农民进入城市，在城市与农村之间构筑了一道高墙，标志着中国城乡二元户籍管理制度的正式确立。《条例》规定：公民由农村迁往城市，必须持有城市劳动部门的录用证明，学校的录取证明，或者城市户口登记机关的准予迁入的证明，向常住地户口登记机关申请办理迁出手续。这是控制人口迁徙的基本制度，即农民要求迁入城市，需要先向拟迁入的城市户口登记机关申请，城市户口登记机关审查合格后，签发"准予迁入的证明"，若审核不通过，就不能迁入。这实际上就是，户口登记机关彻底控制人口迁徙，改变了新中国成立以来人口自由迁徙的情况。这个制度的实行一直延续到改革开放，并影响至今。

3. 城市财政管理方面

新中国成立后至改革开放前，中国实行的是高度集权的财政管理体制。这种体制的实行又分为"统收统支"阶段（1950～1952 年）和"统一领导、分级管理"阶段（1953～1978 年）。

（1）"统收统支"阶段：1950～1952 年

这个时期属于国民经济恢复时期，新中国刚刚建立，国家经济面临着严重的困难，一方面，是国民政府留下的烂摊子，生产停顿，工人失业，通货膨胀，国民经济必须恢复；另一方面，长期革命战争形成的财政经济分散管理状况还未改变，财政收入来源很少而且难以集中，支出需要又很多，结果导致国家预算失衡。为此，为了平衡财政收支，稳定市场物价，安定人民生活，1950 年 3 月，政务院发布《关于统一国家财政经济工作的决定》《关于统一管理 1950 年年度财政收支的决定》及其他有关决定，使国家财政从分散管理转向集中管理的轨道。其主要内容是：①财政管理的一切权限集中在中央。所有的财政收支项目、收支程序、税收制度、供给标准、行政人员编制等，均由中央统一制定。②一切财力集中在中央。除地方税收和其他零星收入充抵地方财政支出外，其他各项收入，包括公粮、关税、盐税、货物税、其他工商税收、国营企业收入和折旧提存，以及清仓物资、战争缴获物资、没收战犯敌伪财产、新解放城市接管的金银外钞和其他实物、公债收入等，统归中央财政。③一切支出统由中央核拨。各级政府及国营企业所需经费，均需编制本地区、本企业的收支预算和财务收支计划，逐级上报中央政府，经由中央统一审核批准后，逐级拨付。地方组织的财政收入同地方财政支出不发生联系，收支两条线，收入按规定缴入金库，支出由金库统一支拨，如无中央财政的拨款通知，金库一律拒绝支付。④统一国家预算。各项财政收支，除地方附加外，全部纳入国家预算。此外，为了保证中央财政的需要，还规定在支拨粮款时，如有不足，必须遵守先中央后地方、先军费后政费、先前方后地方等原则。由于全国的各项财政收支统一由中央管理，故人们将这种预算管理办法称为"统收统支"体制。"统收统支"体制有利于中央在特殊情况下集中财力，兴办大型建设项目，统筹安排，实现财政收支平衡。但财权过于集中，城市财政收支不挂钩，完全处于被动地位，又不利于调动城市政府的积极性。1953年以后调整为"统一领导、分级管理"的财政管理体制。

（2）"统一领导、分级管理"阶段（1953～1978年）

随着国民经济的恢复和国家财政状况的逐步好转，1953年，中国开始进入大规模经济建设时期。一方面要加强中央的统一领导和统一计划，集中资金保证重点建设，另一方面要逐步扩大地方权限，调动地方财政增收节支的积极性，于是将"统收统支"的财政管理体制调整为"统一领导、分级管理"的财政管理体制。这种体制的特征有三个：一是在中央统一计划的前提下，按行政区域实行分级预算、分级管理，主要税种的立法权、税率调整权和减免权集中在中央，由中央确定收入指标；全部收入分为固定收入和比例分成收入，由地方统一组织征收，分别入库，对超收部分另定分成比例，地方多收多留；二是按中央政府和地方政府的职责分工及企事业单位的行政隶属关系，确定各级政府的支出范围，属于中央的企业、事业和行政单位的支出列入中央预算，属于地方的企业、事业和行政单位的支出列入地方预算；三是地方预算，中央核定，按照支出划分。地方预算支出，首先要由地方固定收入和固定比例分成收入抵补，不足的差额由中央拨给调剂收入抵补。分成比例实行"一年一定"或"一定几年"。

这种体制在长达25年的时间里也曾有过多次微调，如1953～1957年实行的"分级管理，收入分成分类"制度；1958～1960年实行的"以收定支，五年不变"制度；1961～1965 年实行的"全国一盘棋"制度；1966～1976 年"十年动乱"期间频繁变动的体制，既有"统收统支"，也有"大下放"，还有"大包干"。总体来看，1953～1978 年实行的仍旧是"统一领导、分级管理"体制。这种体制在一定程度上调动了城市政府增收节支的积极性，但由于在分成比例的确定上中央政府完全处于强势地位，城市政府的话语权不多，实际上在操作层面城市政府在城市发展方面的自主权并没有得到多少保障，这为改革开放以后分税制的实施埋下了伏笔。

三 改革开放以来的城市管理（1979 年至今）

（一）城市发展

1979 年，中国实行改革开放政策。

对内，20 世纪 80 年代初期，首先进行的是农村改革，实行农村家庭联产承包责任制，极大地调动了农民投入农业生产的积极性，农产品的市场供应量大增，粮食对城市发展的制约作用得到极大缓解；接着，1984 年开始以城市为重点的经济体制改革，改革国有企业，放手发展非公企业。1992 年，邓小平南方视察后中央提出建立社会主义市场经济体制，标志着中国市场化经济体制改革进入了新的阶段。

对外，1980 年中国设立深圳、珠海、厦门、汕头四大经济特区，引进国外先进技术和资本，发展外向型经济。1985 年，国务院批准长江三角洲、珠江三角洲和闽南三角洲为沿海经济开放区。1988 年，海南省被批准为经济特区。1990 年，中央决定开放开发浦东。1992 年，确定了上海、天津、北海、湛江、广州、福州、宁波、南通、连云港、青岛、威海、烟台、大连、秦皇岛等 14 个城市为沿海开放城市，开辟了长江三角洲、珠江三角洲、闽南三角地区、辽东半岛、山东半岛、环渤海地区等沿海经济开放区。同年，中国进一步开放黑龙江省黑河市、绥芬河市，吉林省的珲春市，内蒙古自治区的满洲里市、二连浩特市，新疆维吾尔自治区的伊宁市、塔城市、博乐市，云南省的瑞丽市、畹町市、河口市和广西壮族自治区的凭祥市和东兴镇等 13 个市、镇。2001 年，中国加入 WTO，标志着中国对外开放战略进入全新的高度。

历史地看，中国的改革开放是循序渐进的，是一个市场化程度不断加深的过程，是一个城市自主权不断得到落实的过程，是一个生产效率和管理效率不断得到提升的过程。改革开放的 30 多年，中国城市发展的制度环境不断得到优化，城镇化发展的速度和质量不断得到提升。可以说，改革开放的 30 多年，是中国城市发展的"黄金时期"。这个时期，城市发展呈现出如下特点。

1. 建制市数量大幅度增加

1979 年，中国有建制市 216 个，2011 年增加到 659 个，平均每年增加 13.8 个。其中，1979~1997 年为急剧增加期，总共增加建制市 452 个，平均每年增加 25 个；1997~2011 年为调整期，既有新增建制市停止审批并有一定的微调，也有大城市撤市设区减少建制市数量，其间总共减少建制市 9 个。但这并不表示中国城镇化进程的停滞不前甚至倒退，很大程度上是中国行政管控城市数量增加的结果。

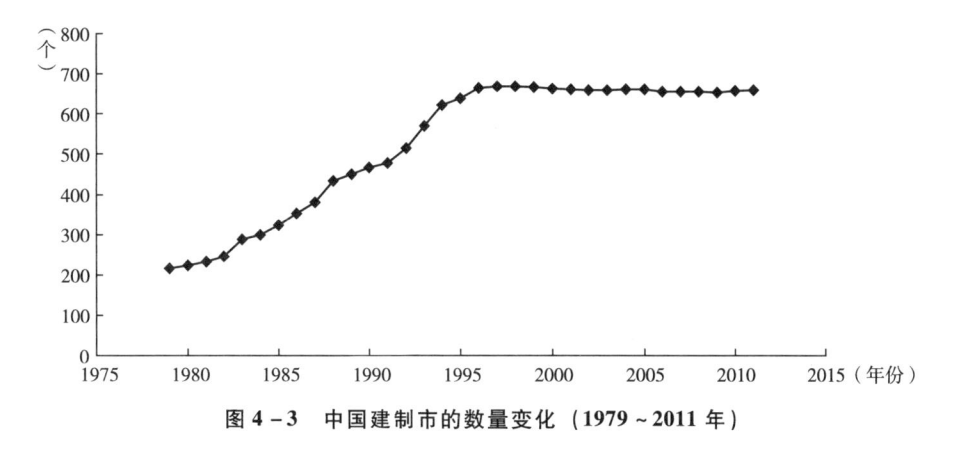

图 4-3　中国建制市的数量变化（1979~2011 年）

2. 城镇化率大幅度提高

1979 年，中国的城镇化率为 20%，还处于城镇化的起步阶段；到 2011 年，中国的城镇化率达到 51.3%，进入城镇化发展的下半程。32 年提高 31.3 个百分点，平均每年提高 0.98 个百分点，是中国城镇化发展史上最快的时期。

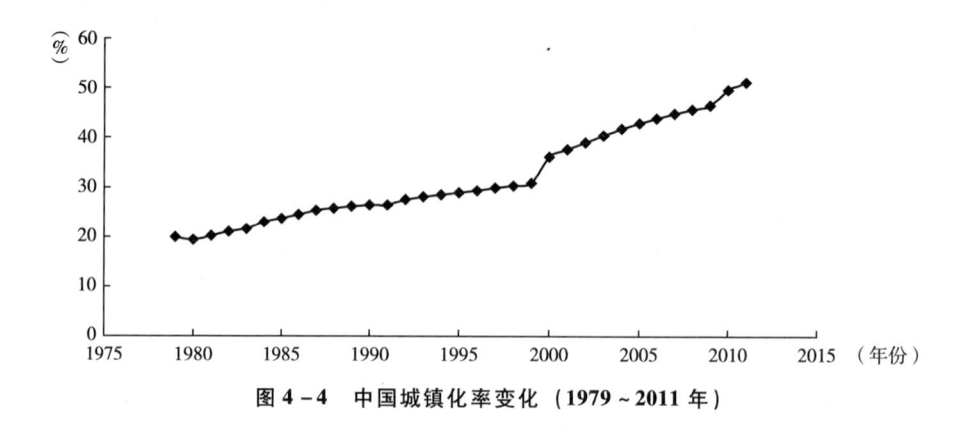

图 4-4　中国城镇化率变化（1979~2011 年）

3. 城市规模普遍扩大

1979 年，北京有城镇人口 510 万，到 2011 年发展到 1741 万，32 年增加了 1231 万，平均每年增加 38 万。广州 1979 年有城镇人口 230 万，到 2011 年发展到 663 万，增加了 1.9 倍。武汉、长沙、郑州、西安、重庆、成都、贵阳、兰州、乌鲁木齐、昆明、南宁等中西部城市均有较大幅度的人口增长，城市的聚集效应有显著的提高。

4. 城镇体系发生重大变化

中国的改革开放发轫于东部沿海地区，自东而西梯度推进。无论是经济指标，还是人口指标，抑或是土地开发指标，都显示了这种趋势。资本和人口空间分布的格局决定了城市空间分布的格局，也就是决定了城镇体系的基本格局。其基本特征是，在国家层面形成了珠三角、长三角、京津冀三大都市密集区；东部沿海地区城镇体系日趋完善，已经进入城镇化的中后期；中部地区大城市极化现象严重，正在步入城镇化的中期阶段；西部地区城镇体系尚不完善，城镇化动力较弱，多数省区正处于城镇化加速发展阶段。总体看，中国城镇发展的重心在向东部沿海地区转移，城镇发展的区域不均衡现象在加大。

（二）城市管理理念

改革开放以后，伴随着经济发展和城镇化推进，城市管理理念也不断得到更新，突出的特征是，城市管理政治化、军事化的理念逐渐淡漠，城镇化发展规律不断得到尊重，城市在国家发展中的综合地位不断得到认可，城乡发展的平等权不断得到确认，强化城市管理的理念在各城市得到践行。尽管如此，在国家重大项目布局，特别是跨区基础设施和全国性的社会服务设施布局时，往往忽略了与城镇化空间格局的匹配，导致投资效益大打折扣；还有许多地方把城镇化当做促进经济社会发展的抓手，以行政主导的方式推进城镇化，造成城镇化过热，这是需要思索的问题。

1. 城市管理政治化、军事化的理念逐渐淡漠

经过改革开放前30多年的实践，城市管理政治化、军事化的弊端显露无遗，一是对经济的过度管控使经济失去活力，经济发展长期徘徊不前，导致城镇化发展进程缓慢；二是对个人自由的过度限制影响了人的主观能动性发挥，社会发展也失去了活力；三是以政治化、军事化手段片面追求工业化，特别是重工业化，造成居民生活长期得不到改善。凡此种种弊端，都呼吁改弦更张，更新城市管理理念，尊重城市发展规律。可以说，改革开放30多年的历程，是一个城市管理政治化、军事化的理念逐渐淡漠的过程，是一个个人发展自由权不断得到保障的过程，是一个城市发展自主权不断得到落实的过程。

2. 城镇化发展规律不断得到尊重

改革开放前30年的实践说明，粗暴地践踏城镇化规律，不按城镇化规律办事，不仅不利于推进城镇化，而且对投资造成极大的浪费，不利于国民经济发展。改革开放30多年来，不断探寻城镇化发展规律，自觉按照城镇化规律办事，极大地推进了城镇化进程，促进了国民经济与社会健康发展。比如，在国家层面的城镇布局上顺应经济发展大势，在建制市的设置上注重经济因素，有力地促进了东部沿海地区三大都市密集区的形成；在城镇化发展动力上，注重工业化与城镇化双轮驱动，一些城市初期开发区的设置偏离城市中心区，后来发现既不利于开发区发展，也不利于城市发展，及时纠正了这种错误倾向，使开发区发展与城市发展互相促进，互为动力，共同繁荣。

3. 城市在国家发展中的综合地位不断得到认可

随着城市经济实力的不断增强，城市经济在国民经济中逐步占据主导地位；随着农村剩余劳动力向各级城市与城镇的大规模迁移，城市（镇）逐步成为人居中心；随着城市（镇）人口的大规模聚集，城市（镇）逐步成为环境保护的中心、科技创新的中心、社会文化活动的中心。凡此种种变化，促使中央决策层在"十五"期间将城镇化战略上升为国家战略，并充分认识到城镇化是现代化不可逾越的阶段，城市在国家发展中的综合地位得到认可。比如，在城市功能上，注重城市综合功能，除了生产功能外，还注重生活服务功能；除了注重经济发展，还注重社会发展、生态环境建设和居住区建设等。

4. 城乡发展的平等权不断得到确认

改革开放前30年的实践说明，城乡隔离，农村服从城市，农产品价格"剪刀差"，将农民捆绑在土地上限制其流动，既不利于农村的发展，也不利于城市的发展，是一个"双输"的制度安排。改革开放30多年来，城乡发展实践推动着城乡发展政策调整，城乡发展的平等权不断得到确认。在农业发展上，自觉服从平等交换的价值规律，城市居民对农产品的需求引导着农业生产结构的调整和农产品价格信号；城市开启大门允许农民进城务工经商，繁荣了城市商业，为城市工业发展提供了劳动力；城市人才、资本、科技和信息服务下乡，带动了农村经济发展。总体看，城乡发展的平等权不断得到社会认可。比如，对农村人口歧视性的户籍制度正在逐步改革；农民工子女在城市的义务教育逐步享受到与城市居民子女同等的权利；农民工在城市的社会保障问题正在逐步得到解决。

5. 强化城市管理的理念在各城市得到践行

改革开放前30年，城市管理受制于高度集权的中央计划经济管理体制，管理权力在上，管理事务在下，一切听命于上级，按上级规定办事，时常发生管不过、管不了、管不好的现象，造成城市管理人浮于事，部门扯皮，一些管理部门权力重叠，一些管理领域无人问津。针对这些弊端，改革开放以后，随着城市发展壮大，城市管理事务越来越复杂，必须对传统城市管理模式进行革新逐渐成为社会共识，强化城市管理的理念在各城市得到践行。于是，城市管理重心下移，"小政府、大社会"，城市管理综合执法，数字化城市管理、城市群（或都市密集区）管理等创新理念、模式和做法在各地得到普遍推广应用，取得了较好的效果。

6. 在城镇化发展规律的认识上仍然存在偏差

城镇化发展存在客观规律。由于长期以来封建专制思想的影响和计划经济体制的路径依赖，政府主导城镇化发展的局限性还没有得到全社会的广泛认同，依靠行政权力经营城市，偏爱土地开发（卖地），大搞"土地财政"的现象愈演愈烈，城市民生问题仍然得不到高度重视；国家有关部委主导的重大基础设施和社会文化设施，在地域空间布局上没有与城镇化空间格局有效对接，造成投资效益长期得不到有效发挥。比如，推进农村普九义务教育工程中的校舍建设，没有充分考虑农村人口城镇化的影响，导致多地校舍空置；当城镇化发展遇到困难，或者"大城市病"日益突出，或者中国的城镇化受到国际应对气候变化的压力时，往往迸发出"反城镇化"的情况，质疑在中国推进城镇化或者发展大城市是否合理的论调不绝于耳。凡此种种，都要求进一步解放思想，深化对城镇化发展客观规律的认识，避免在推进城镇化发展进程中的"盲干"和"蛮干"现象再次发生。

（三）城市管理体制机制

改革开放打破了国有经济一统天下的局面，形成了国有、集体、个体私营、外资独资、中外合资等多种经济成分并存的经济基础。经济基础的多元化要求作为上层建筑的城市管理体制机制也作出相应变革，于是针对旧体制、旧机制的一系列革新出现在神州大地，核心思想是主动适应社会主义市场经济体制发展的要求，放权让利，宏观调控，微观搞活。

1. 行政区划调整

改革开放前，中国实行的是"切块设市"模式，也就是城市的地域范围被划定为包括城市市区及其紧邻的服务于城市的蔬菜副食品基地，从而构成了大城市、小郊区的地域空间格局。这种模式是高度集权的中央计划经济体制时期的产物。在这种模式下，城乡割裂，各自独立。很显然，这种模式不适应改革开放以后建立在城乡要素流动频繁基础上的新型城乡关系，行政区划调整势在必行。

改革开放初期的 1979 年，中国仍然以"切块设市"模式为主，同时，也积极探索了"市管县""整县设市""镇升格为县级市"等设市模式。到1983 年，"市管县""整县设市"已经成为主流模式，"切块设市"模式逐步淡化。其后,"整县设市""市管县""地市合并"等模式风靡一时。1997年,中央面对"大跃进"式的"整县设市"潮流,决定冻结"整县设市"。1998~2003年又兴起了"地市合并"和"撤县建区"热。2004~2010年区划调整进入"冰河期",2008年全年没有变动,2011年区划调整稍有起色,但无法和区划频繁调整的1983~1996年间相提并论。总体看,行政区划调整的目的是,落实城市名分待遇,扩大城市管辖空间范围,增强城乡要素双向流动频率,促进城乡经济共同繁荣。但由于过度追求设市名分和城市扩容,一方面,造成城市统计信息失真,给城市研究和城市决策带来麻烦;另一方面,出现"小马拉大车"现象,城市带动乡村地区发展的局面并没有实现预期目标,相反城市更可以凭借行政权力肆意掠夺乡村地区资源,造成城乡发展机会的不平等和城乡差距拉大,这是行政区划调整中需要深入思考的问题。

表4-1 改革开放以来中国行政区划变更沿革

年份	城市设置模式
1979	切块设市19个,市管县4起,整县设市3个,镇升格县级市1个
1980	县级市升格地级市4个,切块设市3个,整县改市2个,镇升格县级市2个,市县合并1起
1981	市县合并7起,切块设市6个,整县改市4个,地市合并1起
1982	切块设市7个,整县改市5个,县级市升格地级市3个,市管县1个,市县合并1个
1983	市管县52起,整县设市35个,地改市17个,市县合并14起,地市合并13起,县级市升格地级市12个,切块设市5个,撤县建区2个,区改市2个
1984	整县设市10个,地市合并3个,市管县2起,市县合并2个,切块设市1个,撤市建区1个
1985	市管县21起,整县设市20个,县级市升格地级市12个,切块设市3个,地市合并3起,市县合并3起,地级市降格县级市2个,镇升格市1个
1986	整县改市23个,市管县19起,县级市升格地级市4个,切块设市2个,市县合并1起,撤区建市1个
1987	整县改市24个,市管县4起,地改市2个,县级市升格地级市2个,切块设市1个,撤县建区1个
1988	整县改市48个,地市合并6个,县级市升格地级市4个,市管县3起,撤县建区2个,切块设市1个
1989	整县设市16个,市管县3起,县级市升格地级市2个,撤县建区1个

续表

年份	城市设置模式
1990	整县设市 15 个，撤区建市 2 个，市县合并 1 起
1991	整县设市 12 个，市管县 2 起，县级市升格地级市 1 个
1992	整县设市 38 个，市管县 4 起，地市合并 3 起，市县合并 3 起，撤县建区 4 个，县级市升格地级市 1 个
1993	整县设市 52 个，地市合并 10 起，市管县 2 起，地改市 2 个
1994	整县设市 53 个，地市合并 12 起，县级市升格地级市 1 个，撤县建区 1 个
1995	整县设市 19 个，地市合并 3 起，市管县 2 起，县级市升格地级市 1 个，撤县建区 1 个
1996	整县设市 22 个，地市合并 9 起，市管县 4 个，切块设市 2 个，镇升格市 1 个，撤县建区 1 个
1997	地市合并 7 起，整县设市 4 个，撤县建区 2 个，市管县 1 起，撤市建区 1 个
1998	地市合并 7 起，撤县建区 3 个，撤市建区 1 个
1999	地市合并 9 起，撤县建区 2 个，市管县 1 起，市市合并 1 起
2000	地市合并 22 起，撤县建区 4 个，撤市建区 3 个，市管县 1 起
2001	撤县建区 13 个，地市合并 5 起，地改市 1 个，撤市建区 1 个
2002	撤县建区 8 个，地市合并 7 起，撤市建区 5 个，地改市 3 个，新疆兵团设市 3 个，区区合并 1 起
2003	地改市 6 个，撤县建区 3 个，撤市建区 3 个，区区合并 3 起，整县改市 1 个
2004	撤县建区 5 个，区区合并 3 起，地改市 1 个
2005	区区合并 1 起
2006	撤市建区 5 个，区区合并 2 起，撤县建区 1 个
2007	市、区合并 1 起
2008	无变更
2009	区区合并 2 起，撤市建区 1 个
2010	整县设市 2 个，区区合并 2 起，切块设市 1 个，撤县建区 1 个
2011	撤县建区 5 个，地改市 2 个，撤市建区 1 个，区区合并 1 起，地级市降格县级市 1 个，新疆兵团设市 1 个

注：根据中央政府门户网站（www.gov.cn）中国概况板块下提供的中国行政区划沿革有关资料整理。

2. 政府职能变化

改革开放前的计划经济时期，在"全国一盘棋""下级服从上级"等思想指导下，中央政府"大包大揽"集中了过多的行政权力于一身，一方面造成中央国家机关机构臃肿，人浮于事；另一方面造成地方政府"等""靠""要"，一切行动要等中央发号施令，要看中央脸色，要靠中央支持。形成了"有权的管不过、能管的没有权"的局面，管理效率十分低下。如果说，计划经济时期经济结构类型简单、社会分工程度不高、社会关系相对单一、高度集权的中央计划经济体制在一定程度上尚有合理性，那么在改革开放以后发展社会主义市场经济的今天，面对经济结构日益复杂、社会分工高度发达、人际关系十分密切的局面，高度集权的中央计划经济体制则完全失去了存在的必要性和合理性，改革行政管理体制势在必行。

（1）国家层面的机构改革

1982~2008年，中国先后进行了六次较大规模的机构改革①。

①1982年改革。这次改革的目的是着力改变机构臃肿、层次繁多、人浮于事等状况，明确行政、事业、企业的界限，精干领导班子和干部队伍。明确规定了各级各部的职数、年龄和文化结构，减少了副职，提高了素质；在精简机构方面，国务院各部门从100个减为61个，人员编制从原来的5.1万人减为3万人。

②1988年改革。这次改革首次提出转变职能，裁减专业管理部门和在综合部门内设专业机构，减少专业部门对企业的干预，提高政府宏观调控能力。通过改革，国务院部委由45个减为41个，直属机构从22个减为19个，非常设机构从75个减到44个。在国务院66个部、委、局中，有32个部门共减少1.5万多人，有30个部门共增加5300人。增减相抵，机构改革后的国务院人员编制比原来减少了9700多人。

③1993年改革。适应市场经济要求，进一步改革计划、投资、财政、金融管理体制，撤并了一些专业经济部门和职能交叉的机构，将一部分专业经济部门转化为经济或服务实体，将综合经济部门的工作重点转到宏观调控上来。改革实施后，国务院组成部门、直属机构从原有的86个减少到

---

① 来源：《阅读延伸：改革开放以来历次机构改革》，中国国情-中国网（guoqing.china.com.cn），2012-04-17。

59 个，人员减少 20%。国务院不再设置部委归口管理的国家局，国务院直属事业单位调整为 8 个。

④1998 年改革。是改革开放以来力度最大的一次改革，在转变职能方面迈出了更大步伐，实行政府机关与所办经济实体以及直接管理企业的脱钩，同时大幅度裁并国务院组成部门，精简人员编制。国务院不再保留的有 15 个部委，新组建 4 个部委，更名的有 3 个部委。改革后除国务院办公厅外，国务院组成部门由原有的 40 个减少到 29 个。

⑤2003 年改革。这次改革是在加入世贸组织的大背景之下进行的。着重对国有资产管理、宏观调控、金融监管、流通管理、食品安全和安全生产监管、人口与计划生育等方面的体制进行了调整。改革后，除国务院办公厅外，国务院由 28 个部门组成。

⑥2008 年改革。这次改革的思路是通过"大部制"改革，政府将逐步退出微观经济领域的直接管理，把更多经济事项交由市场调节。宏观调控部门重点搞好宏观规划、政策制定及监督管理，切实减少微观管理和具体的审批事项，实现从"项目管理"向"规划管理"、从直接管理向间接管理的转变，向"宽职能、少机构"的方向发展。这次改革对职能相近或者交叉的部门进行了合并（如人力资源与社会保障部），对职能界定清晰的部门予以保留，对职能缺位的部门进行新增（如能源部和国家预防腐败局），对需要高度重视的部门提升规格（如国家环保部、安全生产部）。

六次国家机构改革的脉络清晰地显示，中央决策层对国家机构改革的认识在不断深化，由最初的简单压缩机构、压缩编制、精简人员过渡为调整职能（包括精简职能、合并职能、新增职能），通过优化职能结构，建立与社会主义市场经济体制相匹配的权力运行体系，达到提升行政效能的目的。目前来看，国家层面的权力下放还很不到位，职能转换的任务还没有完成，体制机制改革的任务依然十分艰巨，需要不断探索，勇于创新，大胆突破。

（2）城市层面的管理创新

改革开放前，在高度集权的中央计划经济体制下，城市发展的一切决策听命于上级领导的指示和上级政府、上级部门的红头文件，本级城市政府的决策自主权被严重剥夺，当地城市居民的知情权、话语权、参与权、监督权也被无情剥夺，往往造成决策失误连连。主观决策、盲目决策、蛮横决策造成的损失无人负责。在城市内部,城市政府将上级政府的决策指示传达给区政府,区政府再传达给区直部门和街道,街道再传达给社区,人浮于事,管理效率十分低下。在这种体制下,行政等级越高,行政权力越大,掌握的资源越多;行政等级越低,行政权力越小,掌握的资源越少。责、权、利严重不对等。权力和利益在上,责任在下。加之,社会的发展,使"单位人"逐渐转变为"社会人",迫切需要基层政府提供优质管理服务。针对这种弊端,许多城市开展了城市层面的管理体制改革创新。

①管理重心下移,强化社区管理。20世纪90年代中期,随着经济的快速发展、改革的不断深化,上海市越来越多的人从对企业的"从一而终"转向对社区的日益依赖;城市管理对象也日渐多样、复杂。街道工作已成为现代城市管理的重要基石,它原有的组织结构和运行方式已难以适应新形势的需要。为此,1996年,上海市探索性地提出并推行了"两级政府、三级管理"的城市管理新体制。所谓"两级政府、三级管理"是指,在市、区两级政府的基础上,形成市、区、街道办事处三级纵向管理体制,核心是对街道层面赋予了更多的城市管理职能,将公安、税务、工商、司法、房管、环卫等派出机构与街道对应设置,解决了"看得见的管不着,管得着的看不见"的混乱现象。这种新体制被称为"上海模式"。其后,南京、杭州、天津、北京等城市也明确实行"两级政府、三级管理"新体制。沈阳从1998年下半年起实行了有别于上海将社区定位于街道的做法,而是将社区定位在小于街道办事处、大于原来居委会的层面上,重新划分了社区,建立了新型的社区组织体系,包括决策层(社区成员代表大会)、执行层(社区委员会)、议事监督层(社区协商议事委员会),确保了社区的自治属性,这一点有别于上海将街道与社区混在一起的做法,被称为"沈阳模式"。武汉、海口、西安、哈尔滨、合肥等地都表示学习借鉴沈阳经验。不管是"上海模式",还是"沈阳模式",都做到了管理重心下移,权随责走,费随事转,从而形成了"谁办事、谁用钱、谁负责、谁有权"的工作机制,收到了良好的管理效果。

②整合部门资源,加强多部门综合执法。改革开放前,中国传统的城市管理,听命于上级政府的行政命令、红头文件或者行政授权,以部门执法的具体形式体现。改革开放以后,经济成分多元化,社会管理复杂化,

居民生活社区化，传统的以部门执法为标志的城市管理感到力不从心：一是条实块虚问题。所谓"条"指的是部门，"块"指的是一个城市、城市中的某个区或者街道社区。"条"有行政执法权，"块"缺乏执法自主权，"条"如果没有"块"的支持，行政执法难度很大。二是存在多头重复执法的问题。某一违法违规事件往往牵涉众多部门的管理范围，部门各自为战执法，缺乏统筹协调，往往造成多头执法或者重复执法，执法行为极不严肃。三是"条"的执法如果不落实到街道社区层面，而是悬浮在上级部门，难保执法效果。为此，许多城市探索性地成立了城市管理综合执法局，从相关执法部门抽调人员组成"城管"队伍，并延伸到街道社区层级，实现了相关部门的综合执法、属地执法和落地执法，取得了较好的执法效果。

1996 年，国家为解决长期以来存在的行政部门执法不规范问题，出台了《行政处罚法》，第 16 条规定："国务院或者经国务院授权的省、自治区、直辖市人民政府可以决定一个行政机关行使有关行政机关的行政处罚权，但限制人身自由的行政处罚权只能由公安机关行使。"以该法的实施为契机，1997 年，北京市经国务院批准，开展了城市管理综合执法试点工作，北京市宣武区成立全国第一支真正获得法律授权的城市管理监察大队。根据当时国务院法制办的批复，宣武区城管大队有五个方面 94 项行政处罚权，涉及市容、园林、无证建设、违法占路以及无照商贩管理等五个方面。至 2000 年，城市管理综合执法工作在北京市全面开展，各区县也都建立了城管队伍。这一制度此后也逐渐在全国推开。据不完全统计，至 2005 年底，全国共有 308 个城市展开了城管综合执法体制改革。

北京市原崇文区（现与东城区合并，成为新的东城区）在城管综合执法的基础上，进行了大胆革新，将综合执法权力下放到街道，全区 7 个街道分别成立了综合行政执法组，城管、公安、消防、卫生、工商、园林、劳动、文化、民政等 25 个执法部门，确定了 8 个常驻部门及 16 个挂牌部门，常驻部门抽调人员加入街道综合执法组，挂牌部门安排联系人，做到随叫随到[①]。执法组成员对辖区内的各种违法行为进行综合执法，确

---

① 引自王薇：《"崇文模式"破解城管难题》，北青网（http：//bjyouth.ynet.com），2010 - 01 - 16。

保了综合执法不留死角。同时，对被抽调到执法组的执法人员实行双重考核，不仅要接受自己单位的考核，还要接受城管委督考队的考核，避免了推诿事件的发生。这种做法，实则是在街道的统辖下，执法关口前移，工作被动变主动，较好地解决了无照、违建等城市管理中常见的痼疾、顽疾，在全国产生了很大影响，得到了上级政府和有关部门的充分肯定，被称为"崇文模式"。

城管综合执法从地方实践来看，取得了可喜的成就，同时也存在一些不容回避的问题：一是法律地位不明确，职能界定不清。《行政处罚法》只规定了实施相对集中行政处罚权制度的原则，对于城管队员的权利、义务、法定职责以及履职范围等问题没有明确规定，城管队员在执法过程中缺乏明确的相应依据，缺少制度和规范约束。二是职责过于广泛，人员短缺。由于国务院就相对集中行政处罚权范围的规定中出现了"省、自治区、直辖市人民政府决定调整的城管领域的其他行政处罚权"这样一个弹性条款，因此，很容易导致各地方政府对城管职责的过度授权，使城管的职责范围无限度扩张。城管职责包括市容环境卫生、规划、绿化、市政、工商行政、公安交通等上百项职权，几乎涵盖了城市居民生活的方方面面。以北京为例，城管队伍履行的职责由最初的5个方面99项增加到了2006年的13个方面285项，随着越来越多执法内容纳入城市综合执法范围，目前城管的装备水平与人员数量已经不能适应日益增长的执法需求。数据显示，2006年，北京市城管执法系统有5000名工作人员，按照北京城市人口比例配比，每10000名市民配备的城管队员不足3名。由于人员相对短缺，使用协管人员协助执法成为必然。对这些人员的管理制度尚不规范，导致粗暴执法现象时有发生，这无疑也是加剧部分执法相对人抗法行为的重要原因之一。三是行政执法保障制度尚未健全。城管行政执法明确规定实行"收支两条线"，因此其行政支出必须由财政全额拨付，但由于各种原因，"收支两条线"政策在有的地方还没有做到，有的地方由于财政困难，执法经费无法保障，不少执法队伍实行自收自支，以收费和罚没收入作为补充经费不足，这被称为"自费执法"。四是执法手段简单，抗法事件时有发生。城市综合执法面临的任务往往与百姓生活息息相关，执法过程中，最容易与之产生矛盾的是处在社会底层、生活较为困难的弱势群体。他们大多数是城市失业人员、失地农民、小本经营的商贩以及孤寡残病等弱势群体。这类人不能正确理解城管执法工作。而长期以来，一些错误的"执法观"，在相当一部分城管执法人员的头脑中根深蒂固。态度蛮横、方法简单，导致恶性冲突时有发生。

总体看，改革开放以后出现的城市管理综合执法是城市管理领域的大胆创新，有成就，也有问题。各地实践说明，城市管理需要综合执法，但综合执法不是万能的。城市管理需要全社会共同参与，正所谓"人民城市人民建，人民城市人民管"。

③加强信息化建设，推广数字化城市管理。所谓"数字化城市管理"是指以信息化手段和移动通信技术手段来处理、分析和管理整个城市的所有部件和事件信息，促进城市人流、物流、资金流、信息流、交通流的通畅与协调。与传统城市管理手段相比，数字化城市管理的优越性显而易见：一是发现问题与处理问题的及时性。依靠科技手段，及时发现问题，及时将问题转达给相关部门处理，避免了部门相互推诿。二是管理手段的科学性。不靠传统经验，不讲人情世故，只讲客观公正。三是工作时间的全天候。依靠计算机设备，可以实现24小时不间断工作，不存在传统城市管理的"八小时工作制"。四是覆盖范围的无盲区。可以实现全域无缝隙管理，不存在管理盲区。五是考核手段的公平透明性。依靠系统生成的考核指标体系，客观公正透明地考核相关管理人员的工作业绩，有助于调动相关工作人员的积极性。

国内最早开展数字化城市管理新模式探索的是北京市东城区。2003年，在时任东城区委陈平书记的领导下，东城区组成研究团队探索实现数字化城市管理新模式的技术路径；2004年，"东城区网格化城市管理信息系统"正式上线运行，得到专家的高度肯定；2005年，被当时的国家建设部确认为"数字化城市管理新模式"，组织在全国城市推广，并于当年确定了南京鼓楼、杭州等10个试点城市（城区）；2006年，郑州、台州、诸暨等17个城市被列入试点；2007年，长沙、乌鲁木齐、白银等21个城市被列入试点。建设部办公厅〔2007〕42号函确立2008～2010年为数字城管全面推广阶段，在全国地级以上城市和具备条件的县级市要全面推广数字化城市管理新模式。

从推广数字化城市管理新模式的地方实践来看，该模式在转变所在地的城市管理理念、再造城市管理流程、严格城市管理绩效考核、提升城市管理效率等方面的确发挥了很大的促进作用。但是，由于前期投入费用和后期运营费用以及设备维护费用等都较高，在欠发达地区依靠行政推动、全面推广的确勉为其难；一些地方受制于传统管理体制的阻力，新的数字化城管模式不敢触动旧的利益格局，在实际应用中成了供人参观考察的摆设。这些问题都值得有关城市与管理部门思考。

3. 区域管理出现

改革开放以来，中央政府简政放权，激活了地方经济发展的活力。东部沿海地区率先发展，在经济发展、城镇化推进、社会管理等方面走在全国前列。长三角地区、珠三角地区、环渤海地区发展成为中国的三大城市群地区。在这种地区，传统的以城市辖区为边界的城市管理遇到了极大的挑战：一是产业结构的同质化竞争问题。相邻城市的资源禀赋和发展条件有极大的相似性，在发展战略的选择上往往具有趋同性，如果没有城市之间的协调干预，很可能走上恶性竞争的轨道，造成两败俱伤的结果。二是重大基础设施的衔接问题，包括交通、水利、生态、环保、市政设施等的建设布局，都要具备区域视野。三是社会公共服务的协调问题。人口流动频繁，居住地、就业地、休闲娱乐地的分离要求教育、医疗、文化、计生、户籍、治安、金融、保险、车辆管理等公共服务走出城市视野，以区域视野统筹协调。为应对这些挑战，三大城市群地区做出了各自的努力。

在长三角城市群地区，早在1992年，上海、无锡、宁波、舟山、苏州、扬州、杭州、绍兴、南京、南通、常州、湖州、嘉兴、镇江14个市经协委（办）发起、组织成立了长江三角洲十四城市协作办（委）主任联席会，每年开会商讨14个城市之间的经济协作问题。至1996年共召开了五次会议。1997年，上述14个城市的市政府和新成立的泰州市共15个城市通过平等协商，自愿组成新的经济协调组织——长江三角洲城市经济协调会，上海为常任主席方，每年成员城市轮值担任执行主席。2003年，台州市申请加入，成员城市扩大到16个。2010年，在浙江省嘉兴市举行的长三角城市经济协调会第十次市长联席会议上，合肥、盐城、马鞍山、金华、淮安、衢州等6个城市正式成为长三角城市经济协调会会员。此次扩容后，协调会成员城市达 22 个。10 多年来，协调会坚持举办市长会议，在加强成员城市市领导层面交流的同时，与各城市协作部门紧密联系，充分传递各城市信息、国家和两省一市的决策动态，反映社会和企业对城市合作工作的需求；组织政府有关职能部门、社会有关功能机构、有关专家开展专题研究，推进重点领域合作工作的开展；与珠三角、环渤海等区域合作组织保持交往、交流，参与支持有关区域性论坛、研讨会，借鉴经验、思路，指导工作。在充分开展交流的基础上，促进达成区域共识。同时也积极推进务实合作，在旅游、商贸、科技、产权、信息等领域开展城市间合作，组织实施了物流信息一体化、交通规划衔接、科研设施共享、旅游标志设置、协作信息互换、港口联动、异地通关改革、人才规划编制、交通卡互通、毕业生异地就业、资料信息中心建设、世博主题体验之旅、创建区域性行业协会、环保合作、协调会远程视频会议系统等专题项目，并进行了交通一卡通、区域信用体系建设、区域教育资源整合、协调会功能建设等专项调研和专项合作工作。

在泛珠三角地区，2004 年，福建、江西、湖南、广东、广西、海南、四川、贵州、云南 9 个省区和香港、澳门 2 个特别行政区（简称"9 + 2"）在广州举办的"泛珠三角区域合作论坛与发展论坛"上共同签署了《泛珠三角区域合作框架协议》。合作的宗旨是，根据国民经济和社会发展规划的总体要求，坚持区域协调发展和可持续发展，充分发挥各方的优势和特色，互相尊重，自愿互利，按照市场原则推进区域合作，拓宽合作领域，提高合作水平，形成合作互动、优势互补、互利共赢、共同发展的格局，拓展区域发展空间，共创美好未来。合作的原则是，自愿参与、市场主导、开放公平、优势互补、互利共赢。合作的领域包括基础设施、产业与投资、商务与贸易、旅游、农业、劳务、科教文化、信息化建设、环境保护和卫生防疫。合作的机制是：①建立内地省长、自治区主席和港澳行政首长联席会议制度。每年举行一次会议，研究决定区域合作重大事宜，协调推进区域合作。②建立港澳相应人员参加的政府秘书长协调制度。协调推进合作事项的进展，组织有关单位联合编制推进合作发展的专题计划，并向年度行政首长联席会议提交区域合作进展情况报告和建议。③设立日常工作办公室，负责区域合作日常工作。九省（区）区域合作的日常工作办公室设在发展改革委（厅），香港、澳门特别行政区由特区政府确定相应部门负责。"9+2"合作以来，在基础设施建设、通关便利化、开通鲜活农产品"绿色通道"、构建"无障碍旅游圈"、建设公平开放的市场体系、劳动就业、生态环境保护、落实 CEPA、宣传、科技、农业、信息化等方面取得了一定成效。

在环渤海地区，1986 年在天津召开了首届环渤海地区经济联合市长联席会，主要议题是通过市长（专员）联席会协议书和章程，确定市长（专员）联席会是按照自愿、平等、互利的原则建立起来的一个区域性、开放型、松散式、推动经济联合的一种组织形式。主要任务是坚持改革、开放的方针，从实际出发，按照"扬长避短、形式多样、互利互惠、共同发展"的原则，发展跨地区、跨部门、跨行业、跨所有制、跨城乡的横向经济联合，促进环渤海地区经济的发展和繁荣。成员城市（地区）有丹东、大连、营口、盘锦、锦州、秦皇岛、唐山、天津、沧州地区、惠民地区、东营、潍坊、烟台、青岛等 14 个市（地区）。1987 年，沧州加入。1992 年葫芦岛加入。1993 年，济南、威海加入。1994 年，淄博、太原、承德、朝阳、阜新加入。1995 年，邢台加入。1997 年，石家庄、廊坊、通辽加入。2002 年，呼伦贝尔、满洲里加入，安阳特邀。2004 年，呼和浩特加入。2006 年，沈阳、聊城加入。2008 年，在石家庄举办的第 13 次会议上，通过了《修改〈市长联席会章程〉的草案》，市长联席会的名称正式改为"环渤海区域合作市长联席会"。会上通过了保定、邯郸、德州、包头、濮阳的入会申请。2010 年，在沈阳举办的第 14 次会议上，通过了《环渤海区域合作沈阳倡议》，决定成立环渤海区域高新技术产业联盟、环渤海区域金融合作联席会、环渤海中小企业发展联盟等，并吸纳长治、鄂尔多斯、赤峰 3 个城市的入会申请，至此成员市扩大到 40 个。环渤海地区的经济合作跨越了 26 年，由最初的 14 个成员扩大到 2010 年的 40 个成员，见证了中国改革开放以来区域合作发展的风风雨雨，在倡导区域合作、推进务实合作方面取得了一定成就。

总体来看，中国的区域合作还不成熟，目前尚处于增进交流与互信、重大问题专题研究探讨、务实合作正在起步的阶段，区域管理正在萌芽，还没有形成类似于国外的大都市区治理的成熟模式。从发展的眼光看，这是中国高度城市化地区实现大都市治理的必经阶段，只有不断探寻合作意愿，增进交流互信，取得合作共识，才能构建起合作发展机制，形成区域管理模式。

4. 行政审批制度变革

改革开放前，中国实行高度集权的中央计划经济管理体制。政府作为万能管理者，是指挥整个政治、经济、文化、生活的唯一主体。与此相伴随，中国特色的行政审批制度随之而生。当时的中国，以"人治"为主，法律不健全，整个社会正常运转需要行政审批这个"指挥棒"。而且这个"指挥棒"在维护中央政府绝对领导、保持社会秩序稳定、保障指令性计划顺利实施和保证有限资源合理配置等方面的确发挥了应有的作用。

改革开放以后，特别是发展社会主义市场经济以来，计划经济体制时期形成的行政审批制度越来越不适应社会主义市场经济发展的要求，主要表现在：行政审批主体混乱，审批范围失控，审批程序不规范，审批过程不透明，审批动机不纯，寻租腐败现象层出不穷，审批缺乏公众监督等。鉴于此，行政审批制度改革被提上日程。主要分为两个阶段[①]。

①改革初始阶段。主要是围绕政府职能转变进行的政府机构改革及与之相伴随的行政审批制度改革。1979~1982年，中央与地方围绕集权与分权进行了行政审批制度改革；1983~1988年，围绕政府职能转变，行政审批制度侧重于下放权力，减少层级；1993~1997年，服务于企业体制改革，行政审批制度改革侧重于减少对企业的干预，让企业自主决策。

②改革全面深入阶段。总结历史经验，改革回归到行政审批制度本身，重点是大幅度减少行政审批事项，规范审批程序，确定审批时限，公开审批内容，建立一套便民、为民的行政管理体制，并取得了可喜成绩。国务院68个具有行政审批职能的部门和单位原来共有审批项目3605项。2002年10月、2003年2月和2004年5月，国务院分三批共取消和调整了1795项审批项目；对涉及9部法律的11项审批项目提出了取消和调整的建议，2004年8月，十届全国人大常委会第十一次会议通过上述9部法律的修正

---

① 吕普生：《中国行政审批制度的结构与历史变迁——基于历史制度主义的分析范式》，《公共管理学报》2007，4（1），第27页。

案。至此，国务院部门共取消和调整审批项目 1806 项，占总数的 50.1%[①]。2004 年 7 月 1 日起实施的《行政许可法》是中国行政审批制走向制度化、法制化、规范化的重要标志。

5. 财政管理体制变革

改革开放前，中国曾经实行过"统收统支"和"统一领导、分级管理"的财政管理体制，鉴于其不适应改革开放新形势的要求，财政管理体制改革成了改革开放后必须要破解的难题。追溯改革开放后 30 多年的历程，中国的财政管理体制经历了两个阶段的改革。

（1）财政包干制

借鉴农村家庭联产承包责任制成功的经验，中国在改革开放初期至 20 世纪 90 年代初的十几年时间里实行了财政承包制。1980～1984 年，全国绝大多数省份都实行了"划分收支，分级包干"的财政体制；1985～1987 年又实行了"划分税种，核定收支，分级包干"的财政体制；1988～1993 年，又垂直划分各级政府的经济职责，由地方政府将其税收中的特定份额上交给中央政府，或者由中央政府给予地方政府一些特定数额的资金补助，并根据不同地区的情况，采取六种不同形式，且一定数年不变，这就是所谓的"大包干"。此外，国家对财政与企业的利益关系也作了调整：从改革初始阶段的"放权让利"到 1983 年的第一步"利改税"，再到 1984 年的第二步"利改税"，逐步建立了以工业征收产品税、商业征收营业税为主的税收体制，并按税种划分中央固定收入、地方固定收入和共享收入。但是，"利改税"并没有达到政府增收、企业增效的目标，于是国家又开始推行"承包制"，国企开始实行"包死基数，确保上缴，超收多留，欠收自补"的政策。承包制是依据企业隶属关系在各级政府间来划分企业收入的，中央与地方的财政分权还只能是行政性的，国家与企业、中央与地方的经济关系只是以不完全的形式，将地方（企业）的上缴任务或受补助的数额以比例包干或定额包干的方式确定下来，在合同期内允许地方（企业）根据各自的发展，统筹安排收入和支出。

[①] 新华社：《全国行政审批制度改革取得重要进展和明显的成效》，中央政府门户网站（www.gov.cn），2007 年 6 月 20 日。

不可否认，承包制确实是财政体制的一次制度创新，在这种财政体制下，中央和地方，财政和企业在利益增长上都得到了好处，具有较好的激励效果。这一时期的中央和地方财政收入的快速增长，居民收入的大幅度增加，都可以反映这次财政体制改革的积极意义。但是，承包制并没有真正触及旧的体制框架和既得利益，随着改革的深入进行，这种财政体制的激励效应在逐渐削弱。总结起来，这种财政体制的弊端大致体现在以下几个方面。

①地方政府和中央政府、企业与国家之间存在大量的博弈行为。由于体制的不完善，地方政府与中央政府在就基数、比例等问题进行谈判时，利用信息上的优势，过多地考虑本地区利益；企业与国家的"谈判"同样存在这样的问题。正是体制的不健全和不稳定，使政府、企业的行为不规范，大大增加了交易成本、谈判成本、监管成本，体制运行的边际成本递增，边际收益递减，财政资源配置效率低下，中央政府的宏观调控能力被削弱。

②地方政府和企业存在"短视效应"。由于包死基数，地方和企业的利益被过度强化，各地盲目投资，重复建设，依靠上价高、利大的项目，增加产值来实现财政收入的增长，走的是外延式、粗放式经济发展道路："一地一包"、"一企一包"加重了地方保护主义，阻碍了全国统一市场的形成。

③中央财力困难情况加重。尽管承包制使中央财力快速增长，但是，中央的支出表现出更高的增长势头。为了确保各项改革的顺利进行，中央财政对农产品价格补贴、城市居民生活补贴和企业亏损补贴大幅度增加，从而增加了中央财政的收支矛盾，极大地削弱了中央对宏观经济的调控能力。另外，过多的补贴掩盖了企业经营性亏损，扭曲了商品、劳务市场价格体系，客观上延缓了经济市场化的进程以及产业结构的调整。

④由于中央财政不能承担社会改革的各项成本，地方政府被迫承担部分成本，地方政府在财政压力下，预算外资金、各种政府性收费、基金在这一时期急剧膨胀，游离于财政预算之外，严重破坏了财政的完整性。随着经济市场化程度的进一步加深，承包制对经济持续稳定运行产生的负面效应越来越明显，财政体制的再次改革势在必行。

(2) 分税制

经过长期争论和探索，1992 年中国终于明确了发展社会主义市场经济为体制改革的方向，中国经济发展也进入了一个新的阶段。与此相匹配，财政体制改革也进入以分税制改革为核心的阶段。1993 年 11 月，中国共产党十四届三中全会通过《中共中央关于建立社会主义市场经济体制若干问题的决定》，提出"把现行地方财政包干制改为在合理划分中央与地方事权基础上的分税制"。同年 12 月，国务院发出《关于实行分税制财政管理体制的决定》。分税制改革和税制改革同步实施，1994 年 1 月 1 日起执行。

1994 年实行的分税制的主要内容是，根据事权与财权相结合的原则，将税种统一划分为中央税、地方税、中央与地方共享税，建起了中央和地方两套税收管理制度，并分设中央与地方两套税收机构分别征管；在核定地方收支数额的基础上，实行了中央财政对地方财政的税收返还和转移支付制度等，成功地实现了在中央政府与地方政府之间税种、税权、税管的划分，实行了财政"分灶吃饭"。其特点有两个：①按照税源大小划分税权，税源分散、收入零星、涉及面广的税种一般划归地方税，税源大而集中的税种一般划为中央税。②部分税种的征收管理权归地方。地方政府对地方税可以因地制宜、因时制宜地决定开征、停征、减征、免征，确定税率和征收范围，赋予地方以较大的机动权限。

从实施效果来看，分税制的功绩值得肯定。分税制实行后，全国财政收入大幅度增长，财政收入占 GDP 的比重明显攀升，中央政府财政宏观调控能力明显增强[1]。但是分税制也存在一些不容回避的问题，主要有：①事权和支出范围越位。目前实施的分税制没有重新界定政府职能，各级政府事权维持不甚明确的格局，存在越位与错位的现象，事权的错位与越位导致财政支出范围的错位与越位。②部分财政收入划分不合理。税收收入没有严格划分为中央税、地方税、共享税并依此确定应属何级财政收入，存在按企业隶属关系划分企业所得税的不规范做法。一些应为中央税的税种，如所得税被定为地方税。地方各级政府间按税种划分收入未落实。③地方税收体系不健全。目前，地方税种除营业税、所得税外，均为小额税种，

---

[1] 引自《改革开放以来中国财税金融体制改革纪实》，2011 年 12 月 3 日《中国经济导报》。

县、乡级财政无稳定的税收来源，收入不稳定。地方税种的管理权限高度集中在中央，地方对地方税种的管理权限过小。④省以下分税制财政管理体制不够完善。主要是地方各级政府间较少实行按事权划分财政收支的分权式财政管理体制。县级财政没有独立的税种收入，财政收入无保障。⑤转移支付不规范。我国现行转移支付制度存在一些缺陷：政府间财政资金分配因保留包干制下的上解、补助办法，基本格局未变；采用基数法实行税收返还不合理；中央对地方专项补助发放的条件、程序、使用管理无法可依；地方政府之间如何转移支付不明确。

分税制实行后，国家又进行若干微调，进一步完善了分税制体系。一是流转税制调整。增值税：2004 年，东北地区装备制造业等率先进行增值税转型试点，2006 年，试点范围进一步扩大至中部部分老工业城市，2009 年起全国正式推开。消费税：2006 年，大规模调整消费税税目和税率，强化了税收对资源节约和环境保护的调节作用。二是所得税制改革。2006 年以来多次提高个人所得税工薪所得费用减除标准。2008 年起，内外资企业所得税"两法"合并。三是道路和车辆税费改革。2000 年用车辆购置税取代车辆购置费，2009 年实施成品油税费改革。四是健全财政转移支付制度。1995 年，实施中央对地方的过渡期转移支付，并开始引入标准财政收支概念。2002 年，将过渡期转移支付制度改为财力性（2009 年又改为一般性）转移支付制度。五是农村税费改革。为减轻农民负担，促进农村经济发展，2000 年开始在安徽等地进行农村税费改革试点，2002 年试点范围扩大到河南、河北等 16 个省区，2004 年起除烟叶产品外，取消了农业特产税，2006 年全面取消了农业税。

2011 年中国的城镇化率超过 50%，意味着中国已经进入城市时代。城市是中国税收的主要来源地，分税制改革对中国城市发展战略与决策制定、城市政府行为、城市政府绩效考核等产生了深远的影响。

（四）城市管理法治

改革开放以来，中国城市法治建设取得了巨大成就，城市管理逐步从依靠政策推动转变为法律规范，这一历程与市场经济的发展密切相关。伴随市场经济的兴起与完善，中国经历了以恢复为特征的改革开放初期的城市法治建设（1979~1982年），以适应为特征的经济体制转型期的城市法治建设（1980年代），以发展为特征的市场经济发展期的城市法治建设（1990年代）和以完善为特征的市场经济完善期的城市法治建设（2000年至今）。各阶段的法治建设在其不同的政治经济背景影响下有着不同的特征，但从整体看，各阶段之间又有着千丝万缕的联系，它们不仅为城市经济建设提供了有力保障，而且促进了城市生产力的发展和城市民主和谐程度的提高。

1. 改革开放初期（1979~1982年）：中国城市法治建设的恢复期

1949~1956年，中国初步确立了宪政体制下的人民民主法律体系，法律所涉及的社会关系范围已相当广泛，包括宪法、行政法、刑法、刑事诉讼法、婚姻家庭法、经济法、劳动法、科教文卫法、社会福利法、军事法、民族法，等等①。但这一阶段，城市法治建设相当薄弱，国家领导决策层只有工农业生产的概念，对城市建设的概念尚未明确，城市发展主要为工业发展服务，城市规划为工业区布局规划服务。1957年以后，由于对国内外形势的认识和判断接连失误，在经济领域搞"大跃进"、人民公社化，在政治生活领域搞阶级斗争扩大化，致使法律虚无主义思潮滋长蔓延，法律权威至上的正确思想理论遭到错误的"批判"。结果，中国法治建设遇到挫折，至"文化大革命"期间完全中断，城市法治建设更难以提上日程。

经过十年"文化大革命"，人们痛定思痛，深刻认识到建立健全民主法治的极端重要性，以及民主法治在中国改革和发展过程中的重大作用。1978年12月，党的十一届三中全会召开，从此中国进入社会主义建设新时期，城市法治建设也进入新阶段。城市建设管理开始拨乱反正，百废待兴，以政府为主导的城市建设管理部门开始恢复工作。

1980年10月，当时的国家建委召开了全国城市规划工作会议，批判了不要城市规划和忽视城市规划建设的错误，讨论通过《城市规划法草案》，提出"控制大城市规模、合理发展中等城市、积极发展小城市"的城市建设方针。这次会议端正了城市规划的思想，在现代中国城市建设事业发展

---

① 黄之英：《中国法治之路》，北京大学出版社，2000。

历程中，占有重要的地位①。在其指导下，许多城市先后制定了城市管理条例、城市管理办法、城市管理实施细则等具体法规，并且设立了城市管理机构和专职管理人员。比如，1980 年的《辽宁省城市建设管理条例》② 和 1982 年的《河北省城市建设管理条例》与《山东省城市（镇）建设管理暂行条例》，对城市规划的地位、建设用地的管理、城市建筑的管理、市政公用设施的管理、园林绿化的管理及奖励与惩罚措施作出了具体相关规定。虽然多数地方条例目前已经废止，但在当时对城市的发展起到了有效的规范作用。

2. 中国城市法治建设的转型期（20 世纪 80 年代）

该时期处于计划经济体制向市场经济体制转轨的探索时期。相应地，城市法治建设也体现了探索期"摸着石头过河""不成熟""不成体系"等特征。

首先，体现在 80 年代初期的农村经济体制改革中。乡镇企业的"异军突起"，成为推动城镇发展的重要动力。1984 年初，中共中央在《关于 1984 年农村工作的通知》中明确指出，农村可以出现兴办企业的主体，不仅集体组织，农民个人兴办企业同样受到鼓励和支持。同年 4 月，中共中央、国务院批准将社队企业名称改为乡镇企业，指出要一视同仁地对待乡镇企业和国营企业。此后，又提出乡镇企业发展的十六字方针，即"积极扶持，合理规划，正确引导，加强管理"。相关政策也有所突破，如取消所有制形式、经营行业和地域空间限制等，使得乡镇企业呈现出全面发展的态势。农村经济的繁荣，乡镇企业的崛起，为城镇市场经济发展奠定了基础，促使城市（镇）逐渐成为我国经济发展的重点地区。

其次，体现在市场主体从单一化转向多样化。这一期间，除了颁布《全民所有制工业企业法》保障全民所有制经济的巩固和发展，增强其活力外，还颁布了《外资企业法》和《中外合作经营企业法》，以促进各城市扩大对外经济合作和技术交流，学习国外企业的先进技术和管理理念，推动

---

① 董鉴泓：《中国城市建设史》，中国建筑工业出版社，2004。
② 张器先：《建立我国城市管理的法律体系》，《城市问题》1984 年第 3 期。

中国国民经济的发展。并于1988年的《中华人民共和国宪法修正案》中指出"国家允许私营经济在法律规定的范围内存在和发展,私营经济是社会主义公有制经济的补充。国家保护私营经济的合法权利和利益,对私营经济实行引导、监督和管理"。这进一步推动了中国市场经济的发展。相应地,《企业破产法》《涉外经济合同法》《技术合同法》等规范市场主体退出和保障市场经济参与人合法权益的法规也相继推出。

再次,城市发展规划趋于规范,为经济发展提供良好的载体。1984年国务院颁布的《城市规划条例》可以被看成是中国现代第一部城市规划基本法规,是《城市规划法》的雏形与基础。随着城市改革的深入发展,城市在国民经济和社会发展中的地位和作用日益凸显,城市的结构和功能日趋多样化,对城市规划和管理工作提出了许多新要求,且必须通过立法来提高其权威性。1989年12月26日,中国通过具有国家法律地位的《城市规划法》,它是中国第一部现代规划法,对确定城市性质、规模和发展方向,合理利用城市土地、协调城市空间布局和各项建设起到了重要作用。

最后,城市民主法治建设取得一定进展,如1986年的《民法通则》保障公民、法人的合法民事权益。1989年的《行政诉讼法》保护公民、法人和其他组织的合法权益。1989年颁布的《城市居民委员会组织法》加强了城市居民委员会的建设,使城市居民能够依法办理自己的事情,促进了城市基层社会主义民主和城市社会主义物质文明、精神文明建设。

然而这一时期的城市管理法治方面的问题开始涌现。以上海市为例,在20世纪80年代初,为满足上海城市建设和管理发展的需要,上海行政管理机构从70年代的3个猛增到10个以上。相应地,行政执法队伍也大量涌现①。曾经每立一部法就要建一支执法队伍,行政执法机构膨胀问题严重。同时,在执法管理所依据的主体法律方面,又存在来自市容、市政、环保、绿化、工商、公安、水务等多个职能部门的部分边缘性法规、条例,如《上海市环境卫生管理条例》《上海市临时占用道路管理办法》《上海市乡镇

---

① 引自《上海城市管理综合执法深化研究》,http://whty.whjs.gov.cn/. 2007 - 04 - 12。

企业环境保护管理暂行办法》等，致使法律依据成为一个由多部门、边缘性法律法规组成的"大杂烩"。出现行政处罚权上主体资格乱、依据乱、程序乱，以及多头执法、重复处罚现象，这一问题一直延续到20世纪90年代。

3. 中国城市法治建设的发展期（20世纪90年代）

1990年代，改革开放进入深化期，中国城市建设也随着市场经济发展进入了快车道，其成就为世人瞩目，尤其是沿海城市和发达地区的发展更为惊人，上海浦东成为这一时期的标志。然而市场经济从某种意义上说是以法律为规范的经济，越发展越需要完备的法治，其建立和健全的过程，实际上就是经济法治化的过程。这一阶段出台了许多规范市场经济建设的法规，城市作为市场经济的主体环境，其发展受到这些法规的深远影响。

在规范市场经济主体的组织和行为方面，这一时期先后制定了《中外合资经营企业法》《城镇集体所有制企业条例》《全民所有制工业企业转换经营机制条例》《公司法》《公司登记条例》《国有企业财产监管条例》《合伙企业法》《合伙企业登记条例》《个人独资企业法》等。在规范市场竞争秩序方面，先后制定了《产品质量法》《反不正当竞争法》《消费者权益保护法》《广告法》《担保法》《食品卫生法》《拍卖法》《合同法》等。在市场经济宏观调控方面，先后制定了《税收征收管理法》《会计法》（1993年、1999年修订）《预算法》《对外贸易法》《审计法》《人民银行法》《统计法》（1996年修订）《外汇管理条例》《价格法》等。在规范金融市场秩序方面，先后制定了《外资金融机构管理条例》《商业银行法》《票据法》《保险法》《证券法》等法律法规。在规范劳动市场方面，先后制定了《工会法》和《劳动法》。与此同时，国务院及劳动和社会保障部为了推进国有企业改革又颁布实施了大量的有关劳动和社会保障的行政规章①，各城市纷纷贯彻执行。

这一时期，财税体制改革使城市和地方的自主权和发展预期被迅速激

---

① 引自《改革开放以来中国经济法制建设的简要回顾》，《经济研究参考》1999年总第61期，第2~10页。

化。市场经济的巨大利益空间和转型初期地方财政薄弱的事实，使得发展成为城市政府的主要职能[①]。城市建设的投资迅速增长，与此同时，贪大求洋、重复建设、遍地开发等滥占土地、破坏生态、破坏文物、浪费资金等现象日益突出。为此，1994年，颁布了《城市房地产管理法》，规范了城市房地产开发用地，强化了城市房地产管理。1995年，国家土地局与国家发改委联合颁布《股份有限公司土地使用权管理暂行规定》；1996年5月，国务院颁发《关于加强城市规划的通知》，对新一轮的城市总体规划进行了重要部署，要求严格控制城市规模，研究和确立现代城市的发展目标，重视产业结构的优化，调整城市布局等。1997年颁布《建筑法》，加强对建筑活动的监督管理，保证了建筑工程的质量和安全。1998年对《中华人民共和国土地管理法》再次作出修订。

4. 中国城市法治建设的完善期（21世纪以来）

进入21世纪后，城乡差距的扩大、资源供给的不足、环境的恶化等促使城市规划开始寻找一些新的方向，突出的是把整体性、多层次性、连续性、经济性等多种观念兼顾融合，加强全局谋划，正确处理城市与乡村、产业结构优化与高新技术发展、经济效益与社会公益、资源环境与可持续发展等关系。以科学发展观、和谐社会观为统领的中国城市建设管理新理念趋于形成并指引这一时期的法律法规建设。

在卫生和环境治理上，先后颁发或修订了《大气污染防治法》《防沙治沙法》《清洁生产促进法》《环境影响评价法》《固体废物污染环境防治法》《传染病防治法》《放射性污染防治法》《国境卫生检疫法》《动物防疫法》《水污染防治法》等。各城市纷纷修订《市容环境卫生条例》，为创造整洁、优美、文明、和谐的城市环境掀起新高潮。在促进科技发展、提高产品质量上，先后制定或修订了《产品质量法》《科学技术普及法》《安全生产法》《科学技术进步法》。针对城市发生的愈演愈烈的食品安全事件，2009年通过了《食品安全法》，替代了原有的《食品卫生法》，对保障城市居民食品安全发挥了重要作用。在节约能源方面，2005年2月通过《可再生能源法》。2007年10月，通过修订后的《节约能源法》，完

---

① 张翼、吕斌：《和谐社会与城市规划公共性的回归》，《城市问题》2008年第4期。

善了节能的基本制度。2009 年，通过了《中华人民共和国循环经济促进法》。这些法规有利于实现经济、环境和社会效益的统一，建设资源节约型和环境友好型社会。在统筹城乡发展方面，2007 年 10 月，颁布了《城乡规划法》。该法明确提出了城乡统筹的概念，旨在打破城乡分割，促进城乡经济社会全面协调可持续发展。在城市就业方面，2007 年，先后颁布了《劳动合同法》和《就业促进法》。2010 年，通过了《社会保险法》，标志着我国在完善劳动保障法律体系建设方面迈出了至关重要的一步。在文化遗产保护方面，针对触目惊心的建设性破坏[①]，我国于 2002 年修订了《文物保护法》，逐步建立起单体文物、历史文化街区和村镇、历史文化名城等多层次的保护体系。

总体来看，改革开放 30 多年中国城市法治建设逐步完善。改革开放之初，城市管理法规尚为空白，城市管理法律体系还是一空壳。经过短短 3~4 年的恢复期，城市法治工作取得了一定进展，但是还处于初级阶段，地方性条例法规较多，全国性的城市管理法律基本上还在起草和审议阶段，从国家到地方的城市法律体系雏形尚未显现。进入经济体制转型期，中国城市法治建设基本上是"摸着石头过河"，在普法、立法、执法和监督等各个环节全面展开工作，围绕经济建设、城市土地利用、城市民主建设等形成了中国城市法律体系的雏形，但这一体系仍然薄弱，不仅多数法律尚未建立，而且已有法律在内容上也不够完善，缺少实施细则，缺乏效力。而且这段时期，计划经济体制惯性仍然存在，城市行政执法过程中职能交叉、多头执法、重复处罚、执法扰民、效率低下、行政执法机构膨胀等问题严重。而且，在行政处罚权上主体资格乱、依据乱、程序乱，严重束缚了市场经济的发展，制约了城市管理体制的理顺，引起了立法机关、法学界和广大城市建设管理者的思考和探索。进入市场经济发展期，城市法治建设取得了长足进步。各城市根据中央在规范市场经济主体和市场行为、维护市场秩序、加强宏观调控、完善社会保障制度、振兴基础产业和支柱产业、促进对外开放、规范城市建设等方面的法律文件均制定了地方条例和实施办法，形成了初具规模的城市市场经济法律体系。同时，各大

---

① 赵夏：《城市文化遗产保护与城市文化建设》，《城市问题》2008 年第 4 期。

城市开始强调建设法治城市，开展依法治理活动，促进依法办事，打击各种犯罪活动，加大反腐败、反贪污贿赂的斗争力度。但这一时期的法治建设仍然存在诸多不足。进入21世纪的市场经济完善期，社会突出矛盾是资源、环境、民生及和谐发展等问题。因此，这一阶段的大量法律法规，一方面在继续完善和修订我国的法律体系，另一方面重在促进城市经济的科学发展和城市、城乡的和谐发展。当然，要达到城市法律法规体系的健全标准还有相当长的路要走，这不仅需要我国城市法律法规体系进一步科学化和可操作化，消除法律真空现象和重叠现象，还需要通过司法制度改革，杜绝有法不依、执法不严的情况，树立城市法治的公信度。

第五章　国外城市管理演变历史脉络

【摘要】本章分三个层次，第一个层次选择古埃及、美索不达米亚、印度河流域、古希腊半岛、中美洲五个地区，简单介绍了各自地理范围内的早期城市起源与发展状况；第二个层次对西方国家城市发展与城市管理演变的历史脉络进行了整体梳理，划分为古希腊时期、古罗马时期、中世纪时期、文艺复兴时期、工业化时期、后工业化时期六个不同而又相互衔接的发展阶段，在每个发展阶段，对城市发展与城市管理模式演变及其演变的背景因素进行了较为深入的剖析；第三个层次选择英国、美国、日本三个国家，分析了其城市发展与城市管理演变的历史脉络。由此构建起一个全方位、立体化、案例式展示西方国家城市管理演变脉络的路径图。

一　国外城市起源与发展脉络

（一）国外早期城市起源

早期城市的出现是古代文明发展的产物，也是古代文明得以延续的摇篮。由于地理环境的隔绝，国外古代文明呈现出区域板块化特征，并孕育了具有各自文明特征的城市。根据史料分析，国外最早的城市出现在埃及、美索不达米亚和印度河流域，其后出现在希腊和中美洲地区，它们分别代表了古埃及、古巴比伦、古印度、古希腊和古印加文明。

1. 古埃及

大约公元前3200年就出现了城市。据称第一王朝美尼斯所建的都城孟菲斯，因其土坯墙壁涂为白色而得名白墙，但现在大多已不复存在。

第二王朝在阿拜多斯建的城堡，虽然规模很小，但为埃及最古老的城堡，城墙用粗糙土坯砌成，外侧有护墙和壕沟，内设神庙及其他设施。

现留下较完整的城市遗址是第十二王朝（公元前1991~前1786年）的卡宏城，它位于开罗以南约100公里处。该城呈长方形，边长380×260米，围有城墙，其内分东西两部分。东部为贵族区，西部为贫民区。房屋和街道排列整齐，其格局在古埃及普通城镇中具有代表性。

第十八王朝的阿肯那顿（公元前1379~前1362年）在开罗南287公里的尼罗河畔建了都城阿马尔奈。该城跨河两岸，没有城墙，东西宽5公里，南北长13公里。中心区王宫、神庙分列左右。北头有夏宫，作为避暑用，南部为高级官员府邸。

图5-1　古埃及城市开罗（来源于百度图片）

2. 美索不达米亚

城市出现的时期与埃及大体相同。其著名的城市遗址乌尔，位于今伊拉克的巴格达市东南约300公里的幼发拉底河畔。大约在距今5000年以前，乌尔已发展为强盛的城邦。乌尔第三王朝时（公元前2113~前2006年）以其作为首都，同时它也是当时两河流域南部的宗教和商业中心。该城市建于公元前 2200~前 2100 年，呈卵形，南北长约 1000 米，东西宽约 600 米。周围筑有城墙，在北端和西端各有一码头。城中央的西北部有塔庙、庙宇与王宫组合在一起，成一城寨。此外，城中还有城堡和陵墓。塔庙是最重要的宗教建筑，分 4 层，基长 62.5 米，宽 43 米，顶部有神庙。该塔庙是祭神和观察天象用的建筑。

巴比伦城建于现伊拉克首都巴格达以南约 90 公里处。公元前 19 世纪，该处即为城市，其国王汉谟拉比统一两河流域，建立巴比伦王朝，以此为首都。新巴比伦王尼布加撒二世（公元前 605~前 562 年）扩建该城。据记载，该城面积为 88 平方公里，人口 50 万~60 万。城为长方形，跨幼发拉底河两岸，有三道城墙，9 个城门。城中心大道两侧是神庙，著名的塔庙在西侧，有 7 层，比乌尔的还多 3 层，高达 91 米。南北大道北端西侧有皇宫，分南、北两处。南宫东北部为有名的"空中花园"所在地。在城中同高大而又富丽堂皇的宫殿与神庙相比较，贫民的住房则由黏土和树枝、芦苇等材料建成，非常简陋。这些土房低矮，不整齐地排列在狭窄弯曲的街道两旁。土房低而无窗，室内昏暗，街道无排水设施，垃圾、污水遍地，卫生条件极差。

图 5-2 传说中的古巴比伦城（来源于百度图片）

3. 印度河流域

古印度文明首先出现于现巴基斯坦境内的印度河两岸。早期的重要城市有哈拉帕和摩亨佐达罗。前者位于北部旁遮普省的拉维河左岸，后者位于南部，在信德省的拉尔卡纳县境内。这两座城市在公元前2550~前2000年间建立。

哈拉帕城面积有数百公顷，位于高地上，周围有高厚的城墙，呈整齐的长方形。城内街道宽直，两旁房屋排列整齐。房屋一般为2层，用砖砌成。城中还发现了一些大型建筑遗址，这里可能是宫廷或兵营。城中设有卫城，其北面有谷仓遗址。

摩亨佐达罗，面积2.5平方公里，人口有三四万人，城市近似长方形。城内街道排列得十分整齐，成十字交叉状。房屋用烧制过的红砖砌成，房屋是平顶，部分是两层的。城中卫城位于西部地势高处，是统治阶层的住地，四周设有壕沟和城墙。其北半部中央有一大浴池，这可能是某种宗教仪式的建筑物。池西有大谷仓。卫城的南部可能是会堂和寺庙。整个城市排水系统良好。

4. 古希腊半岛

古希腊是西方历史的起源地，持续了约650年（公元前800~前146年）。位于欧洲南部，地中海的东北部，包括今巴尔干半岛南部、小亚细亚半岛西岸和爱琴海中的许多小岛。公元前五六世纪，特别是希波战争以后，经济生活高度繁荣，产生了光辉灿烂的希腊文化，对后世有深远的影响。古希腊人在哲学思想、历史、建筑、文学、戏剧、雕塑等诸多方面有很深的造诣。这一文明遗产在古希腊灭亡后，被古罗马人破坏性地延续下去，从而成为整个西方文明的精神源泉。

古希腊文明孕育了欧洲的早期城市。公元前600年，仅希腊半岛及其附近岛屿上的城镇就有500多个。后来随着希腊人向外扩展，地中海沿岸地区也陆续兴起城市。那时城市不大，很少超过5000人。可是，到公元前5世纪时，雅典城的人口可能已达到30万人。

希腊城市内有卫城和人民会场。这是两个明显不同的功能区。卫城即城中城，其中有庙宇、仓库和权力中心。同时，它也是防守的最后据点。因此，卫城可以说是有权阶层的住地。人民会场与其相反，是公民活动的地区，群众集会、议事、社会交流、审判等活动场所，也是民众活动中心，希腊民主生活的枢纽。后来，商业活动增强，市场作用占主要地位。因此，除神庙、祭台和议事厅以外，还有许多供商业活动的广场，在其周围则有许多饮食店。

5. 中美洲地区

美洲城市起源最早的地区在中美洲。其中，最古老的城市为代表玛雅文明的蒂卡尔，与代表托尔特克文化的特奥蒂瓦坎。

蒂卡尔位于危地马拉东部，是玛雅地区中央低地的主要古典文化中心。大约在公元初期，该地出现城邦，到 9 世纪时衰落。城区面积较大，约有 4 万居民。城中央是祭祀和行政管理中心。众多的金字塔式台庙、宫殿和官署组成复杂的建筑群，加上道路、广场、球场等，卫城十分壮观。但衰落后消失在森林中，直到 20 世纪才被发掘，为世人所知。

特奥蒂瓦坎位于墨西哥城东北 48 公里处。公元 1 世纪，此地已有城市，5 世纪前后达到鼎盛时期，毁于 8 世纪后半叶。城区建筑呈棋盘形。最盛时面积达 21 平方公里，人口约 10 万。现留下的遗迹有 100 多个金字塔台庙，著名的有太阳金字塔和月亮金字塔，在中心还有其他神殿和宫殿，外围有贵族住宅，再外围有商人和农民居住区。

在漫长的历史长河中，国外的古埃及、古巴比伦、古印度和古印加文明都消失了。只有起源稍晚的古希腊文明得以延续，并成为孕育西方城市发展的摇篮。

(二) 西方城市发展简要过程

欧洲是西方文明的发源地，北美洲是西方文明的传播地。从文明发展角度来看，两者具有一致性。在西方文明的熏陶下，欧洲与北美洲以及采取欧洲政体模式的西方国家的城市发展经历了以下五个阶段。

1. 古希腊—古罗马时期（大约在公元前 8 世纪至公元 5 世纪）

古希腊时期的城市，既体现了防卫的需要，也体现了商业发展的需要，还体现了市民集会的需要。但在城市建设上，街道狭窄弯曲，道路泥泞，垃圾遍地。平民住房十分简陋。这反映当时的城市建设缺乏规划。可是，以后在地中海周围希腊殖民地中建起的城市有明显的变化。例如，意大利半岛上的当时希腊城市，街道呈棋盘式，平直而宽敞，街区也相对划一。

随着罗马帝国兴起和对地中海周围地区控制，中心城市转向了罗马。特别是罗马帝国在阿尔卑斯山脉以北的扩展，使当地城市发展起来，并受到影响，这可从地名上反映出来。由于军营驻地往往是城市发端的基础，也称为营寨城。故该词（军营，开斯特）成为一些地名的后缀，如英国的兰开斯特和温切斯特，都是具体的反映。

罗马城内的格局与功能分区受希腊的影响，街道成方格状，直角相交，在两条大街的交汇处通常是广场所在地。但是罗马人把希腊的卫城与人民会场结合在一起。这里不仅有宗教活动的庙宇，行政办公的公共建筑、仓库，还有为公共服务的图书馆、学校以及繁荣的市场。

后来由于建筑技术的发展，广场附近豪华的王宫、郊外别致的别墅等高级住宅出现，内有干净的卫生设备与舒适的取暖设备。城市给排水系统有很大发展。可是，城市中一般平民不论是住房，还是周围环境条件都十分恶劣。

罗马在选择城市地址时特别注意交通位置，不单注意城市本身的出入条件，还注意其彼此的相互联系。尽管罗马帝国崩溃后城市衰落了，但像巴黎、伦敦、维也纳等，仍然是在其旧址上发展起来的城市。

2. 中世纪时期（公元 5～15 世纪）

中世纪（middle ages）是欧洲历史上的一个重要时代（主要是西欧）。自西罗马帝国灭亡（公元 476 年）数百年后起，在世界范围内封建制度占统治地位。这个时期的欧洲没有一个强有力的政权来统治。封建割据带来频繁的战争，造成科技和生产力发展停滞，人民生活在毫无希望的痛苦中，所以中世纪或者中世纪早期在欧美普遍被称作"黑暗时代"，传统上认为这是欧洲文明史上发展比较缓慢的时期。与此相对应，城市发展也远不如古希腊—古罗马时期兴盛。

公元 4 世纪，罗马帝国衰落，并终于在蛮族进攻下垮台。除去与拜占庭有贸易往来的少数城市外，其他城市随着帝国垮台而消失。这些城市先前繁荣的景象不复存在，人口也大幅度下降。过去那种成千上万人的城市，衰落成为仅有几百人且靠农业维持生活的聚落，罗马城的人口从上百万降到四万。

公元 10～15 世纪，欧洲城市又重新缓慢发展。这些城市大多数是在封建主城堡的周围发展起来的，也有一些是在交通枢纽、罗马营寨城基础上发展起来的，还有一些新城，其范围远远超过罗马统治时期的地域。

中世纪欧洲是封建领主制，由于各封建主之间常有战争，封建主都建有坚固的城堡。在其外围常住着手工业者。初期，这些手工业者只是为封建主消费服务，后来其聚集在一起发展成为该地区的商品交换中心，商业市区在城堡外围发展起来。这样发展起来的城市由城堡与市区两种不同功能区组成。市区住着手工业者和商人，城堡中住着贵族和领主。前者是经济中心，后者是政治枢纽。

开始时，市民们不仅向封建主交税，而且政治上受其管辖。后来手工业者和商人的行会组织逐渐发展，其势力逐渐强大。为保护自身利益并与封建贵族进行斗争，行会组织逐步取得一定的自主权，甚至成为完全独立的自治单位。随着经济发展，商业繁荣，自主权的获得，市民在自己组织的领导下，开始沿市区周围修筑城墙，这标志着市民已有独立的组织机构。

因此，欧洲中世纪城市特征是：城堡、证书、城墙、市场、教堂。城堡虽然是贵族的住地，但是市区的发展往往包围了城堡，实际上就把该地的主要职能改变了。这种情况在很多城市地名上得到反映，如奥地利的萨尔斯堡（Salzburg），法国的斯特拉斯堡（Strasbourg），英国的爱丁堡（Edinburgh）。这些后缀（burg、bourg、burgh）都代表设防的城堡。因此中世纪的自由民或市民（burgher）与市民阶级（bourgeoisie）二词变成现在的市镇公民与资产阶级（或中产阶级）。

证书是封建领主发出的政治文件。它是赋予市民组成的市镇以政治自治权利的文件。根据文件，住在城内的市民是自由的。他们不仅可以自由迁移，自由买卖财产和货物，还可以组织自治的公社。住在城外的农奴却没有这些权利，但封建领主可向自由民索取各种税收和租金。

城墙是市民与非市民居住和活动的界限。非市民经许可才能进入城内。随着经济发展，城市不断扩大，把过去的郊区扩大进城区；随着攻城武器的发展，城墙需要不断加固，并设有其他各种防御设施。

由于当时城市的主要职能是商业活动，所以市场在城市中居中心地位，是商店、行会、商人集聚之地。教堂不仅是宗教活动的场所，也是市民集会与重要社会活动的场所，所以成为市民的社区中心。加上城市经济的发展和财富的增长，市民往往把教堂放在城市的中心位置，并且修得高大、豪华，以显示其地位。

但是，那时的城市大多数不大，而且街道狭窄而曲折，与现代城市相比，房屋显得矮小简陋。现在仍有不少城市完整地保留着当时的建筑与街区，使我们可以鉴赏到当时的景观与许多艺术上有价值的建筑遗产。

中世纪城市由于与封建领主经济的对立，形成自治的城市，可以说是"自由城市"。有的发展为城市国家，如威尼斯、佛罗伦萨，都是以一个城市为主，周围辖有一定数量的农村，城市成为政治和经济上的地域中心。也有的成为城市联盟，如汉萨同盟既是商业性的，又是政治性的同盟，兴盛时有100多个城市参加。它建有组织机构与武装，有宣战、媾和权。这些对欧洲的政治、经济和文化发展有很大影响。

3. 文艺复兴时期（公元 16~17 世纪）

文艺复兴（意大利语：rinascimento，由 ri－"重新"和 nascere "出生"构成）是一场发生在14世纪中期至16世纪末的文化运动，在中世纪晚期发源于佛罗伦萨，后扩展至欧洲各国，对欧洲城市发展产生了深远影响。

文艺复兴开始后，欧洲的城市在形态和功能上发生很大变化。当时，市民阶级已上升为中产阶级，它与君权相结合向封建势力进攻，使欧洲从分裂的封建社会转变成统一的民族国家。新兴的资产阶级反对封建与宗教神学，为争取个人在现实世界中的发展而追求希腊和罗马的古典文化。因而，在文艺复兴浪潮的影响下，城市建筑与中世纪相比有很大区别。

这时，许多城市成为各级政府的中心，由政府官吏实行管理；在经济上，自由贸易的商业网络不断扩大，城市工商业更加繁荣，国内外贸易由于交通发展而日益便利；新的军事技术与城市规划新思想，都对城市的发展起着重要作用。

城市成为行政中心。为了体现君主的权威，及作为国家和民族的象征，首都在建筑与布局上都有新的追求。因此，豪华的王宫、开阔的广场、宏伟的公共建筑、整齐的林荫大道、精致的府邸和花园，加上雕像、喷泉、草地，使城市面貌焕然一新，与中世纪拥挤、脏乱的景象形成鲜明反差。首都城市巴黎、伦敦等就非常明显。首都以外的城市，市政厅成为该城市的中心。城市的繁荣不仅表现在商业区的扩大、行会大楼的出现与银行建筑物的耸立,在公共建筑方面,如博物馆、图书馆、大学也成为重要建筑。虽然城市人口的增加与马车的使用便利了市内交通,促使城市范围扩大,但是为了军事防御的需要,城市仍需建筑城墙,城外也要留有宽阔的地带,以防止炮火袭击。

4. 工业化时期(公元 18 世纪至公元 20 世纪 70 年代)

公元 18 世纪发源于英格兰中部地区而后波及欧美主要国家的工业革命给城市发展带来了显著的变化。它首先带来了生产方式的变革,机器代替了手工,创造了巨大生产力,使人类进入蒸汽时代。随后,交通工具的革新——铁路的出现,给运输提供方便,铁路运费低廉,火车成为城市之间的主要交通工具,并且进入城市内部,把城市予以分割。与此同时,随着工厂的建立与交通的发展,人口迅速向城市转移,产业工人成为城市居民的主体。最后,城市中市场的集中与集聚,进一步把更多的工业企业、人口、资金、物资吸引到城市,使城市的规模和范围急剧扩大。城镇化现象成为工业革命以来的重要特征。

工业化以前,在西方各国,城市发展比较缓慢。例如英国在 1600 年,城市居民只占总人口的 2%;到 1800 年,用 200 年时间增加到 20%;到 1890 年有 60% 的人住在城市。美国在 1800 年,城市居民只有 3%,1900 年为 40%,1920 年猛增到 51%。作为后来者,美国城镇化的速度比英国快得多。"二战"后,随着欧洲的复兴、日本的崛起以及亚非拉发展中国家的独立,城镇化浪潮席卷全球。

工业化与城镇化的互动发展,促使城市人口迅速增长,出现住房紧缺、交通拥挤、市容混乱,并使环境恶化。城市范围的扩大,把原在城市边缘的工厂、铁路等也包括在城市中。城市扩张过大,功能结构上的不合理现象出现了。例如工厂紧靠住宅,贫民窟与公共建筑相邻,市内交通受到铁路干扰。结果,城市中心附近原来条件优越的住宅区,由于环境恶化导致中产阶级向郊区寻求安静舒适的生活环境。接着,中心区开始衰落,形成所谓腐烂的中心。与此同时,低收入阶层迅速向那里转移,以填补空缺。

在高度发达的城镇化地区,出现了一些千万人口以上的超级城市,如墨西哥的墨西哥城、巴西的圣保罗与里约热内卢、美国的纽约、日本的东京等，甚至还出现了由高速公路、铁路、航空等交通网络相连，大城市成群连片地聚集在一个区域的城市带。1961年，戈特曼（Jean Gottmann）在其著作《大都市带：美国都市化的东北部海岸》中将之命名为大都市带（Megalopolis）。这种现象在世界头号经济强国美国比较多，最典型的是美国东部，从波士顿起，经纽约、费城、巴尔的摩到华盛顿，形成所谓"波士华"大都市带。这里的土地面积只占美国领土的2%，人口占全国总人口的20%。这种现象也出现在德国的鲁尔、英国中部、意大利北部波河流域及荷兰的南部地区、日本的东京湾地区等。

5. 后工业化时期（公元20世纪80年代以来）

世界进入20世纪80年代以来，西方主要国家基本上完成了工业化。建立在工业化基础上的城镇化也得到空前发展。在创造巨大物质财富和精神财富的背后，一些有识之士理性地认识到这种工业化与城镇化模式存在重大缺陷，也就是对现代化无止境的追求和过度消费与资源环境的承载能力之间形成了不可调和的矛盾，如果不加以干预，将会给人类社会带来毁灭性灾难。现实中，工业化与城镇化带来的能源短缺、环境污染、生态退化、交通拥挤、人口爆炸等问题，也在时刻敲响警钟，告诫人们传统的工业化与城镇化模式必须得到调整。

早在1968年4月，意大利著名实业家、经济学家奥莱里欧·佩切依博士召集来自西方10个国家的科学家、教育家、经济学家、人类学家和实业家约30多人聚集在罗马山猫科学院，共同探讨关系全人类发展前途的人口、资源、粮食和生态环境等一系列问题，并对当时的经济发展模式提出了质疑。此次集会还在罗马成立了一个专门研究世界未来学的学术机构，人们称之为"罗马俱乐部"。

罗马俱乐部1972年发表了震撼世界的著名研究报告——《增长的极限》，提出"零增长"的对策，也被称为"零增长理论"。该报告出炉后，支持和反对之声不绝于耳。尽管如此，该报告提出的"地球已经不堪负重，人类正在面临增长极限的挑战，各种资源短缺和环境污染正威胁着人类的继续生存"的问题，是不容忽视的。

1972年，在斯德哥尔摩举行的联合国人类环境研讨会正式提出可持续发展的概念。1987年，世界环境与发展委员会出版《我们共同的未来》报告，将可持续发展定义为"既能满足当代人的需要，又不对后代人满足其需要的能力构成危害的发展"。其后，可持续发展的理念逐步深入人心，正在成为西方国家制定全球发展规则和调整自身发展模式的理论依据。在工业化发展方面，许多西方国家实施"去工业化"战略，将传统以资源消耗和环境污染为特征的制造业向发展中国家转移，放手发展服务业经济，实现产业转型升级发展，收到了良好效果，生态环境质量得到很大改善。在城镇化发展方面，提出建设生态城市理念，反对城市无节制扩张，反对发展大城市，反对建设巨型城市。在全球环境治理方面，以全球气候正在变暖为理论假设，要求发达国家主动参与全球碳排放削减行动，呼吁发展中国家也积极参与，对发展中国家的高碳发展模式进行谴责。

从20世纪80年代以来的发展历程看，西方发达国家已经完成了工业化和城镇化，城市发展已经进入稳态阶段。经过低碳化、绿色化改造，城市的可持续发展能力明显增强。西方国家的关注度将更多地集中到后发的发展中国家，对其有可能损害全球环境治理的城镇化模式进行舆论干预、道德谴责，甚至经济制裁。

二 西方国家城市管理

（一）工业化前期西方城市管理

工业化前期，西方文明经历了古希腊、古罗马、中世纪、文艺复兴四个时期。各个时期经济社会发展的背景条件不同，城市管理的理念思想不同，城市管理的体制机制不同。但总的演变脉络是，城市民主管理的思想不断深入人心，城市民主管理的体制机制不断完善。面对复杂的形势变化，城市民主管理形式不断调整，不断适应，体现了与时俱进的时代精神。

1. 古希腊时期

古希腊地处地中海东部，它的地理范围大致包括希腊半岛、爱琴海诸岛、爱奥尼亚群岛和小亚细亚半岛西部沿海地带。古希腊文明可以追溯到公元前2000年前后发祥于克里特岛的爱琴文明，后来文明中心移至希腊半岛，出现迈锡尼文明。大约在公元前1200年，多利亚人的入侵毁灭了麦锡尼文明，希腊历史进入所谓"黑暗时代"。公元前776年第一次古代奥林匹克运动会召开，多数史学家认为这是古希腊开始的时期。古希腊以海上贸易和建立城邦国家闻名于世。公元前750年左右，古希腊人口增多，并向外殖民。此后250年间，古希腊城邦遍及包括小亚细亚和北非在内的地中海沿岸。在诸城邦中，势力最大的是斯巴达和雅典。公元前146年，古希腊被并入罗马共和国，标志着古希腊时期的结束。

　　古希腊从来就不是一个统一的国家，其政权存在的主要形式是城邦。其基本特征是：①城邦至上。自城邦诞生之日起，古希腊人就一直坚守着"城邦本位主义"信念。因此，有着一定规模的土地、有限的人口数量和实行公民团体的集体治权的小国不仅是希腊人的理想，也是社会现实，城邦之间可以刀兵相见，尊重他邦的独立和自治却是一条不成文的邦际法则，故在希腊城邦的历史上极少发生一邦对另一邦的征服事件。此外，希腊人能够设想出的理想国家一直未超出城邦的范围。正因为如此，亚里士多德才把人的本质定义为"城邦的动物"。正是在这种政治理念的作用下，从城邦的内部来说，维持一定数量的以血缘为基础的公民人口成为城邦赖以存在的重要条件，在希腊城邦时代的历史上很少出现授予外邦人公民权的事例，这与古代罗马转型时期广泛授予被征服地区居民以罗马公民权的做法形成鲜明对比；从城邦的外部来看，虽然邦际的冲突和战争、军事同盟的对垒贯穿于希腊城邦历史的始终，但就其方式和目标而言，既与"统一"无关，又与真正意义上的"帝国"创建相去甚远。从早期的斯巴达在希腊城邦中的领导地位，到希腊波斯战争之后"雅典帝国"的建立，再到公元前4世纪底比斯的短暂称霸，充其量都不过是城邦"霸主"的更迭，体现出的只是城邦实力的消长和军事联盟的分合。②经济基础稳固。在城邦危机时代，城邦存在的经济基础没有受到根本性破坏。进入公元前4世纪以后，尽管希腊各邦普遍出现了程度不同的土地兼并和贫富分化，但是作为城邦存在基础的中小土地所有者占据公民主体的土地占有结构并没有从根本上受到破坏，因而并未出现像罗马那样的大土地所有制的盛行和大量公民因为失去土地而沦为城市无产者的情况。这种经济状况在政治上的反映就是城邦政体基本稳固。③民族文化认同。希腊人很早就形成了自身的民族文化认同感,希腊波斯战争之后,这种认同感在外族入侵的背景下又被极大地强化,从而产生了明确的"希腊人"和"蛮族人"之间的区分。在继续保持各个城邦自身政治、文化和社会特色的同时,希腊人开始意识到所有希腊城邦所共同拥有的东西,就是在维系城邦基础上的希腊大联盟。

在城邦治理思想方面,古希腊给我们留下了宝贵的精神财富。亚里士多德将城邦和国家视为一体,认为城邦国家是为了某种共同目的而建立的共同体。家庭是城邦的起点和基本细胞。城邦作为政治共同体的主体是公民。没有公民,就没有城邦,两者互为依存。正义与友爱是城邦文明的核心伦理价值[①]。亚里士多德还认为,幸福的城邦必然是道德上最为优良的城邦,因为只有有德性的人组成的城邦才是幸福的城邦。相对于个人善而言,亚里士多德更为强调城邦善的优先性和重要性。公正是城邦善的基本原则。公正是为政的准绳,因为实施公正可以确定是非曲直,而这就是一个政治共同秩序的基础。任何一个政体都必须以法律为基础,法治优于人治。如果把权力集中在一个人,以一个人的绝对命令为依据则不符合公正[②]。在理想城邦国家设计方面,亚里士多德和柏拉图都提出要维系小型、分散的城邦国家,但在具体设计上两人有微小的差异:第一,柏拉图试图维护一个严格的等级社会,由"哲学王"实行人治。而亚里士多德则主张自由民皆应平等,理想城邦应以全民幸福为宗旨,由贤人实行法治。第二,柏拉图为了稳定社会、防止统治集团两极分化与腐败,提出在统治集团内财产、妇女与子女"共有"和废除家庭的对策。亚里士多德则主张采取"中道"的原则和改良措施,平衡财产的"公有"和"私有",缓和社会矛盾。为此主张中产者执政。他认为,城邦的公民总有三部分:最富的、最穷的和处于二者之间的中产者。中产者最能服从理性与法律,最符合城邦的自然本性。中产者主导的城邦最平安稳定[③]。

在城邦治理实践方面,古希腊同样给我们留下了宝贵的精神财富。古

[①] 姚介厚:《亚里士多德的实践哲学和对希腊城邦文明的理论总结》,《社会科学战线》2009年第1期。
[②] 徐徽、罗文剑:《亚里士多德"城邦善与公正"思想对现代公共管理的启示》,《辽宁工程技术大学学报(社会科学版)》2007年第1期。
[③] 姚介厚:《亚里士多德的实践哲学和对希腊城邦文明的理论总结》,《社会科学战线》2009年第1期。

希腊是一个城邦林立的地区，因此许多不同的政治制度都有在此获得实践和发展的舞台。有些古希腊城邦如斯巴达一样奉行君主制，统治权集中在国王手中；有些城邦则如雅典一样实行民主政治；还有一些城邦则是由贵族统治或由少数人控制的议会进行统治。虽然古希腊所处地域狭小，但其政治制度在广泛的时间上获得了丰富多彩的发展。仅就政体来分古希腊就经历了贵族制、民主制、寡头制和僭主制的演变。尤其突出的是古希腊的民主政治制度是古代人类对直接民主制度最早的尝试之一，对后世产生了深远影响。比如，在斯巴达，"王"是国家元首。其政治制度框架是：全体公民组成公民大会，由这个大会选出的28位60岁以上的长老（终身制）组成"监察院"，再加上两位世袭的"王"（除军事领导权之外几乎没有特权）组成城邦唯一的也就是最高的权力机构。"王"在平时没有最高决策权，但在战争中，则有生杀予夺的至高无上的权力，尤其是在战场上处置懦夫时。在雅典，国家不设国王，最高权力机构是全体公民大会，大会由公民抽签产生，共同对国家事务进行商议。雅典实行的是民主化程度最高的"直接民主制"。在伯里克利时代，雅典所有的官职向全体公民开放，任何人都可以通过抽签选举方式（十将军除外）担任政府中的各级官职。雅典的政府官员都有任期，通常为一年，而且大多数官职不得连选连任，以避免结党营私。雅典还实行委员会制，凡是重大事务均由集体决定，由集体负责，而不是由一个人说了算，从而避免了专制独裁和官僚主义。为了保证民主政治不受侵害，从克利斯提尼时代开始，雅典还制定了陶片放逐法，用陶片投票选举出可能对雅典的民主政治构成威胁的人。如果某人得票数超过6000张，就会被放逐到国外，10年以后才能返回，从而使政治野心家无机可乘。在区域治理上，作为盟主，雅典联络许多希腊城邦成立海上同盟，以防御波斯侵略。雅典的民主政治不仅是人类历史的首创，而且直接影响了后世西方的政治制度。在现代西方国家语言里，如英语、法语、德语、西班牙语、俄语等语言中的"民主"一词，都是从古希腊语的"demokratia"一词演变而来。古希腊语中的"demokratia"一词，由"demos"和"kratos"两部分构成，"demos"的意思是"人民""地区"，"kratos"的意思是"统治""管理"，因此所谓"民主"是指"人民的统治"或者"人民的管理"。

2. 古罗马时期

古罗马通常指从公元前10世纪初在意大利半岛中部兴起的文明，历经罗马王政时代、罗马共和国，于1世纪前后扩张成为横跨欧洲、亚洲、非洲的庞大罗马帝国。到公元395年，罗马帝国分裂为东西两部分。西罗马帝国亡于公元476年。东罗马帝国（即拜占庭帝国）变为封建制国家，1453年为奥斯曼帝国所灭。本章所指的古罗马时期特指古罗马取代古希腊（大致在公元前2世纪左右）直至西罗马灭亡（大致公元5世纪左右）的600年左右时间。

追溯历史，公元前8世纪至前6世纪，希腊人向意大利南部移民，并建立城邦。公元前7世纪末至前6世纪末，罗马城邦国家形成。这段时期史称罗马王政时代。统治阶层包括王、元老院、库里亚会议（罗马称胞族为库里亚，每10个氏族组成一个胞族，后为百人队会议取代）。公元前509年建立起由罗马贵族掌权的罗马共和国。在共和时代早期，平民与贵族的斗争进行了200年左右。百人队会议从贵族中选出两名执政官行使最高行政权力，为期1年；而掌握国家实权的则是元老院。随着贵族与平民之间对立的加深，贵族承认了平民所选的"保民官"，负责保护平民的权利不受贵族侵犯。公元前451年，颁布了十二铜表法，废除了平民与贵族不能通婚的限制，这也标志着罗马法的诞生。公元前326年，取消了债务奴隶制。自公元前5世纪初开始，对外发动了长达300年左右的战争，建立起一个横跨非洲、欧洲、亚洲，称霸地中海的大国。这一时期，社会矛盾激化，内战不断。公元前90年，为了争取罗马公民权，意大利人起义。公元前82年，贵族派支持的克苏拉率军占领罗马。次年，迫使公民大会选举他为终身独裁官，开创了罗马历史上军事独裁的先例。公元前60年，克拉苏、恺撒、庞培秘密结盟，共同控制罗马政局，史称前三头政治。公元前48年，尤利乌斯·恺撒先后打败另外两人，被宣布为终身独裁官，集军政大权于一身。公元前43年，安东尼、李必达、屋大维公开结盟，获得统治国家5年的合法权利，史称后三头政治。随后屋大维将另外两人打败，于公元前27年元老院授予屋大维"奥古斯都"尊号，建立元首政治，共和国宣告灭亡，罗马从此进入罗马帝国时代。奥古斯都创建的政治制度，史称元首制，其实就是共和名义的帝制。奥古斯都死后，其养子提比略继位，从此开创了皇位继承制。公元 330 年，罗马帝国迁都拜占庭，并将其更名君士坦丁堡。公元 395 年，罗马帝国分裂为东罗马帝国和西罗马帝国两部分。公元 476 年，日耳曼人入侵，西罗马帝国宣告灭亡。

古罗马在共和国阶段，宪法和行政管理的构架是：各种公民大会、元老院、各级行政长官。罗马有四种公民大会，即库里亚大会、百人队大会、特里布大会和平民大会。在平民和贵族的斗争结束后，后三种大会在形式上虽然有不同的组织原则，但具有相等的立法权威，与会的成员也大致相同。库里亚大会是最早的公民大会，不过它在王政时代的作用比较模糊。共和国的执政官在被选举出来后须由库里亚大会确认，但这一程序并没有实际的政治意义，只是一个过场。富有者在百人队大会长期占优势，但在公元前 3 世纪中叶，罗马重新组织了百人队，在 193 个百人队中骑士和第一等级只拥有 88 队。特里布大会至迟在公元前 450 年前后就已经存在。平民大会也以特里布为单位召开。在平民和贵族的斗争取得胜利之后，平民大会决议具有和其他公民大会一样的法律效力，加上平民也加入新的贵族集团，平民大会和原有的特里布大会在宪法上仍然是两种不同的会议，但二者的界线对许多人来说变得比较模糊。在共和国晚期，百人队大会和特里布大会的参加者其实是同样的人；共和国早期的旧贵族这时在人数上微不足道，平民大会的组成和前两种大会也相差无几。公民大会的功能是通过法律和选举产生行政官员，最重要的官员由百人队大会选举；平民大会的主席是保民官，百人队大会的主席是执政官，后者常常忙于军事事务，无暇开会，所以很多立法工作都由平民大会承担。罗马公民大会没有提出官员候选人和修改法案的权力，这一局限性严重削弱了群众的民主权利。这个问题与罗马元老院和行政制度的特点是分不开的。元老院在形式上只是执政官的咨询机构，既无立法权也无行政权。共和国晚期的执政官必须在所有重大事务上征得元老院的同意，后者变成了实际上的行政机构，体现了贵族寡头统治的性质。元老院成员 300 人，在公元前 1 世纪扩大为 600 人。平民在王政时代结束后就进入了元老院，但一开始只是那里的少数派。元老原先由执政官指定，在平民和贵族斗争期间改由监察官任命，平民后来成为新贵族的一部分。习惯上元老院成员必须是卸任的执政官、行政长官和高级营造官，到共和国晚期也可以是前任的平民营造官和财务官。这些官员都由公民大会选举产生，但往往只有贵族才能当选。

古罗马进入帝国阶段，君主制取代了贵族寡头的共和制。为了有效地治理庞大的帝国，奥古斯都在帝国全境推行城镇化运动，并对城市政体进行了改革。在帝国建立之初，奥古斯都就改变了过去那种鄙视经商的做法。他不仅提拔了各个城市中的一些商人担任高级官吏，甚至也使不少殷商充斥于元老院之中，从而使元老院成为自己的高级傀儡。这样一来，城市上层的商人得以与中央保持紧密联系，从而使他们的政治地位和以前相比陡然上升。

在君主制基础上，实行了等级制。元老是最高等级，在帝国政治经济生活中的地位举足轻重，按规定元老院的人必须是贵族出身，并拥有100万谢斯提斯以上的财产。一般说来，元老都身居要职，如军团长官、行省总督等，把持大权。在元老贵族的土地上保持着不少以大土地所有制为基础的大庄园。这些庄园的周围甚至庄园本身发展成为城市，元老贵族利用其强大的政治优势，进而参与了城市的管理①。

骑士是罗马帝国第二个特权等级，它的构成主要是元老的子孙。在他们没有晋升为高级官员之前都属于这一等级，作为后备元老，骑士应有40万谢斯提斯以上的财产。他们的职责主要是向各行省征收租税，并担任军职和国家官吏。有些骑士曾一度担任过近卫军长官，成为国家权力中枢的核心人物。在地方，城市中最富有和最显贵的人，军职中最著名的人一般都属于骑士等级。奥古斯都统治时期，罗马骑士代替了那些边远行省的国王，获得了对当地城市的统治权，这就使得这些行省及其城市直接处于元首的控制之下②。

平民处于第三个等级。这个等级的地位极不稳定，且人员构成复杂。其中有相当一部分是被释放的奴隶，此外还有一些进入城市的农民以及拥有特权等级的破产者。他们主要从事手工业与商业，也有一些从事农业生产以满足城市需要，还有一些一事无成靠国家救济生活的流民。平民阶层

---

① 杨俊明：《奥古斯都时期古罗马的城市管理与经济状况》，《湖南师范大学社会科学学报》2004年第4期。
② 杨俊明：《奥古斯都时期古罗马的城市管理与经济状况》，《湖南师范大学社会科学学报》2004年第4期。

在政治上处于无权地位。最下层的是奴隶等级。这一等级人口数量庞大，大多数是从对外战争中获得的。他们依附于特权等级门下，为其生产劳动，没有任何权利，命运听从主人安排。

在帝国管辖下的城市，居民被分成三个等级：城市议会议员、武士、贫民。与帝国等级制度一样，城市第一等级由元老组成，包括一些大商人、退伍军人、大奴隶主等。而武士相当于罗马的骑士，处于第二等级，所不同的是他们一般由被释奴组成，余下的城市自由民则属于平民阶层。

奥古斯都时期还恢复了市政官职务。与以前为了应付国王或执政官不在时的临时任命不同，这一时期市长这个职务已经成为常设位置，由曾担任过执政官的人担任，市长负责维持城市的秩序，并率领三个城防步兵中队，一般由元首亲自任命①。

奥古斯都将罗马城划分为区和里，各区由每年抽签选举的区长统辖，里则由各邻里居民选举出里长来治理。罗马帝国的各个城市都有自己的管理机关，它们由人民会议、元老院和官吏组成。人民会议由城市全体公民组成，按照规定，市民都可以参与并且对通过法律和选举产生高级官吏进行投票表决，此外还向元老院提出请愿书和批准其法令。城市的元老院通常由 100 人组成，他们通常由年纪在 25 岁以上，财产不少于 10 万谢斯提斯的市议员选出，高级官吏的选举每年都举行，通过投票选出两名最高行政长官、两位营造官和两位财务官②。

罗马帝国城市的管理机关与机构设置和帝国十分相似，甚至于选举方式、候选人资格要求也是一脉相承。从中不难看出作为帝国加强对行省统治而推行城镇化的目的已经达到。事实上，城市的权利归特权者和富人，贫民只能依靠城市公会争取权利。

城市公会通常是由同一行业的人所组成的团体或者由共同信仰者组成的联盟。它得到帝国的许可允许其发展。公会人数有多有少，名目繁多。鉴于其有自己的组织形式和制度机制，在与特权阶层斗争中可以发挥威力。

---

① 杨俊明：《奥古斯都时期古罗马的城市管理与经济状况》，《湖南师范大学社会科学学报》2004 年第 4 期。
② 杨俊明：《奥古斯都时期古罗马的城市管理与经济状况》，《湖南师范大学社会科学学报》2004 年第 4 期。

从这一点看，公会有点类似于早期的政党。总之，奥古斯都通过给予城市各群体在城市管理中应有的地位，担当不同的角色，从而有效地巩固了自己的权力基础，创造了一个秩序井然、包容发展的城市社会。

3. 中世纪时期

史学界一般认为，西欧的中世纪起于公元476年西罗马帝国灭亡，止于公元1453年东罗马帝国灭亡，延续1000年左右，被称为西欧历史上最黑暗的时期。这个时期的特点是，封建制的庄园式自然经济与宗教统治相结合，导致西欧进入一个政治、经济、文化、城市、科技等相对缓慢发展的历史时期。这个时期，封建制度的形成、发展和解体是欧洲经济发展的主线。教皇对思想、文化、艺术、教育、科技等的全面控制则是欧洲社会发展的主线。历史地看，该时期处于古罗马和文艺复兴两大辉煌发展时期的低谷阶段，城市发展也经历了从战争毁灭性打击到逐步恢复发展的过程。

谈到中世纪欧洲城市发展及其治理，必须承认平等观念的积极意义。

基督教教义是中世纪西欧居统治地位的意识形态。它有着一个君临整个宇宙、当然更是君临整个人类的最高神——上帝。如果说，人与神的这种关系体现出的是完全的、绝对的不平等的话，那么，在另一方面，这种关系却有利于推导出人与人之间的平等。因为，上帝是无差别地把整个人类而不是人类中某些部分当作它的对象的。《旧约·创世记》关于人是上帝创造出来的这一人类起源的神话，具有极大的政治学和伦理学意义。从这个神话可以推断出，人是先天地平等的。首先，人都是用一样的泥土所造，在物质属性方面是平等的。其次，人都有着上帝给予他们的共同的祖先——亚当和夏娃。这意味着，在古代一切等级制度所强调的血缘和家世方面，每一个人之间也是平等的。再次，人都是按照上帝的形象被造出来的，在形象上也是平等的。最后，人人平等是神的旨意与精神。人在初始时上帝的乐园中是平等的。在精神方面、人格方面，上帝并没有在造人（甚至女人）时规定谁高于谁。既然人人平等是神的旨意与精神，那么，在人与人的关系意义上，一个人不可以奴役另一个人。这也正是人与人之间的平等点——人是在自由的意义上平等，在平等的意义上自由。在中世纪西欧，随着基督教的普及，上至王侯，下至农奴，绝大多数人都成了基督教徒。理论上，作为基督徒，人们之间在两种意义上是平等的：一是作为上帝的子孙后代，作为人的平等；二是作为追随基督的人的平等①。可以说，由宗教教义衍伸出来的平等观念，是对封建等级制的挑战，对推进城市民主管理有积极意义。

谈到中世纪欧洲城市发展与治理，还要肯定颁发城市特许状的促进作用。

中世纪欧洲的城市特许状是由国王或大封建主颁发给城市和市民的法律意义上的权利认可证书，用以承认城市的自治权利、规定城市的基本制度和市民的基本权利。自公元 10 世纪以后的几个世纪里，欧洲的城市生活逐渐变得法治化。整个欧洲，从波罗的海到黑海，国王、贵族、主教和修道院院长都纷纷给他们的城市颁发特许状，这些城市特许状都描述了 11～15 世纪欧洲城镇的性质和基本特征。城市特许状出现的原因被认为是：第一，颁发城市特许状是国王和封建领主维护自己领主权的一种"迫不得已"的"行为"。封建领主为了维护其领地上的封建权力不得不依靠城市的武装力量来增强自身的军事防御并聚敛财富，颁发特许状是其一个有效途径。在许多地方，日耳曼时代的部落和村庄的民间武装已经消失，而且封建兵役的征募制度尚不稳定，因此，12 世纪的封建君主、公爵、伯爵及其他大领主在很大程度上要靠城市武装力量承担保卫其领地的义务。所以，在特许状里，"市民通常被赋予和设定携带武器的权利和义务"。不仅如此，很多特许状中还明文规定市民必须履行军事义务。第二，欧洲封建国王和领主们对金钱的渴望和追求以及城市市民对政治和经济权力分享的需要，使他们之间极易达成一种妥协的关系——"赎买"，即城市给封建主缴纳一定数额的金钱，封建主给城市颁发特许状。一方面，随着当时欧洲商品经济的繁荣和集市贸易的旺盛，欧洲市场上充满了来自世界各地的奢侈品和生活必需品，面对这种情况，封建国王和领主们逐渐跳出了庄园的局限而追求更高级的生活享受，因此他们需要货币购买集市上商人长途贩运的来自东方的奢侈品和生活必需品。此外，当时欧洲封建国王和领主们相互间频繁的战争迫使他们需要大量的金钱来维持所需军费开支。与此同时，世俗

---

① 赵文洪：《中世纪西欧的平等观念》，《世界历史》2004 年第 1 期。

的诸侯很快就发现了城市兴起对他们的好处：城市水陆两路的商业发展、交易的增加，要求货币有相应的增加，从各种税收、各铸币厂所得到的收入，自然日益增多地流入诸侯的财库。因此，封建领主对市民采取一种亲善的态度是不足为奇的。另一方面，随着商业的复兴和发展，富有商业冒险精神的商人利润日益增加，他们大多数通过独立经营而致富，并积累了大量的财富和资金。为了更好地在城市里自由进行商业贸易活动，他们反对名目繁多的封建性商品流通税以及一整套的封建枷锁，这迫使他们与封建主谈判以争取政治和经济特权。城市市民的这种强烈愿望与封建领主们对金钱的渴望和追求自然导致双方出现一种现实存在的"交易"行为——封建主给城市颁发特许状，确认城市及市民享有一定的特权，而市民在获得这些特权的同时必须给国王和封建主支付大量金钱。第三，中世纪欧洲城市特许状是中世纪欧洲城市市民阶级为了争取各项自治权利和各种特权与国王以及各封建主长期斗争的结果和产物。随着欧洲封建社会生产力的发展，商品交易活动频繁，欧洲中世纪的城市逐渐增多，尤其在 11 世纪中叶以后，新城市大量出现。与此同时，以工商业者为主体的城市市民阶级登上了历史舞台。但是城市从一产生就是作为封建领主政治上的对立物而出现的。由于在欧洲封建社会里，不存在没有领主的土地，城市总是建立在这个或那个封建领主的土地上。为了摆脱封建领主的统治，城市居民便开展争取城市自治权的斗争，大多数城市都通过暴动获得了不同程度的独立和自主。因为封建领主们一般都居住在自己的乡村堡垒里，与城市居民没有接触，由此避免了许多冲突。宗教诸侯的情况就完全不同了。宗教诸侯几乎一致反对城市运动。这种反对有时发展为公开冲突。由于主教们必须居住在教区行政中心的城市里，他们必然要保持自己的权威，竭力反对市民阶级的野心，尤其是因为这些野心是由教会向来所怀疑的商人所领导而鼓动的。所以中世纪城市运动的矛头主要是对准教会领主的，他们反对教会领主的运动也更为猛烈。通过长期、艰难、反复的斗争，通过和平或暴力等不同的方式，城市获得了一定的自由或自治，并且这种权利和自由最终以获得特许状的方式得到了认可和保障[1]。站在历史的高度来看，中世

---

[1] 冯正好：《中世纪西欧的城市特许状》，《西南大学学报（社会科学版）》2008 年第 1 期。

纪欧洲的城市特许状影响深远，直到今天，欧洲的城镇或城市仍然被授予特许状以确认它们的权利和特权。不仅如此，中世纪欧洲城市的特许状对当时欧洲封建社会的城市、欧洲封建社会的转型以及近代资本主义宪政制度与资本主义的法律体系都产生了巨大而深远的历史影响。尤其是特许状的颁发催生了许多新的自治城市，而且使城市走向法治化的轨道，意义十分重大。

谈到中世纪欧洲城市发展与治理，更要肯定城市制度的保驾护航作用。

中世纪欧洲城市的兴起与城市自治运动是社会变革中最引人注目的表征。其自治性不仅体现在拥有独立的立法权和司法权，而且表现在拥有组织城市管理体系的权力。各类城市的市议会，都是主权实体；每个城市都是一个自治的市民社会，各自制定法律、自行征税、自管司法、自行铸币，甚至根据各自需要结成政治联盟、自行宣战或议和。城市特许状是城市制度建立的前提，许多城市依据特许状还制订了大量的具有宪法性作用的法规，初步具备了现代法律体系的雏形。

城市法可以分为公法和私法两大部分，就公法而言，城市法主要有宪法性文件，包括特许状、城市议会制度、城市内部等级划分制度、城市外交制度、城市机关运行制度、选举制度以及司法制度；就私法而言，包括行会组织规章制度、城市商法、城市市民的权利义务规定等制度。历史地看，城市法的产生和发展推动了近代西方社会契约理论的形成。从城市法形成的历史看，特许状实际上就是当时市民阶层与国王之间的一种契约性文件。在某种意义上说，特许状是一种社会契约，是近代政府契约理论产生的主要历史渊源。城市法的形式化精神推动了西方近代法律形式主义运动的兴起。中世纪后期城市自治制度和城市法的确立，在很大程度上为法律形式主义运动在欧洲的出现创造了条件。中世纪城市法的总体架构为近代以后西方以宪法为核心的法律体系的设置提供了雏形。城市法的内在精神孕育了近代西方法治理念的萌芽。诚如英国学者戴维·M.沃克所指出的："也许在中世纪就产生了这种信仰，即：不管法律是上帝的还是人的，法律应该统治世界。"[①]

[①] 王国金、张镭：《中世纪欧洲城市制度及其法律意义》，《文史哲》2001年第6期。

4. 文艺复兴时期

中世纪初期，基督教教会成了当时封建社会的精神支柱，它建立了一套严格的等级制度，把上帝当做绝对的权威。文学、艺术、哲学等一切都得遵照基督教的经典——《圣经》的教义，谁都不可违背，否则，宗教法庭就要对他制裁，甚至处以死刑。在教会的管制下，中世纪的文学艺术死气沉沉，科学技术也没有什么进展。

中世纪后期，资本主义萌芽在多种条件的促使下，于欧洲地中海沿岸工商业发达的意大利首先出现。新兴的资产阶级迫切需要摆脱封建专制和教会的束缚，呼吁让自由回归社会，为工商业发展创造一个良好的社会环境。而意大利依托资本主义工商业在欧洲率先发展的经济基础，古希腊与古罗马时期积淀的文化遗产与科学、文化及艺术人才聚集的优势，成为文艺复兴运动的发源地。其后，文艺复兴运动扩展到欧洲各地。文艺复兴运动是一场弘扬新兴资产阶级文化的思想解放运动，为新航线开辟与地理大发现、宗教改革以及促进城市工商业发展的制度变革铺平了道路。

文艺复兴运动时期，欧洲出现了文化认同现象。早在中世纪时期，日耳曼人推翻西罗马帝国后就皈依了基督教，接受罗马教廷的庇护，承认教皇的领导地位。法兰克王国于公元 496 年接受基督教，西哥特王国在公元 671 年改宗基督教。到公元 1000 年左右，匈牙利（公元 999 年）、波希米亚（公元 1000 年）、波兰（公元 1018 年）、丹麦和挪威（公元 1027 年）都皈依了基督教。基督教成为中世纪欧洲人共同的信仰，甚至成为欧洲的代名词。基督教强调上帝的统治要在每一个民族、每一个国家和地区中实现，凡是皈依基督教的人不分国家与地区，都是上帝的子女，都是兄弟姐妹。基督教的这种思想有助于把孤立的、分散的地区活动纳入整体，并赋予整体统一的目标[①]。基督教的神权理论和宗教文化对十五六世纪欧洲的文化认同起了重要作用。因为基督教渗入欧洲社会的各个领域，使人们的思想信念、对宇宙的认识、对生活的态度、对上层建筑的表现方式和内

[①] 潘娜娜：《文化认同与十五十六世纪欧洲"统一"观念》，《海南大学学报（人文社会科学版）》2007 年第 4 期。

容……都受到基督教的熏染。欧洲人依靠宗教和文化的纽带相联系，形成一个文化统一体——他们都有着同一种信仰、同一类宗教艺术、同一种文化心理和同一种社会风尚。此外，欧洲的文化认同还源于抵御共同的外敌——匈奴人、马扎尔人、蒙古人、突厥人、萨拉森人（信奉伊斯兰教的人）。文艺复兴运动后，教权势力衰弱，王权势力崛起。国王利用文化认同，不断扩充自己的权力和领土，中世纪时期延续的城邦国家几乎消亡。

　　文艺复兴运动时期，欧洲出现了建立民族主义国家的趋势。文艺复兴时期提出的人文主义思想把人从神学思想中解放出来，强调人的自由意志，从人的角度出发批判神权政治。最早开始思考这方面问题的是著名的人文主义者但丁。在他看来，人类文明普遍一致的目的是"不断行使其智力发展的全部能力"。实现这一目的就需要有世界国家与世界和平，而国家统一是和平的保障，为了实现国家统一，权力必须集中到开明君主手中①。于是，16世纪以来英国、法国和西班牙率先出现以民族主义为标志的封建专制主义国家，德意志、意大利等跟随其后。如果说中世纪欧洲有民族而没有国家（当时的国家只是一个地理概念），那么文艺复兴运动后出现的这些国家基本上具备了现代国家的雏形，只不过属于封建专制主义国家。同时，这些国家的出现也奠定了今天欧洲主权国家的版图格局，今天我们所熟悉的英国、法国、德国、西班牙、意大利、奥地利等等，这些国家的划分，实际上都是从那时开始的。也是从那时起，才有了"英国人""法国人""普鲁士人""西班牙人""意大利人""奥地利人"这样的民族概念。这些国家的国王主张"君权神授"理论，不断扩张自己的权力。与中世纪封建主义国家中国王只能在很小的程度上控制住各地的诸侯贵族不同，这个时期的国王可以说在司法、行政和军事使用权上已经取得了垄断地位。贵族的、教会的法庭和行政管理，必须服从国王的统一权威；国王建立了属于国家也就是属于国王自己的常备军，即使有些贵族或教会还保有私人武装，也必须接受国王指挥。此外还建立了专属于国王的官僚系统：官员们由国

---

① 潘娜娜：《文化认同与十五十六世纪欧洲"统一"观念》，《海南大学学报（人文社会科学版）》2007年第4期。

王选拔，并只对国王负责。同时，还建立了全国性的税收系统，以统一维持司法、行政和军队的开支。国家的外交政策也由国王统一制定。这个时期，国内封建领主割据混战的局面变得十分稀少，取而代之的是国王和资产阶级、平民大众之间的战争，是为了究竟在一国之内确立什么样的政体进行争夺。而国与国之间为了争夺领土、港口、财宝等的战争则变得十分频繁。

文艺复兴运动时期，欧洲国家的中央政府与地方城市在权力分配上发生了变化。中世纪时期，城邦国家的自治权力很大，那些存在中央政府的封建国家并没有剥夺城邦的自治权。进入文艺复兴时期，欧洲国家在权力结构上发生了分化。

英国得益于得天独厚的岛国，地理位置优势，国内事务较少受到罗马教会的干涉；同时欧洲国家也不易左右英国的内政，在诺曼征服以后诺曼人把大陆的封建制度移植到英国，早期诺曼君主们为了控制岛上的局面和树立政治权威也行之有效地推行了一系列政府集权举措，这样一个立足于全国的中央政府就逐步完善了政府职能和公共权威。百年战争①和红白玫瑰战争②检验并增强了全国性政府的力量。

法国加佩王朝的一系列国君们立足于法兰西岛而东征西讨，逐渐剪平了各地的大小领主势力，法国王室还联合新兴的城市共同打击封建诸侯，在英法百年战争前法王在国内就已经确立了相当威望，也控制了大多数领土，而百年战争中法国击败英国激发了法国的民族意识和国民统一国家的热情，这样在成功驱逐出英国势力后法国的民族国家也初步成型。

西班牙在驱逐摩尔人的长期战争中阿拉贡和卡斯蒂利亚王国走向联合，终于在1492年将摩尔人逐出半岛，完成了国家的初步统一，宗教狂热和民族认同是凝聚西班牙国内政治势力的有效力量。这样，欧洲在十四五世纪就出现了英、法、西三个民族主义国家，新兴的民族主义国家在财政、行

---

① 百年战争（Hundred Years' War）是指英国和法国，以及后来加入的勃艮第，于1337~1453年间的战争，是世界最长的战争，断断续续进行了长达116年，最终以法国的胜利而结束。
② 红白玫瑰战争通常指英国兰开斯特王朝（House of Lancaster）和约克王朝（House of York）的支持者之间为了英格兰王位的断续内战。两个家族都是金雀花王朝（Plantagenet）皇族的分支，是英王爱德华三世的后裔。玫瑰战争不是当时所用的名字，它源于两个皇族所选的家徽，兰开斯特的红玫瑰和约克的白玫瑰。

政上由中央政府统一运作，保证一支常备军在外为国家争取利益，背后则是统一的民族意识凝聚着整个国家力量。英国和法国的许多城市在君主和封建领主的较量中和王权结盟，帮助君主放弃自己的独立地位，促进了强大的封建专制国家的形成。

荷兰和瑞士的城市采取的是城市间联盟来对抗外来势力，进而向国家过渡这种路子。西班牙实际上走的也是这条路子。这两种模式都较为成功地形成了民族主义国家。

文艺复兴运动的发源地意大利的许多城市仍然抱着中世纪的城市自治模式不放，城市之间为了自己的利益而彼此陷入激烈的争斗之中，在商业外交和军事上打击对方，甚至不惜援引外国势力来帮助自己达到目的。像意大利的米兰、热那亚、威尼斯、佛罗伦萨等城市不但彼此间争斗得如火如荼，而且城市内部的权利争斗也很厉害。意大利境内的这种政治情形使得各种力量的注意力没有放在形成民族主义国家和中央政府这个历史大方向上来，彼此间的紧张局面反倒便利了外部势力逐鹿意大利，最后使得意大利民族主义国家形成的时间比英法晚了300年左右。

此时德意志的神圣罗马帝国依然保有中世纪时代建立囊括欧洲的大一统帝国旧观念，通过王室联姻和兼并小诸侯来维系整个帝国。神圣罗马帝国只是靠封建纽带和王室婚姻去维持国土，况且它怀揣的理想也是旧式的封建帝国，在宗教上又不折不扣地支持天主教会，这种旧式的帝国体制使得神圣罗马帝国目标杂多、精力分散，不但在德意志境内无法树立权威，从而延误了德国民族主义国家的形成，而且过多的利益目标使它成为欧洲其他各国的众矢之的。站在今天的角度看，英、法、西班牙较为顺利地实现了由封建制度下的城邦自治制度向封建专制制度下的君主集权制度转型，从而成了利用君主集权开展地理大发现、海外殖民和资本主义工商业发展的先行者，而意大利、德国等转型延误者则变成了追赶者。

（二）工业化时期的西方城市管理

西方的工业化时期，一般指18世纪英国的工业革命开始至20世纪70年代美、英等国掀起的产业转型升级运动为止的这段时期。其间发生了资产阶级革命、工业革命、两次世界大战等大事件，极大地推动了西方经济社会发展的大变革、大转型，对城市治理产生了深刻影响。

1. 资产阶级革命确立了新的政体，极大地解放了生产力

15世纪新航路①开辟以后，欧洲的主要商道和贸易中心从地中海区域转移到了大西洋沿岸。英国人利用有利的地理位置拓展对外贸易，进行殖民掠夺。在此期间，工场手工业得到很大发展，出现了采用资本主义方式经营的牧场和农场。由工场主、商人、银行家和农场主等组成的新兴资产阶级逐步成长起来。但英国国王竭力推行封建专制，鼓吹"君权神授"，认为国王的权力是神授予的，不可违抗。新兴资产阶级为了维权，利用议会同国王展开了长期斗争。1640年，英国国王查理一世召集议会开会，希望能够筹集军费，镇压苏格兰发生的人民起义。会议期间，议员们对国王的独断专权进行了猛烈的抨击，要求限制国王的权力，掀开了英国资产阶级革命的序幕。查理一世非常恼怒，派兵抓捕反对他的议员，挑起了内战。几年以后，经过反复斗争，克伦威尔率领的议会军队打败了国王军队，取得了最后胜利。1649年，查理一世被推上断头台。1660年，查理二世复辟。1688年，斯图亚特复辟王朝寿终正寝，英国资产阶级革命胜利结束。1689年英国议会通过《权利法案》，将无限的君主权力限制在宪法范围之内，取消国王中止法律的权力，未经国会同意，国王无权征税；和平时期未经国会同意，国王无权招募和维持常备军；国会选举必须自由，臣民有权向国王请愿；议员在议会中的言论，在会外不受任何机关的弹劾和质问，国王必须经常召开议会会议等。1701年，英国国会又进一步通过《王位继承法》，规定国王个人无权决定王位继承问题，对王位继承作出了一系列限制。《权利法案》和《王位继承法》，确立了英国君主立宪制的基本原则，规定了国会的权利和国王的权限，虽保留国王的形式，但又用立法手段限制国王的权力，这种政治形式，历史上称为"君主立

---

① 新航路是指欧洲从15世纪开始，为了筹集商品经济快速发展所需的货币和完成资本的原始积累，加之奥斯曼帝国控制了亚洲和欧洲的陆上通道，欧洲新兴资产阶级不得不对外寻找新的通往中国和印度的航路。在历经迪亚士、麦哲伦、哥伦布、达伽马等人的探索后，他们最终找到了通往亚洲的新通道。新航路开辟影响重大，它改变了各洲间基本封闭的状况，为后来欧洲的掠夺和三角贸易打下了基础，为资本主义发展提供了巨大的生产资料来源和销售市场。

宪"制。

18 世纪的法国出现许多资本主义性质的手工工场，资产阶级已成为经济上最富有的阶级，但在政治上仍处于无权地位。农村绝大部分地区保留着封建土地所有制，并实行严格的封建等级制度。由天主教教士组成的第一等级（1st Estate）和贵族组成的第二等级（2nd Estate），是居统治地位的特权阶级。资产阶级、农民和城市平民组成第三等级（3rd Estate），处于被统治地位。特权阶级的最高代表是波旁王朝国王路易十六（Louis XVI）。18 世纪末第三等级同特权阶级的矛盾日益加剧。1789 年 5 月由于财政困难，国王被迫召集三级会议①，路易十六企图向第三等级征收新税，但第三等级纷纷要求限制王权、实行改革。路易十六准备用武力解散议会，巴黎人民于 7 月 14 日起义，攻占了法国象征封建统治的巴士底狱（The Storming of the Bastille），法国大革命爆发。8 月 26 日制宪会议通过《人权与公民权宣言》（简称《人权宣言》，The Declaration of Man and the Citizen），确立人权、法治、公民自由和私有财产权等资本主义的基本原则。宣布人与人生来是而且始终是自由的，在权利方面是平等的，财产权是神圣不可侵犯的。议会还颁布法令废除贵族制度，取消行会制度，没收并拍卖教会财产。这次革命摧毁了法国封建专制制度，促进了法国资本主义的发展；同时震撼了欧洲封建体系，推动了欧洲各国革命。在整个工业化时期，西方采取英国式的君主立宪制的国家有挪威、瑞典、丹麦、荷兰、比利时、卢森堡、西班牙、安道尔、摩纳哥、列支敦士登、加拿大、澳大利亚、新西兰以及加入西方阵营的日本等；采取法国式的共和制的国家有意大利、德国、芬兰、奥地利、美国、希腊、冰岛、葡萄牙等。不管是君主立宪制还是共和制，都实现了由封建专制主义向资本主义的转型，极大地促进了社会生产力的发展。

---

① 三级会议是指法国中世纪的等级代表会议。参加者有教士（第一等级）、贵族（第二等级）和市民（第三等级）三个等级的代表。三个等级不分代表多少，各有一票表决权。通常是国家遇到困难时，国王为寻求援助而召集会议，因此会议是不定期的。它的主要职能之一是批准国王征收新税。百年战争时期，为了抵抗外敌，三级会议有权监督政府。16～17 世纪初，专制王权加强，三级会议的权力被削弱。从 1614 年到路易十六统治时期，三级会议中断了 175 年。1789 年，路易十六召开了最后一次三级会议，这次会议导致了法国大革命。大革命后，三级会议随旧制度一道被废除。

2. 工业革命加速了生产方式的变革，极大地推动了城镇化进程

英国是工业革命的发源地。英国工业革命从 18 世纪 60 年代开始，到 19 世纪 40 年代基本完成。工业革命从英国开始不是偶然的，它有着深刻的政治前提、社会经济前提和科学技术前提：①17 世纪中期开始的英国资产阶级革命推翻了英国的封建专制制度，建立了以资产阶级和土地贵族联盟为基础的君主立宪制度。资产阶级利用国家政权加速推行发展资本主义的政策和措施，促进了工业革命各种前提条件的迅速形成。②资产阶级通过大规模地对外掠夺以及在国内实行国债制度和消费税政策，积累了巨额财富，为工业革命提供了所必需的货币资金；大规模圈地运动，为工业革命提供了大量的"自由"劳动力和广阔的国内市场。③工场手工业的蓬勃发展，培养了大批富有实践经验的熟练工人，为机器的发明和应用创造了条件；自然科学的发展及其成就，特别是牛顿的力学和数学，为机器的产生奠定了科学理论基础。④蓬勃发展的工场手工业，积累了丰富的生产技术知识，增加了产量。但这些仍然无法满足不断扩大的市场需求。于是，一场生产手段的革命呼之欲出。工业革命首先出现于工场手工业新兴的棉纺织业。1733 年，机械师凯伊发明了飞梭，大大提高了织布速度，棉纱顿时供不应求。1765 年，织工哈格里夫斯发明了"珍妮纺纱机"，大幅度增加了棉纱产量。"珍妮纺纱机"的出现首先在棉纺织业中引发了发明机器、进行技术革新的连锁反应，揭开了工业革命的序幕。此后，在棉纺织业中出现了骡机、水利织布机等机器。不久，在采煤、冶金等许多工业部门，也都陆续有了机器生产。随着机器生产的增多，原有的动力如畜力、水力和风力等已经无法满足需要。在英国伯明翰，1785 年，瓦特制成的改良型蒸汽机投入使用，提供了更加便利的动力，得到迅速推广，大大推动了机器的普及和发展。人类社会由此进入"蒸汽时代"。随着工业生产中机器生产逐渐取代手工操作，一种新型的生产组织形式——资产阶级工厂诞生了。1840 年前后，英国的大机器生产已基本取代工场手工业生产，工业革命基本完成。英国成为世界第一个工业国家。随后，工业革命扩散到整个欧洲大陆，19 世纪传播到北美洲。

19 世纪 70 年代至 20 世纪初，西方世界又出现了第二次工业革命，主要标志是电力的广泛应用。1831 年，英国科学家法拉第发现电磁感应现象，

根据这一现象，对电作了深入的研究。在进一步完善电学理论的同时，科学家开始研制发电机。1866年，德国科学家西门子制成一部发电机，1870年比利时人格拉姆（Gelam）发明电动机，电力开始用于带动机器，成为补充和取代蒸汽动力的新能源。电动机的发明，实现了电能和机械能的互换。随后，电灯、电车、电钻、电焊机等电气产品如雨后春笋般涌现出来。人类跨入了电气时代。

20世纪50年代中期至70年代初期，西方又出现了以原子能、电子计算机、空间技术和生物工程的发明和应用为主要标志，涉及信息技术、新能源技术、新材料技术、生物技术、空间技术和海洋技术等诸多领域的一场信息控制技术革命。有人将其称为第三次工业革命。这次科技革命（或工业革命）不仅极大地推动了人类社会经济、政治、文化等领域的变革，而且影响了人类生活方式和思维方式，使人类社会生活和人的现代化向更高境界发展。

总体来看，西方世界经历的三次工业革命对西方社会经济发展与居民生活产生了深刻的影响：一是极大地提高了生产力，使人类需求得到了极大满足；二是社会贫富分化，无产阶级争取合法权益的斗争此起彼伏；三是城镇化快速推进，大都市形成，城市主导的社会结构形成；四是工业化带来的环境污染日趋严重，环保行动登上历史舞台。

3. "二战"后环境保护主义的兴起，促使西方国家开展产业转型升级运动

第一次工业革命实质上是一场能源革命，以蒸汽机的大规模使用代替传统的人力、畜力为标志，由此掀起了西方大规模开采并燃用煤炭的历史。其结果是向空气中释放大量的烟尘、二氧化硫、二氧化碳、一氧化碳和其他有害的污染物质。与此同时，在一些工业先进国家，矿冶工业的发展既排出大量的二氧化硫，又释放许多重金属，如铅、锌、镉、铜、砷等，污染了大气、土壤和水域。而这一时期化学工业的迅速发展，构成了环境污染的又一重要来源。另外，水泥工业的粉尘与造纸工业的废液也对大气和水体造成污染。结果，在这些国家，伴随煤炭、冶金、化学等重工业的建立、发展以及城镇化的推进，出现了烟雾腾腾的城镇，发生了烟雾中毒事件，河流等水体也被严重污染。

英国作为最早开始工业革命的国家，其煤烟污染最为严重，水体污染

亦十分普遍。除英国外，在 19 世纪末期和 20 世纪初期，美国的工业中心城市，如芝加哥、匹兹堡、圣路易斯和辛辛那提等，煤烟污染也相当严重。

后来居上的德国，其环境污染也不落人后。19、20 世纪之交，德国工业中心的上空长期为灰黄色的烟幕所笼罩，时人抱怨说，严重的煤烟造成植物枯死，晾晒的衣服变黑，即使白昼也需要人工照明。就在空气中弥漫着有害烟雾的时候，德国工业区的河流也变成了污水沟。如德累斯顿附近穆格利兹（Muglitz）河，因玻璃制造厂所排放污水的污染而变成了"红河"；哈茨（Harz）地区的另一条河流则因铅氧化物的污染毒死了所有的鱼类，饮用该河水的陆上动物亦中毒死亡。到 20 世纪初，那些对污水特别敏感的鱼类在一些河流中几乎绝迹。譬如，19 世纪，人们曾在莱茵河下游大量捕捞鲟鱼，用鲟鱼卵制造鱼子酱，而到该世纪末和 20 世纪初，由于数量的减少，明显地受到限制，到 1920 年就完全禁止捕鲟鱼。鲑鱼的捕捞也遭到了同样的命运，于 1955 年完全终止了。1892 年，汉堡还因水污染而致霍乱流行，使 7500 多人丧生。

明治时期的日本，发生了开采铜矿所排出的毒屑、毒水危害了农田和森林，进而酿成田园荒芜、几十万人流离失所的足尾事件。尽管如此，20 世纪前的环境污染尚处于初发阶段，污染源相对较少，污染范围不广，污染事件只是局部性的，或只是某些国家的事情。随着工业化的扩展和科学技术的进步，西方国家煤的产量和消耗量逐年上升。据估算，在 20 世纪 40 年代初期，世界范围内工业生产和家庭燃烧所释放的二氧化硫每年高达几千万吨，其中 2/3 是由燃煤产生的，因而煤烟和二氧化硫的污染程度和范围较之前一时期有了进一步发展，由此酿成多起严重的燃煤大气污染公害事件。如比利时的马斯河谷事件和美国的多诺拉事件。

1930 年 12 月 4～5 日，在比利时的重工业区马斯河（Meuse River）谷，由于气候反常，工厂排出的二氧化硫等有害气体凝聚在靠近地表的浓雾中，经久不散而酿成大祸，致使大批家禽死亡，几千人中毒，60 人丧命。当时，西方世界正陷于 30 年代经济大崩溃的恐慌之中，人们也就无暇顾及比利时的灾难。

1948 年 10 月 27 日晨，在美国宾夕法尼亚州西部山区工业小镇多诺拉

（Donora）上空，烟雾凝聚，犹如一条肮脏的被单。其实，多诺拉的居民对大气污染并不陌生，因为这里的钢铁厂、硫酸厂和炼锌厂等大厂一个挨着一个，日夜不停地排放二氧化硫等有害气体。像这一次的情景他们却从未见过。因逆温层的封锁，污染物久久无法扩散，整个城镇被烟雾笼罩。直到第 6 天，一场降雨才将烟雾驱散。这次事件造成 20 人死亡，6000 人患病，患病者占全镇居民（14000 人）的 43%。后来，经过不断的改进，内燃机发展成为比较完善的动力机械，在工业生产中广泛替代了蒸汽机。因而，在 20 世纪 30 年代前后，以内燃机为动力机的汽车、拖拉机和机车等在世界先进国家普遍地发展起来。1929 年，美国汽车的年产量为 500 万辆，英、法、德等国的年产量也都接近 20 万～30 万辆。由于内燃机的燃料已由煤气过渡到石油制成品——汽油和柴油，石油在人类所用能源构成中的比重便大幅度上升。

开采和加工石油不仅刺激了石油炼制工业的发展，而且导致石油化工的兴起。然而，石油的应用给环境带来了新的污染。这一阶段，"建立在汽车轮子上"的美国后来居上，成为头号资本主义工业强国，其原油产量在世界上遥遥领先，1930 年就多达 12311 万吨，汽车拥有量在 1938 年达到 2944.3 万辆。汽车排放的尾气中含有大量一氧化碳、碳氢化合物、氮氧化物以及铅尘、烟尘等颗粒物和二氧化硫、醛类、苯并芘等有毒气体；一定数量的碳氢化合物、氮氧化物在静风、逆温等特定条件下，经强烈的阳光照射会产生二次污染物——光化学氧化剂，形成具有很强氧化能力的浅蓝色光化学烟雾，对人、畜、植物和某些人造材料都有危害；遇有二氧化硫时，还将生成硫酸雾，腐蚀物体，危害更大。这是一种新型的大气污染现象，因最早发生在洛杉矶，又称洛杉矶型烟雾。1943 年，洛杉矶首次发生光化学烟雾事件，造成人眼痛、头疼、呼吸困难甚至死亡，家畜犯病，植物枯萎坏死，橡胶制品老化龟裂以及建筑物被腐蚀损坏等。这一事件第一次显示了汽车内燃机所排放气体造成的污染与危害的严重性。此外，自 20 世纪 20 年代以来，随着以石油和天然气为主要原料的有机化学工业的发展，西方国家不仅合成了橡胶、塑料和纤维三大高分子合成材料，还生产了多种多样的有机化学制品，如合成洗涤剂、合成油脂、有机农药、食品与饲料添加剂等。就在有机化学工业为人类带来琳琅满目和方便耐用的产品时，它对环境的破坏也渐渐发生,久而久之便构成对环境的有机毒害和污染。显然,到这一阶段,在旧有污染范围扩大、危害程度加重的情况下,随着汽车工业和石油与有机化工的发展,污染源增加,新的更为复杂的污染形式出现,因而公害事故增多,公害病患者和死亡人数扩大,人们称之为"公害发展期"。这体现出西方国家环境污染危机愈加明显和深重。20世纪50～70年代可以称为西方的环境污染大爆发期。

20世纪50年代起,世界经济由战后恢复转入发展时期。西方大国竞相发展经济,工业化和城镇化进程加快,经济高速持续增长。在这种增长的背后,却隐藏着破坏和污染环境的巨大危机。工业化与城镇化的推进,一方面带来了资源和原料的大量需求和消耗,另一方面使工业生产和城市生活的大量废弃物排向土壤、河流和大气之中,最终造成环境污染的大爆发,使世界环境污染危机进一步加重。

首先,发达国家的环境污染公害事件层出不穷,按其发生缘由,可分为几类:①因工业生产将大量化学物质排入水体而造成的水体污染事件,最典型的是1953～1965年日本水俣病事件。1953年,水俣湾附近渔村流行一种原因不明的中枢神经系统疾病,称为"水俣病"。1965年,日本新潟县阿贺野川流域也发生水俣病。日本政府于1968年9月确认,水俣病是人们长期食用受富含甲基汞的工业废水毒害的水产品造成的。②因煤和石油燃烧排放的污染物而造成的大气污染事件,如1952年12月5～8日的伦敦烟雾事件,即著名的"烟雾杀手",导致4000多人死亡。1952年的洛杉矶光化学烟雾事件也造成近400名老人死亡。此外,1961年日本东海岸的四日市也发生了严重的大气污染事件。③因工业废水、废渣排入土壤而造成的土壤污染事件,如1955～1972年日本富山县神通川流域的痛痛病事件。1972年,名古屋高等法院作出判决,确认痛痛病的病源是神冈矿山的含镉废水。原来,这里的锌、铅冶炼工厂等排放的含镉废水污染了神通川水体,两岸居民利用河水灌溉农田,使镉附集于稻米上。人食用含镉稻米以及饮用含镉水后,逐渐引起镉中毒,患上"痛痛病"。④因有毒化学物质和致病生物等进入食品而造成的食品污染公害事件,如1968年日本的米糠油事件。日本北九州的一家食用油加工厂用有毒的多氯联苯作脱臭工艺中的热载体,因管理不善,毒物渗入米糠油中。同年3

月,成千上万只鸡因吃了米糠油中的黑油而突然死亡。不久,人也因食用米糠油而受害。至 7~8 月份,患病者超过 5000 人,共有 16 人死亡。一时间,恐慌混乱笼罩日本西部。

其次,在沿岸海域发生的海洋污染和海洋生态被破坏,成为海洋环境面临的最重大问题。靠近工业发达地区的海域,尤其是波罗的海、地中海北部、美国东北部沿岸海域和日本的濑户内海等受污染最为严重。海洋污染源复杂,有通过远洋运输和海底石油开采等途径进入海洋的石油和石油产品及其废弃物;有沿海和内陆地区的城市和工矿企业排放的、直接流入或通过河流间接进入海洋的污染物;有通过气流运行到海洋上空随雨水降入海洋的大气污染物;还有因人类活动产生而进入海洋的放射性物质。海洋污染引起浅海或半封闭海域中氮、磷等营养物聚集,促使浮游生物过量繁殖,以至发生赤潮。如日本濑户内海,赤潮频繁,1955 年以前的几十年间发生过 5 次,1965 年一年中就发生 44 次,1970 年发生 79 次,而 1976 年一年中竟发生 326 次。赤潮的频繁发生,是海洋污染加重、海洋环境质量退化的一个突出标志。

再次,两种新污染源——放射性污染和有机氯化物污染的出现,它们不仅加重了已有的环境污染危机的程度,而且使环境污染危机向着更加复杂而多样化的方向转化。放射性污染因利用原子能和发展核电厂而产生。1945 年 8 月 6 日和 9 日,美国在日本广岛和长崎投下两颗原子弹,爆炸之后的幸存者中出现了所谓的"原子病",主要表现为白血球异常增多的血癌。战后,和平利用核能的发电厂广泛发展。1956 年,英国克得霍尔反应堆(Calder Hall Reactor)开始发电;翌年,美国宾州船运港(Shippingport)核电厂开始运转,由此揭开西方国家核能发电的序幕。20 世纪六七十年代,核电工程迅速成长。核能在为人类提供巨大的动力和能量同时,也产生了核废料以及由这种放射性物质带来的环境污染。更为严重的是,核电厂在运转中发生事故所造成的放射物质泄漏和放射性污染,会对人类造成严重而持久的威胁,美国的"三英里岛(Three-mile Island)事件"就是典型例证。1979 年 3 月 28 日,美国宾州哈里斯堡东南 16 公里处三英里岛核电厂 2 号反应堆发生放射性物质外泄事故,导致电厂周围 80 公里范围内生态环境受到污染。这是人类发展核电以来第一次引起世人瞩目的核电厂事故，对社会生活、舆论和世界核能利用的发展都带来重大影响。有机氯化物污染主要指因大量生产和使用滴滴涕、六六六等农药以及虽非农药却用途广泛的多氯联苯所造成的环境污染。滴滴涕和六六六在20世纪40年代被发明出来之后即投入生产，到50年代被大量施用。它通过各种渠道在环境中广泛传播和沉积下来，对植物、动物和人类造成毒害。在60年代，多氯联苯也得到广泛应用。它一般多用作变压器、电容器、蓄电池的绝缘油和热载体以及油漆和墨水等的添加剂。因其用途广泛，需求量极大，损耗量也大。多氯联苯不易被细菌吸收，从而在环境中大量积存起来。它一旦在人体中累积，即可引起皮肤和肝脏障碍；进入孕妇体内则会使胎儿畸变甚至造成死胎。上述日本的"米糠油事件"就是因多氯联苯泄漏致使食物污染所造成的严重后果。西方国家在环境污染发生初期，曾经采取过一些限制性措施，颁布了一些环境保护法规。如英国1863年颁布的《碱业法》、1876年颁布的《河流防污法》，日本大阪府1877年颁布的《工厂管理条例》等。此后，美国、法国等国也陆续颁布了防治大气、水、放射性物质、食品、农药等污染的法规。但是，由于人们尚未搞清污染以及公害的原因和机理，仅采取一些限制性措施或颁布某些保护性法规未能阻止环境污染蔓延的势头。到20世纪50～70年代初环境污染问题日益加重时，西方国家相继成立环境保护专门机构，以图解决这一问题。因当时的环境问题还只是被看作工业污染问题，所以工作的重点主要是治理污染源、减少排污量；所采取的措施，主要是给工厂企业补助资金，帮助它们建立净化设施，并通过征收排污费或实行"谁污染、谁治理"的原则，解决环境污染的治理费用问题。此外，又颁布和制定了一些环境保护的法规和标准，以加强法治。但这类被人们归结为"末端治理"的措施，从根本上说是被动的，因而收效不甚显著。这时，西方国家频繁发生的污染公害事件，不仅影响了经济发展，而且污染了人居环境，损害了人们的身体健康，造成了许多死亡、残疾、患病的惨剧，终于使公众从公害的痛苦中普遍觉醒。50年代末，当美国环境问题开始凸显时，美国海洋生物学家卡逊（Rachel Carson）花费了4年时间，阅遍美国官方和民间关于使用杀虫剂造成危害情况的报告，在此基础上，写成《寂静的春天》一书，将滥用滴滴涕等长效有机杀虫剂造成环境污染、生态破坏的大量触目惊心的事实揭示于美国公众面前。本书在 1962 年出版，引起美国朝野震动，并推动全世界公众对环境污染问题的深切关注①。作为应对环境污染的重大战略举措，西方国家自 20 世纪 70 年代后着力推进产业转型升级运动，将处于产业链条中低端的制造业向发展中国家转移，大大推进了全球经济一体化进程。美国、日本、英国、法国、德国、意大利等西方发达国家通过强有力的环境保护制度与政策促使制造业外迁，实现了产业转型升级，其环境质量明显提高。

最后，经济社会发展的大转型，促使城市管理模式的革新。

工业革命以来，工业化与城镇化的快速发展，促使农村人口不断转化为城市人口，农村地域不断转化为城市地域。伴随这个大转型的过程，身份转换、就业变化、生活方式变化、财产变化等要求城市管理模式进行变革。概括来看，自 18 世纪以来，西方国家的城市管理变革主要体现在以下几方面。

其一，城乡平等自治权利的获得，铲除了城镇化进程中城市对农村地区利益剥夺的制度土壤。英国素有地方自治传统，但历史上乡村地区并未实行地方自治，具有民主色彩的早期地方自治只在自治市产生过。乡村地区的封建庄园虽然拥有独立王国一样的自主性，但它更像是封建割据而非地方自治。乡村处于郡守和治安法官的统治之下缴纳郡区税。而自治市凭借从国王那里取得的特许状享有一系列特权，包括设立自己的管理机构，拥有独立的市政资产、独立的司法机构及使用自治市的名称特权。1894 年，英国通过《地方政府法案》，允许设立城区议会和乡区议会，乡区议会下设教区，并规定 300 人以上的教区引入民选教区议会制度，300 人以下的教区必须设立教区大会。这时虽然还存在城区与乡区事实上的区分，乡村地区却正式取得了与城市相同的地方自治制度，在农村基层政府确立了现代民主制。法国与英国类似，在旧制度下，只有依法获得特许状的自治市镇才享有自治权。1789 年，法国关于设立自治市镇的法律赋予了自治市镇同等的自治权。德国有着浓厚的封建主义与集权主义传统，1808 年，自由派改革者斯泰因起草《普鲁士市政宪章》后，德国才确立了地方自治的政府模

---

① 梅雪芹：《工业革命以来西方主要国家的环境污染与治理的历史考察》，《世界历史》2000 年第 6 期。

式。但该宪章只适用于城市,并不适用于仍旧为封建贵族所统治的乡村地区。在整个19世纪,德国一直在延续这种做法。1919年《魏玛宪法》的通过使得全面的地方民主制在全国展开。但随后纳粹政权建立,地方政府适用独裁政权的要求又进入了高度集权阶段,自治权完全被剥夺。"二战"后,随着1949年联邦宪法的出台,乡村与城市平等的自治权重新获得[①]。

其二,大都市扩展带来了区域管理的诞生。以美国为代表的西方发达国家早在20世纪初就出现了私人家庭小汽车,"二战"后城市郊区化发展十分明显,新的大都市不断形成,城乡空间摩擦时有发生。传统的城乡自治管理体制无法适应大都市扩展对区域管理的要求,各种形式的区域管理模式应运而生。伦敦是英国的大都市,从19世纪30年代开始,英国中央政府着手对伦敦的市政管理体制进行改革,拟建立具有大都市区政府管理性质的管理机构,并先后进行了各种具有探索性质的尝试,如1829年和1848年分别建立了郡警务局和都市下水道委员会。1855年,又根据都市地区管理法案建立了都市工作委员会。都市工作委员会在建立之初,主要目标和职能是改善、维持伦敦污水处理系统的良性运转。然而,由于客观现实的需要,在其随后存在的33年里,所承担的职能逐步扩展,囊括了许多其他职能。尽管在名称和法律地位上还名不副实,但在性质上初步具备了伦敦都市区地方管理机构的雏形。1888年,《地方政府法案》的颁布为伦敦行政改革提供了一次很好的契机。改革派以法律为依据,废除都市工作委员会而成立伦敦郡,由居民直接选举产生伦敦郡议会。但是在组织形式上,改革的激进派和温和派各持己见,相持不下。前者主张废除教区委员会,建立单一的都市郡政府,这一观点遭到了各教区和伦敦城的联合抵制;后者则建议成立自治市以取代教区。后来,在中央政府的干预下,制定了1899年伦敦政府法案,根据该法案,伦敦郡于1900年进行改革,仍然实行两级体制。该法案还赋予伦敦郡议会很大的权力,废除了教区,改建为自治市,自治市自此开始成为都市地方政府的基本单元。1899年,根据伦敦政府法的规定,除伦敦城以外,其他的内伦敦自治市都建立了地方议会,与伦敦

[①] 陈国申、李广:《从城乡二元对立到一体治理——西方发达国家城市治理模式变迁及启示》,《东南学术》2007年第2期。

郡议会一起构成管理伦敦的两层管理体制,拉开了现代伦敦大都市区政府治理改革的序幕。进入20世纪后,伦敦郡议会又开始面临快速城镇化发展带来的诸多挑战。于是,逐渐提升了规划的地位。为了防止伦敦城市的无限膨胀,40年代,英国议会专门制定了"绿带法",决定用环城绿化带把伦敦大都市包围起来,并且把伦敦大都市圈分成三层——市中心、内伦敦和外伦敦,总面积约1580平方公里;同时,针对战争的毁坏及贫民窟问题,提出了伦敦大都市的规划与重建。因而自50年代起,伦敦的绿地建设、城区开放空间扩大、中心城区人口密度降低、周边区域的平衡协调发展等,在赢得共识的基础上得到了法律保障。但整个大都市地区仍然属于众多互不隶属的行政区管辖,一体化发展较难顺利实施。为此,在1965年创立了"大伦敦地方议会",代替自维多利亚时代以来的伦敦郡议会,专门负责整个大伦敦地区的协调管理。与此同时,伦敦于1964年将原有的85个自治市重组为32个,以适应管理体制改革的需要。但是,有研究显示,这种"大伦敦议会——自治市"双层管理体制存在严重的结构缺陷:首先,该体制的一个基本目标就是扩大自治市的权力,由此加大了上层政府的管理协调难度。其次,在两级政府的职能分工方面,有些职能,特别是规划、住房、交通等职能,运转极为复杂,很难明确分解。由于职责界定不清,对相互之间的协商与合作带来极大困难,导致运作效率低下。最后,从政府之间的关系来看,伦敦的两级地方政府之间不是行政从属关系,自治市的力量较为强大,在一定程度上削弱了大伦敦议会干预城市发展的权威性,降低了其有效发挥战略职责的能力。70年代末以前,伦敦一直保持着"大伦敦地方议会—各自治市议会"的双层制管理体制[1]。与大伦敦类似,大纽约、大巴黎、多伦多地区、洛杉矶地区等西方大都市地区都进行过区域管理的探索。

其三,适应时代需要的城市管理模式探索。西方国家的城市管理模式植根于西方悠久的地方自治传统。工业革命开始以后,面对社会经济结构的大调整,以"碎片化"为特征的传统地方自治制度越来越跟不上时代步伐,为了加强统筹和协调功能,促进要素跨区流动与整合,提高经济运行

---

[1] 张紧跟:《伦敦大都市区治理改革及启示》,《岭南学刊》2011年第4期。

效率与行政管理效率，西方各国根据各自国情探索了各具特色的城市管理模式。概括起来有以下五种类型。

①市议会制。市议会制的主要特征是市议会兼行议决权和行政权，市议会就是市政府。英国各城市普遍实行这种市政体制，加拿大多数城市和德国巴登—符腾堡州中符腾堡地区的城市也采用市议会制。以英国为例，其市议会制的基本特征是：第一，由市民直接选举的市议员组成市议会。市议会行使立法权、议决权、人事任免权、城市预算权，以及监督行政权等。由市议员选举少数知名人士为名誉参议员。第二，由市议员和名誉参议员选举他们中的一位为市议会议长，即市长。市长只有一些礼仪性的职权，而没有领导市政府工作的实权。市长的礼仪性职权包括主持市议会会议、主持城市的重要庆典活动、会见国内外重要宾客、授予荣誉市民称号、担任市议会改选的监选官、兼任城市的治安法官等。市长在市议会表决时，一般不投票，但在可否票数相等时，可以投决定性的一票。市长既没有市政府决策的决定权，也没有市政府行政管理的统一指挥权。第三，市议会的委员会相当于市政府的工作部门。它既行使一般的审议委员会的职权，如审议议案、调查问题、召开听证会等，又行使市政府工作部门的行政决策权。委员会的类型有：常设委员会，行使传统的职能，如公用事业、环境卫生和教育事业等；临时委员会，负责临时性事务；法定委员会，依法成立，处理特定事务，如土地委员会等；联合委员会，由两个或两个以上的城市议会为了处理跨地区的共同性事务而设立，如公路委员会等。英国的有关法律规定，某些事项，如果有关的委员会不同意，市议会不得议决，如预算收支事项须经财政委员会同意，产妇和儿童福利事项须经妇女儿童福利委员会同意。第四，市议会选举任免若干行政长官，聘任一些行政职员。行政长官以及行政职员与委员会对口设置，与委员会一起构成市政府的工作部门，他们行使行政执行权。市议会的委员会主要由市议员组成，他们难以有精力处理城市管理的日常事务；而市政府工作部门的事务须由行政首长统一指挥，因此有必要设置行政长官和行政职员。行政长官对市议会负责，与委员会分工协作，个别市议员无权对行政长官和行政职员发号施令。行政长官有市秘书、司库、教育官、医官、卫生视察员、测量员和消防主任等。总体来看，市议会制的优点是有利于维护市议会的权威性；

有利于市议会对城市管理的监督；有利于减少议决机构与行政机构的矛盾，提高管理效率。它的主要缺点是缺乏一个统一指挥市政府各部门工作的、有实权的市长，而这对于协调各部门的工作、领导执行系统高效率运转是不利的。

②议会市长制。议会市长制的主要特征是市的议决机构和行政机构分设，但市议会在与市长的关系上处于优势地位。日本各城市都实行这种市政体制，美国部分小城市和少数大城市（如芝加哥、洛杉矶等）采用此制，称其为"弱市长制"。德国黑森州居民在3000人以下的城市，也多采用这种体制。以日本为例，其议会市长制的基本特征是：第一，市议员和市长分别由市民选举产生，市长不得兼任市议员。第二，市议会拥有不顾市长反对而通过预算、地方性法规和决议的权力。市议会通过这些文件后，如果市长有不同意见，可以要求复议，但在市议会以2/3重新通过后，市长必须接受。第三，市议会拥有对市长任免市政府一部分工作部门首长的同意权。市政府工作部门的这些首长包括属于一般行政机关的首长如市长助理、出纳长等，属于特别行政机关的首长如监察委员等。第四，市议会对市长和市政府的工作有建议权。这些建议分为三类：对市议会有权议决的、属于城市自治权限内的事项，这方面的建议具有强制性，市长和市政府必须执行；对市长和市政府执行中央和上级的政府决定，这方面的建议具有参谋性，市长和市政府可以执行，也可以不执行；对市长和市政府的要求提出建议，具有咨询性，市长和市政府可以听从，也可以不听从。第五，市议会对市长和市政府的工作有调查权。市议会行使这种调查权具有准司法性质，即市议会在调查中，要求市长和市政府有关部门提供文件，或到场作证，市长和市政府有关人员必须服从，否则市议会可以向法院起诉，由法院作出罚款或判刑等决定。第六，市议会拥有通过不信任的议案而要求市长辞职的权力。市长在收到市议会的不信任案后，如果10天内不解散市议会，或解散后新选举的市议会再次通过不信任案，市长就得辞职。第七，属于市政府工作部门序列的特别行政机关对市长和市议会双重负责。特别行政机关包括教育委员会、人事委员会、公安委员会、固定资产评价审查委员会、选举管理委员会、监察委员会等。由于这些机关所管理的事务涉及市民的切身利益，如涉及财产，容易引起营私舞弊，有必要加强监督，

所以实行双重负责的机制。它们的成员由市长提名，经市议会表决同意后，再由市长任免。特别行政机关有责任直接向市议会报告工作，并对市长保持相对的独立性。总体来看，议会市长制的优点是有利于市议会监督市政府的工作；作为市政府工作部门的特别行政机关对市长和市议会双重负责，在西方国家的市政管理中是比较独特的。它的缺点是市议会对市政府工作不适当的监督，会降低行政效率。

③市长议会制。市长议会制的主要特征是市的议决机构和行政机构分设，但市长在与市议会的关系上处于优势地位。法国的城市和美国多数的大城市如纽约、底特律和波士顿等都实行这种市政体制，在美国，它被称为"强市长制"。德国的巴伐利亚州、巴登—符腾堡州的巴登地区等的城市也采用市长议会制。不同国家和地区的市长议会制又有一些内在的差别。法国的市长议会制有下列基本特征：第一，市议会选举一位市议员为市长，但不能罢免市长，而只能由中央的内政部长罢免。它适应了中央集权制的需要。第二，市长兼任市议会议长。作为市议会议长，市长有权主持市议会会议、安排市议会的议程、召集市议会的特别会议等。第三，市长有某种独立的立法权。这种权力来源于法国各级政府首长所固有的管家权，即他们有职责维护本地的治安和秩序，为此有权制定行政规章，经上级政府首长批准后生效，具有法律效力。第四，市长在执行市议会的决议方面有一定的自由裁量权。这种权力来源于市长的双重身份，即他一方面是市政府的首长，另一方面是中央政府的代表。市议会就城市自治权限的事项通过决议，只能作原则上的规定，并委托市长负责制定详细的实施办法。市长在制定办法时，得斟酌市议会决议的条款是否同中央的法律和行政法规相抵触，如果有抵触，在实施办法中要予以避免。市议会如果认为市长行使这种权力不当，可以向行政法院起诉。美国的市长议会制比较典型，它有下列基本特征：第一，市长和市议员分别由市民选举产生，市长和市政府工作部门的首长不得兼任市议员。第二，市长有权独立任免市政府工作部门的首长，他们只对市长负责。第三，市的财政预算权主要掌握在市长手中。市长和市政府的财政部门具有预算的起草权和执行权。市议会审议和通过预算，不能增加项目，只能减少项目或数额。第四，市长有立法权。市议会审议并通过的地方性法规议案，多数由市长提出。对市议会已经通

过的地方性法规，市长有权否决；但如果市议会以 2/3 多数重新通过，市长只能接受。第五，在部分城市，市长有准司法权。市长有权赦免触犯城市地方性法规的人。第六，在部分大城市，从"强市长制"演化出一种"首席行政官强市长制"。由市长任命一位首席行政官，他根据市长的授权，领导市政府日常的行政管理工作，对市长负责。他的职责包括准备预算、安排一般人事、协调各部门的工作、监督较重要的行政事务、向市长提供专业技术的咨询意见等。在这种市政体制下，市长能够集中精力处理重要问题，如考虑大政方针、从事竞选连任、协调城市各种政治力量的关系等。总体来看，市长议会制的优点是作为城市管理执行系统的市政府，由于有强有力的行政首长的统一指挥，有利于提高行政效率；"首席行政官强市长制"是"强市长制"的完善，对于大城市，既要处理政治关系，又要搞好行政管理，比较适用。它的缺点是由于市长大权在握，市议会的制约较弱，容易引起市长专权；如果市长不尊重市议会，二者容易产生矛盾。

④市委员会制。市委员会制的主要特征是市委员会既是市议会，又是市政府，它兼行市的议决权和行政权。美国较多的中等城市和少数大城市如首都华盛顿—哥伦比亚特区都实行这种市政体制。市委员会制有以下基本特征：第一，由市民选举产生市委员，组成市委员会。市委员会集体对选民负责。第二，市委员会产生后的第一次会议上，市委员们推选一位委员为主席，主持会议，即为市长。有些市委员会采用市委员轮流主持会议的做法，市长由市委员轮流担任。市委员会表决时，市长与其他委员平等，即也只有一票表决权。市长只有一些礼仪性的职权，没有领导市委员会工作的实权。第三，每个市委员兼任一个或几个工作部门的首长。这样，市委员既是市议员，又是市政府工作部门的首长。作为工作部门的首长，每个市委员就本部门的工作对市委员会负责，并对本部门的工作有独立的指挥权。第四，市委员会表决任免若干位较重要的行政长官，包括市秘书、市司库、市审计、市检察官和市学务委员会委员等，他们对市委员会负责。市委员有权任免自己任首长的工作部门的行政长官和职员。总体来看，市委员会制与市议会制相类似，它的优点是有利于精简机构和人员，有利于议决权和行政权的统一，有利于提高城市管理的效率。它的缺点是缺乏一位行政首长统一指挥市政府各部门的工作；由于市委员兼工作部门首长，

有时较难处理二者的矛盾。

⑤市经理制。市经理制的主要特征是市议会聘任一位市经理，把行政权授予市经理行使，市经理对市政府和城市实行专业化管理。美国一部分中等城市和多数小城市都实行这种市政体制。市经理制有下列基本特征：第一，市民选举的市议员组成市议会，市议会行使议决权。第二，市议会公开招聘一位专业人士担任市经理，市经理对市议会负责，必须执行市议会通过的地方性法规和决议。作为市政府的行政首长，市经理拥有领导市政府工作所必需的全权，包括任免市政府各部门负责人，各部门负责人对市经理负责；统一指挥和协调市政府各部门的工作；编制预算草案并负责执行；向市议会提交地方性法规和决议的议案等。个别市议员无权对市经理发号施令，也无权越过市经理干预市政府工作部门的具体事务。第三，市议会议长兼市长，但市长只有一些礼仪性的职权，也无权干预市经理的工作。总体看，市经理制的优点是有利于引入市场竞争机制，在更大范围招聘城市管理的专业人才；有利于对市政府和城市实行专业化管理，提高城市管理的效益；有利于把政治矛盾与城市管理相对分开，市议会负责处理政治矛盾，而市经理集中精力解决专业和技术问题。其缺点是当市议会难以处理政治矛盾、而它又与城市管理交织在一起时，市经理往往无能为力。

（三）后工业化时期的城市管理

一般认为，西方国家在20世纪70年代前就完成了工业化与城镇化两大现代化战略任务，从80年代起进入了后工业化时期。这时，通过经济全球化发展，西方国家构建起了全球产业分工体系，通过将资源消耗型、环境污染型、劳动密集型产业向发展中国家转移，实现了自身产业升级，也解决了困扰多年的环境污染问题。后工业化时期是人类进入生态文明的时期，区域主义、可持续发展、多元治理等理念进入城市管理的视野。

1. "新区域主义"取向的大都市治理模式

西方国家工业化时期的城镇化经历了向心聚集——郊区化扩散——逆城市化——再城市化阶段，都市区已经成为城市地域空间的基本形态。为了解决地方自治带来的"碎片化"弊端，一些大都市尝试建立大都市政府的探索（比如伦敦）在 20 世纪 90 年代进入低潮。相应的，在这个时期出现了大都市治理的"新区域主义"。

所谓"新区域主义"是与"旧区域主义"（成立大都市政府）相对而言，它的关注点是公正，强调治理过程，主张通过在相关主体之间建立健全有效的协调机制以提高区域性竞争力①，而不是组建大都市政府。在新区域主义者看来，城市区域、而非城市，成为全球经济竞争的相关主体。当前的城市危机存在于城市（包括老化的近郊区）与新的远郊区之间，核心是两者之间的种族、经济及社会的差别。因此，新区域主义的政策主张是缩小中心城市与郊区之间的社会、经济及财政差别。他们喜欢以地方政府间的税收分享来保证各地充足的税基，以郊区的可负担住房来缓解隔离，并处理工作地点与居住地之间的分离问题，以"精明增长"（smart growth）政策阻止联邦、州和地方政府对服务增长的资源投入。正是这些新的增长刺激了郊区的蔓延，并将增长的方向引回中心城市。新区域主义者呼吁给地方政府更多的资源和自治权限来处理他们的问题，并以此来构建政府间关系，以达到新区域主义目标。20 世纪 80 年代和 90 年代的路易维尔、华盛顿特区和匹兹堡，通过相互调整实现了某种协调，采取的方式有地方政府间协议或者公私伙伴关系。例如在路易维尔，市与县谈判达成了一项综合性的合约（compact），内容包括：税收分享，暂停新城市的建制和兼并，联合出资和管理许多服务项目，如公共交通、图书馆和污水排放。合约以问题为导向，而非结构性的措施②。"新区域主义"作为一种思潮对 21 世纪西方国家的大都市治理产生了深远的影响。

2. 可持续发展理念下的城市绿色管理

20 世纪 70 年代后，生态文明与可持续发展问题受到人们的普遍关注。人们深刻地感受到，工业文明带来了严重的生态危机、道德危机和社会危机，人类传统的发展观和文明观面临严峻挑战。1992 年联合国环境与发展大会召开，可持续发展思想由共识变成各国人民的行动纲领，生态文明应

---

① 张紧跟：《新区域主义：美国大都市治理的新思路》，《中山大学学报（社会科学版）》2010 年第 1 期。
② 汉克·V. 萨维奇、罗纳德·K. 福格尔：《区域主义范式与城市政治》，《公共行政评论》2009 年第 3 期。

运而生。自 90 年代以来，生态文明和可持续发展的公众意识、执政理念、理论研究和实践探索日益得到全球共识。推行城市绿色管理正在成为西方国家的自觉选择。

第一，推行绿色消费。所谓绿色消费是指以绿色、自然、和谐、健康为主题的，有益于人类健康、环境和资源保护的一种现代消费模式。它包括的内容非常宽泛，不仅包括绿色产品，还包括物资的回收利用，能源的有效使用，对生存环境、物种的保护等。一些环保专家把绿色消费概括成"5R"，即：节约资源，减少污染（Reduce）；绿色生活，环保选购（Re-evaluate）；重复使用，多次利用（Reuse）；分类回收，循环再生（Recycle）；保护自然，万物共存（Rescue）等方面。

首先是绿色消费宣传。早在 20 世纪 80 年代后半期，英国就掀起了"绿色消费者运动"，然后席卷欧美各国。这个运动主要是号召消费者选购有益于环境的产品，从而促使生产者也转向制造有益于环境的产品。这是一种靠消费者来带动生产者，靠消费领域影响生产领域的环境保护运动。这一运动主要在发达国家掀起，许多公民表示愿意在同等条件下或略贵条件下选择购买有益于环境保护的商品。在英国 1987 年出版的《绿色消费者指南》中将绿色消费具体定义为避免使用下列商品的消费：①危害消费者和他人健康的商品；②在生产、使用和丢弃时，造成大量资源消耗的商品；③因过度包装，超过商品本身价值或过短的生命周期而造成不必要消费的商品；④使用出自稀有动物或自然资源的商品；⑤含有对动物残酷或不必要的剥夺而生产的商品；⑥对其他国家尤其是发展中国家有不利影响的商品。归纳起来，英国倡导的绿色消费主要包括三方面内容：消费无污染的物品，消费过程中不污染环境，自觉抵制和不消费那些破坏环境或浪费大量资源的商品等。

其次是绿色消费法律的制定。法国 1993 年前曾立法规定，1993 年及以后的上市消费品，50% 的包装物必须回收利用。德国的《循环经济和废物处置法》规定废物产生者、拥有者和处置者的义务；日本的《循环基本法》第 12 条规定了公众责任：使用、协助回收、抑制废物产生。

再次是绿色消费补贴。英国 2006 年公布的一份"能源评估"报告显示，英国家庭各种电器和办公设备处于待机状态时，白白浪费了 8% 的电量。为此,英国有关机构宣布浪费电能的电器必须重新设计,还计划通过立法彻底消除家电的待机状态对电能的浪费。为鼓励新能源消费,德国分别在 1990 年和 2000 年颁布了《电力输送法》《可再生能源优先法》,政府给予电网运营商必要的财政补贴,偿付金额最少为其从终端用户所获得平均受益的 80%。在政策的强力推动下,德国的风力发电从 1990 年开始起步,到 2009 年底发电量达 23.9GW,占全国总发电量的 10%,德国已成为全球风能发电的领头羊。

最后是绿色采购政策。美国是绿色采购政府的率先垂范者。从 20 世纪 90 年代开始已先后制订实施了采购循环产品计划、能源之星计划、生态农产品法案、环境友好产品采购计划等一系列绿色采购计划。德国自 1979 年起规定政府绿色采购的原则包括禁止浪费、产品必须具有耐久性,可回收、可维修、容易弃置处理等条件。日本作为绿色采购的后起之秀,在绿色采购方面作出了很多有影响力的工作。1994 年日本制订实施了绿色政府行动计划,拟订了绿色采购的基本原则,鼓励所有中央政府管理机构采购绿色产品。2000 年,日本颁布了绿色采购法,规定所有中央政府所属机构都必须制订和实施年度绿色采购计划,并向环境部长提交报告;地方政府要尽可能地制订和实施年度绿色采购计划,2010 年全日本有 83% 的公共和私人组织实施了绿色采购[①]。

第二,对产品实行绿色认证。德国的"蓝色天使"绿色标志是世界范围内有关环境和消费者保护的第一个标志体系,在绿色环保标志中具有很高权威,获得该认证相当于拥有了国际市场的绿色通行证。该认证制度由专门的"蓝色天使"委员会按照相关认证标准进行审查,评估程序和授予条件极为严格。德国环保部门将对认证产品进行长期的市场抽样跟踪,多次发现问题将取消其认证资格。该标志诞生于 1978 年,起初发展比较缓慢。到 1984 年只为 500 个产品颁发了标志。20 世纪 80 年代后期发展迅速,颁发的产品种类几乎翻了一番,认证产品数量增加了 6 倍,体现出公众环境意识的迅速增强。3 年以后,获得该标志的产品增加了近 7 倍。到推行 30 年之际,已有超过 30 个国家和地区的产品申请并实施了"蓝色天使"标志,标

---

① 于丹丹:《西方发达国家发展绿色消费的经验做法及启示》,《经营管理者》2010 年第 7 期。

志涉及的产品范围也越来越广,产品包罗万象。2008 年起,开始进行一些新的测试,比如对于数字增强型的无绳电话、木制玩具、节能灯、绿色电能等的测试,还包括使用其标志的手机①。与此相类似的绿色标志还有美国的"再生标志"、加拿大的"环境选择"、欧盟的"欧洲环境标志"和日本的"生态标志"等。针对全球性的环境污染和生态破坏越来越严重,臭氧层破坏、全球气候变暖、生物多样性的消失等重大环境问题威胁着人类未来的生存和发展,顺应国际环境保护的发展,在瑞士日内瓦成立于 1946 年的国家标准化组织(international organization for standardization,简称 ISO),依据国际经济贸易发展的需要而制定了通行全球的环境管理体系认证(ISO 14001)。该标准于 1996 年首次发布,2004 年分别由 ISO 国际标准化组织进行了修订,目前最新版本为 ISO 14001—2004。该标准引起了世界各国政府和产业界的高度重视。到 1997 年底,标准颁布仅一年时间,全世界就有 1491 家企业通过 ISO 14001 标准认证;到 1998 年底,这一数字达到 5017 家;到 1999 年底,通过认证的企业已超过万家。

第三,倡导绿色出行方式。丹麦的哥本哈根市以"自行车城"著称。在哥本哈根市区,随处可见骑车族宛如游鱼般穿梭于大街小巷,无处不在的自行车流成为这座城市的文化符号。

为了有效解决汽车二氧化碳排放和城市拥堵问题,哥本哈根市近年来大力鼓励市民以自行车作为代步工具,掀起了一场自行车交通革命。现在哥本哈根有超过 1/3 的市民每天骑自行车上班或上学,而且覆盖了各个年龄层。哥本哈根市政府为骑车一族打造自行车"高速公路"。该车道经过特别设计,尽可能减少中途的停靠,使用特别的交通信号系统,可以让骑车族享受"一路绿灯";中途还设有自行车充气站、修理站和停靠站,可以使骑车族更快、更安全地抵达目的地。新建成的自行车"高速公路"让哥本哈根市每年减少 7000 吨的二氧化碳排放。以色列特拉维夫市 2011 年 5 月推出了一项城市自行车租赁计划。按照该计划,特拉维夫市政当局将在全市设立 150 个自行车租赁点,每个租赁点配备 20 辆自行车。想租用自行车的市

---

① 陈健:《发展绿色产业,规范绿色标志制度——概述德国"蓝色天使"绿色标志给我们的启示》,《生态经济》2009 年第 1 期。

民，只要通过互联网、免费电话或到市政厅注册成为租赁用户，并缴纳每年280谢克的租金后，便可获得一把电子钥匙，凭借该钥匙即可到租赁点租用自行车。按规定，租用的头半小时为免费；用户将自行车停放到目的地租赁点10分钟后，自行车计时器会自动清零，以便他人继续租用。目前，该市已有120公里的专用自行车道，它们经过主要商业区、城市公园和公共绿地，出行环境良好，市区已有12%的人骑自行车上下班。此后，市政部门还将投资数百万谢克进一步拓展自行车专用道，并推出自行车月租和日租项目，以鼓励更多人采用这一绿色环保的出行方式。

3. 经济全球化背景下的城市政府改革

20世纪80年代以来，经济全球化浪潮席卷世界各地。西方发达国家为了在全球竞争中保持优势地位，纷纷对城市政府进行了改革，以提高行政效率、促进地方经济发展与务实合作。主要有以下三方面的行动①。

一是完善地方自治制度。尽管在不同的历史、文化、政治和经济社会环境中进行改革，但是西方国家城市政府改革中完善地方自治制度的趋势十分明显：①拥有法定地方自治的范围和权限。地方政府的权限由宪法或法律规定，非经法定程序，中央政府不得干涉地方政府自治范围内的事务。显然，这与一般性的行政放权有根本性的区别，一般性的行政放权，中央政府可随时收回下放给地方政府的权力。②直选产生地方行政机关和行政首长。地方议会的议员和行政首长都必须由当地居民直接选举产生，这是地方自治的最显著特征。③地方自治政府承担推行地方自治和执行中央政令的双重职责。地方自治政府在国家的控制下依法执行自治范围内的事务，也承担一部分中央委托的事项。④地方政府的自治权利有法律制度保障。当地方认为中央干涉它的自治事务时，可以向法院（最高法院、专门法院或普通法院）提出诉讼，抵制中央的无端干预。⑤各级地方自治政府在法律关系上处于平等地位。地方自治政府上下级之间，只有法律地位上的平等和实际管理中的指导和监督关系，没有行政隶属关系。

二是府际分权。20世纪70年代后，面对严重的财政危机，发达国家普

---

① 杨馥源、陈剩勇、张丙宣：《城市政府改革与城市治理——发达国家的经验与启示》，《浙江社会科学》2010年第8期。

遍实行府际分权。美国里根政府实施还权于州和地方的改革，使联邦政府与州、地方政府分享财政，分担公共产品和公共服务的供给任务，分享公共政策制定的权力；并以"整笔补助"代替"分类补助"，放松对州和地方政府的控制。与联邦制国家相比较，单一制国家的地方分权改革力度更大。近年来，法、日、英等国的政府间关系朝着"准联邦制"方向发展。中央政府通过扩大地方政府在地方性公共事务的管理权限，使地方政府由中央的代理人转变为具有相对自主地位的地方自治政府。

三是合作治理。中央政府和城市政府等各级地方政府不断寻求合理分权的框架，以形成事权划分、财权共享、管理责任明确的府际关系结构。府际关系调整的目的非常明确，就是通过有效的分权能够调动城市的积极性，刺激地方经济的发展，提高城市的竞争实力，同时兼顾城市地方实力的发展和国家整体实力的提高。虽然上级政府与城市政府在权力和利益分配上依然存在着大量的博弈和冲突现象，但通过对话、讨价还价的集体行动，它们都努力寻找有利的合作途径和政策合作空间，共同应对全球化带来的挑战。同时，地方政府之间的横向合作关系也发展迅速。各个城市政府之间开始着手通过签订协议或成立委员会等措施，协调解决跨区域的公共产品和公共服务的供给，解决垃圾处理、环境污染、公共交通、土地利用、社会治安等问题。

三　分国别城市发展与城市管理

（一）英国

1. 城镇化简要过程

英国的城镇化开始于 18 世纪初工业革命开启时期。之前，有城市，但发展十分缓慢。据英国史学家克拉潘（1980）估计，1300 年，英国 5000 人以上的城市人口只占总人口的 4.4%；1500 年左右，英国的城市化率不到 10%。之后，城镇化加速发展，1750 年，2500 人以上的城市人口比重达 25%；1801 年增加到 37.8%；1851 年达到 50%；1911 年达到 78%[①]；1980

---

① 林秀玉：《工业革命与英国都市化特征之探析》，《闽江学院学报》2004 年第 6 期。

年达到89%；2009年突破90%①。英国的城镇化是自然而然发生的，工业革命开始前经历了长时期量的积累，为城镇化开启进行了必要的准备。工业革命开启了城镇化的大门，城镇化有了突飞猛进的发展。英国是世界上第一个完成工业化与城镇化的国家。从英国城镇化走过的历程来看，具有以下特点。

一是农业技术的改进和农产品商品化程度的提高为英国城镇化提供了基本物质保障。在工业革命推动下，19世纪英国农业劳动生产率在欧洲占首位。农业生产技术的改进和农产品产量的提高，满足了日益增加的城市人口的生活需要。农业劳动力在农村人口中所占的比例，从1520年的80%下降到1801年的50%，农业生产率却提高了60%～100%。农业现代化水平的提高和大农场的建立，使英国能以较少的农业人口养活日益增多的城市人口，从而为城镇化的顺利进行奠定了必要的物质基础。

二是工业革命推动小城镇迅速发展为大城市。英国的棉纺织部门最先采用了机器进行生产，不仅使其生产规模不断扩大，还促使城镇范围不断拓展，并迅速发展为大都市。如格拉斯哥在18世纪末还是一个小城镇，但到1831年已经是20多万人的大工业城市了。与此同时，工厂迅速发展，从1777年建立的第一个工厂算起，到1835年全国已有棉纺织厂1262家。工厂的广泛建立，不仅使生产规模进一步扩大，而且有力地推动了英国城镇化的进程。如曼彻斯特的居民从1801年的7.5万增加到1871年的35.1万，成为英国近代城镇化的典型。

三是工业革命改变了英国的产业结构，推动了城市聚集效应的形成。工业革命前英国以农业为主；工业革命后，第二、三产业的比重迅速增加。据著名发展经济学家西斯蒙·库茨涅茨统计，在1801年，农业、工业和服务业占国民生产总值的比重分别是32%、23%和45%，而到1841年则分别变为22%、34%和44%。越来越多的劳动力从第一产业转移出来，到城市从事第二、三产业，这样城市就逐渐具备了充足的能源、必要的生产资料、产品销售市场和基础的服务设施等。这些生产要素的集中所产生的聚集效应又极大地推动了英国的城镇化进程。

---

① 来源：中国国家统计局网站（http://www.stats.gov.cn/）国际统计数据。

四是交通运输业革命推动英国的城镇化进程进入新阶段。工业革命带动了以运河、汽船、公路和铁路为主要标志的"运输革命"。在铁路建设方面，英国国会仅 1836 年就批准建设了 25 条新铁路，总里程 1600 多公里，而到 1855 年其铁路总里程达 12960 公里，内陆铁路运输网逐步形成。在运河的开凿方面，自从 1761 年开凿了从沃斯利到曼彻斯特的第一条运河以后，到 1842 年，英国已修建了 3960 公里的人工运河，曼彻斯特、伯明翰成了著名的运河枢纽。交通运输业的发展极大地加强了英国城乡之间的经济联系，使处于这些交通枢纽的地区迅速成为集商贸、工业和服务业为一体的城市或城镇。

五是工业革命促进了大量农村人口向城市转移。首先，工业革命使英国的人口再生产发生根本变革，由于医疗事业的发展和人民生活的改善，人口迅猛增加，为城市的进一步发展提供了主体和劳动力。1750～1850 年的 100 年间，英国的人口从 750 万猛增到 2100 万。人口的增加为英国城镇化提供了源源不断的劳动力供给。其次，工业革命前，英国是一个典型的农业社会，农村是社会的基础和经济的重心；但在工业革命后，社会经济生活重心向城市转移，同时城市的新生活方式、新思想观念也在向农村渗透。生活在广大农村的农民逐渐离开了祖祖辈辈赖以生存的土地，大量涌入城市，为加快城镇化进程补充了源源不断的新鲜血液。随着大批的农村人口流入城市，城市人口迅速增加。伯明翰的人口从 1801 年的 7.3 万增加到 1844 年的 20 万，到 1848 年，伦敦一地人口就达 250 万。

2. 城市管理

不同时期，英国的城市管理具有不同特征。中世纪时期，英国尚未形成统一的民族主义国家。城市管理的显著特征是地方自治。16 世纪，英国建立封建专制王朝，城市管理呈现出君主集权的特征。工业革命后，英国进入君主立宪时代，开启了近现代城市民主管理的序幕。

（1）中世纪时期的地方自治

中世纪早期，英国（盎格鲁—撒克逊时期）王权的出现完全是社会职能的需要，部落在维持自身存在及扩张领土范围时需要军事领袖，其领导部落进行战争。王权发展到下一阶段时，封建制国家产生。"王"便成了社会统治者，而不再是野蛮人中最勇敢的指挥员了。国王最大的经济职能就是分封土地、收取封建义务。他的权力来自于此，同时也受制于此。由于他分封土地，贵族便承认他的高超；但也由于分封土地，贵族便分享了他的权力。为了维持封建秩序的稳定性，国王向不服从他仲裁的"叛逆"进行讨伐。国王的另一重要职能为仲裁贵族内部不断出现的纷争，于是便产生了国王的法律，以及最高的司法机构——"王座法庭"（king's bench）。在中世纪英国，国王对贵族只有宗主权（suzerainty）或霸主权（over lordship），而没有主权（sovereign）。中世纪英国王权的有限性，为地方自治留下了很大的自我管理空间。

在中世纪的英国，基督教会对社会的影响极大。自从其公元6世纪被传播到英国后，基督教会的势力迅速发展，不仅渗透到王国的政治生活与经济领域，而且支配着整个思想领域。以后数百年，王权与教权既有合作，也有斗争。教会在英国多元权力体系中形成了重要的"一元"。同时，世俗贵族也构成了权力体系中重要的一元。封建土地等级分授占有制固然赋予了封建王权和世俗贵族一致的根本利益，为双方的政治合作奠定基础，但在土地占有权与政治统治权密不可分的情况下，这种制度也的确包含着封建的离心倾向。世俗贵族想要的是一个在危急时刻能强有力指挥的领导，但又将地方控制权留在他们手中而不加干涉的国王。诺曼征服后的数百年间，英国国王与世俗贵族之间既有相互合作，又存在着矛盾和冲突[①]。多元利益格局为地方自治提供了空间。

英国国王约翰在1215年签署的《大宪章》对地方自治起到了很好的保护作用。《大宪章》涉及的民主权利包括：第一，没有人民的同意，国王不准擅自征税；第二，国民拥有被协商权，国王在立法征税等事项上要与国民充分协商，征得国民的同意，而且要提前40天发出告示；第三，公民享有人身自由的权利；第四，公民有监督国王和反抗政府暴政的权力。《大宪章》的意义在于它体现了"法律至上，王在法下，王权有限"的原则，为地方自治奠定了法制基础。

中世纪英国的地方自治始于交换，城市向国王交税，换回国王颁发的自治特许状。城市实行自我治理，由市民自行选举（而不是国王任命）官

---

① 张日元、王敬敏：《英国中世纪地方自治的历史考察》，《岱宗学刊》2007年第3期。

员管理城市的公共事务。这种自治的制度事实上架空了国王的专制权力。后来国王出尔反尔又毁约了。经过反复斗争,最终市民获得了胜利。到 1216 年,伦敦等十几个城市实行了自治,每年由市民自行改选市长和市议员。城市获得自治的标志之一是包税制。包税,英语"farm",来自拉丁语"firma",原义指一笔数额固定的每年定期支付的款项。"城市包税",即"borough farm",又称"fee-farm",来自拉丁语"firma burgi",指在城市中征收的款项,主要由通行税、不动产租金和法庭收益等几部分构成,这笔款项或者由代表国王利益的郡守或其他王室官员,或者由城市自身的官员,在每年的一个固定日期上缴至财务署①。早在诺曼征服之前,英王就直接控制了王国中的绝大多数大城市。作为城市的直接领主,国王有权在城市中征收各种收入。这些收入就构成了"城市包税"。最初,由国王直接任命的管家征收。诺曼征服之后,郡守取代管家负责征缴"城市包税"。由于郡守的寻租行为,市民经过斗争从国王处获得了征收"城市包税"的权利。伦敦成了第一个"吃螃蟹"的城市,此后其他城市纷纷仿效。"城市包税"开创了此后几个世纪英国自治城市发展的先河,在英国地方自治历史上具有里程碑意义。城市获得自治的标志之一是行会的产生和发展。中世纪时期,行会是一种以行业为组织的封闭性封建经济组织,它有严格的规定,对作坊的技术设备、生产工具、生产手段、工作时间、产品规格和质量都有严格的约束与限制。行会事实上履行了城市工商业者代表的职能。各级封建政府亦将行会当作控制城市工商业者的工具。城市工商业者所负担的各种封建性赋役基本上都不直接缴纳给各级封建主,而是由行会先行集中,然后一并上缴②。这一做法就像"城市包税"一样,具有行业自治的性质。

(2) 16~17 世纪封建专制时期的城市管理

中世纪末期,随着商业资本获得较高发展,对内要求统一国内市场、对外要求扩大商业殖民地时,统一集中的君主专制体制应运而生。都铎王朝时期 (1485~1603 年),通过与新兴资产阶级和新贵族集团结盟,共同反

---

① 罗淑宇:《试论十四世纪之前英国城市包税与城市自治的关系》,《云梦学刊》2010 年第 2 期。
② 董倩:《英国中世纪手工业行会的城市管理职能探析》,《大众商务》2010 年第 8 期。

对教会势力与地方封建割据势力，英国建立了强大的中央集权政府，其为新兴资本主义发展起到了保驾护航的作用。但是封建君主专制的本性在于"专制"，这种制度建立以后，就开展了一系列集权行动。比如，几乎无限制地扩充了地方上的治安法官（Justices of the Peace）的权利，使他们听命于君主，严重地侵蚀了地方自治的权利。治安法官本来是英国自中世纪以来就有的一种地方基层司法文官，其角色是郡长的助手，主要负责逮捕罪犯、维护公共安全。治安法官是由大法官以国王的名义，根据地方上的建议随时任命的，一般每年按郡任命，每郡平均有四五十人。14世纪后期治安法官的权力不断扩充，他们甚至获得了审理对郡长、市长不满的冤诉状的权力，其地位开始超越和凌驾于其他地方官员之上。到15世纪，治安法官已经完全取代地方的最高行政长官——郡长，变成国王政府在地方上的主要代理。都铎王朝时期，地方上的一切权力都由治安法官把持。1531年的议会法案授权治安法官甄别流浪者，对有能力的要惩罚强迫他们劳动，对无劳动能力者予以登记，并发给行乞执照。为了解决宗教改革中解散修道院所导致的大量社会问题，1536年的议会法案明确规定，每个教区要接受治安法官的监督，对安置在当地的无劳动能力的流民进行救济，要安排贫穷儿童学习手艺，并且强迫他们工作。而对有劳动能力的流浪者必须在刑事法庭给予处罚，并强迫他们从事指定的工作。治安法官因此获得了控制和镇压所有流民的权力，进而逐步掌控了地方上的财权和事权。1547年的议会法案则进一步授权治安法官对流浪者可以采取烙印记、定期奴役、终身奴役直至处死等处罚措施。1555年的议会法案授权治安法官以教区为负责单位，监督他们维护和管理公路。1563年的议会法案即著名的"技工法令"，授权治安法官每年规定一次当地技术工人的工资，监督手工业和农业学徒，并对劳工与雇主之间的纷争进行司法裁决。此外，治安法官还有权规定和管制物价，颁发地方性工商业条例，规范度量衡器具，检查慈善机构的基金账目，监督粮食的生产、仓储与市场，监督呢绒和酒类的生产质量，并防止囤积和垄断。上述事例说明治安法官当时已获得了广泛的管理社会经济的权力，他们也因此被称为"都铎王朝的杂役女佣"。在伊丽莎白一世时期，对他们的利用更是达到了登峰造极的地步。

可以说，君主专制是过渡时期的产物，它顺应了新兴资产阶级对外开拓市场、对内保持政治稳定的时代要求。但君主专制与倡导自由、民主、平等的资本主义发展理念格格不入，终究逃脱不了被时代发展抛弃的命运，英国封建君主专制体制前后不过150多年就寿终正寝了。

（3）工业革命后的城市管理

17世纪末18世纪初，英国建立了君主立宪体制。这种体制的特征是：①君主处于统而不治的地位。在18世纪，国王还能运用手中的实权，恩赐官职，笼络保王势力。以后，王权逐渐削弱。到19世纪中叶维多利亚女王在位期间，王权大大衰落。法律赋予英王的权力，实际上都是通过议会和内阁去行使，王权成为一种象征。君主必须根据议会意愿行使行政权力。君主名义上是世袭国家元首、联合王国武装部队总司令和英国国教的世袭领袖。就法律地位而言，君主可以任免首相、各部大臣、高级法官和各属地的总督，拥有召集、停止和解散议会，批准和公布法律，统帅军队、宣战和媾和等权力，实际上处于统而不治的地位。与封建专制制度下拥有绝对权威的封建君主相比，立宪君主只能是依宪法而治的君主。其存在主要是作为国家的象征。②议会成为国家权力中心。议会拥有立法权、财政权和对行政的监督权。表面上，议会通过的法案要经过国王批准，实际上这只是一种形式。英国议会实行两院制，上院议员不经选举，由各类贵族组成，故上院也叫贵族院。下院经过选举产生，贵族不得竞选下院议员。下院任期5年，届满全部改选。在1832年改革以前，议会选举制度十分混乱。从中世纪延续下来的一套旧选举制度没有改造，议会为一小撮儿贵族寡头操纵，议员或是由控制选区的特权人物指派、赠送，或是靠恫吓或贿赂选民当选，完全不是民主选举。1832年进行了第一次全国规模的议会改革，调整了选区，取消一部分贵族操纵的"衰败选区"，补充或分配给新兴工业城市以议员席位；整顿了选举的财产资格，使工业资产阶级的代表得以进入议会，大大加强了其在议会中的作用，为工业资本主义的进一步发展提供了保障。1867年、1884年又一再降低选民的财产资格限制。1872年，议会通过秘密投票法，使选民能够自由表达个人意志；1883年，通过取缔选举舞弊法；1885年，在英国历史上第一次确定按人口分配议席的原则。通过19世纪中期议会这一系列改革，资产阶级争得政治统治权，打击并排挤王权和贵族对议会的控制，使议会下院成为表达资产阶级意志的最高权力机构，促进了议会民主。20世纪以来，选举权不断扩大。1969年，《人民代表制法》规定，凡年满18岁以上没有被法律剥夺投票资格的英国公民，都享有平等选举权。又规定，年满21岁以上的英国男女臣民（除法律规定的少数例外），经所在选区两名选民提名、8名选民同意者，可登记为候选人。候选人名单，一般由参加竞选的各党派提出。议会的职权主要由下院行使。立法的程序一般是提出议案、议会辩论、经三读①通过、送交另一院通过，最后呈英王批准颁布。英王批准只是一种形式，从18世纪初叶以来，英王从未行使过否决权。议会的财政权由下院行使，实际上议会对财政起不了监督作用，财政大权为内阁一手把持。议会对行政的监督权可通过多种方式进行。议员有权对政府大臣的工作提出质询，有权对政府的政策进行辩论，批准或否决政府缔结的条约。最后，议会有权对政府提出不信任案，这是对政府监督的最重要手段。如果不信任案通过，根据责任内阁制的原则，内阁必须辞职，或提请国王解散下院，提前大选。③责任内阁制。内阁是最高国家行政机关。内阁由占议会多数席位的政党组成。议会大选后，国王任命议会多数党领袖为首相并授权由他组阁，批准他提出的内阁成员名单。内阁大臣由议员充任。责任内阁制要求内阁对议会负责，接受议会监督。但在现实生活中，内阁对议会负责的原则往往变成内阁对议会、主要是对下院的控制。在英国的政体中，立法权和行政权并不分立，议会下院是最高立法机关，但立法的实权操纵在内阁手中。实际上，绝大多数议案来自内阁，并总是在议会优先讨论，得到通过。这样，内阁既参与立法，又负责行政，实际上使议会和君主都从属于自己。内阁是政府的领导核心，其中心人物是内阁首相。按惯例首相兼任内阁首席财政大臣。在内阁出现早期，首相多由贵族议员出任，后来是下院议员任首相者居多。近百年来，首相只来自下院已成惯例。首相既是行政首脑，又是议会多数党领袖，他集行政和立法大权于一身，控制着国家的统治大权。

---

① 三读（three readings）是指西方国家议会立法和审议议案所经过的三个程序。源于英国，以后为许多国家所仿效。一读又称初读，即提议者宣读议案名称或要点后交有关委员会审查。二读是对委员会审查后的议案的内容和原则展开辩论，然后重交议会有关委员会研究和修正，下院再次辩论并提出修改意见。三读是进行文字修改和正式表决。

在君主立宪体制下，19世纪，英国的城市管理也开展了一场民主化改革运动。1835年通过了《城市自治机关法》，其基本原则是在民主的基础上改造自治城市政府。该法规定：第一，在178个城市里，取消200多个陈旧过时的市政自治团体，用选举产生的城市政府取代旧的市政官。城市政府由市议会、市长和市参事会构成。市议会是城镇自治机关的权力机关，其成员由该城所有缴纳地方税（注：地方税建立在财产税的基础上，它由地方当局根据本年度的需要和地方财产总值来确定）、并有3年居住资格的成年男性投票选举产生，从而为全国统一了市政选举的资格标准；市议会再选举市长、市参事会；市议员任期3年，每年改选其中的1/3；参事员任期6年，每3年改选1/2；市长任期1年，可连选连任。第二，废除市政官和法院的职权，将司法权转交给治安法官和郡法庭，在城市实现司法权和行政管理权的分离。第三，市府财政公开，市政收入必须用于当地居民，不得为私人利益或娱乐之用，从而增加了市府财政的透明度，有助于减少腐败现象的出现。第四，地方政府可以制定必要的法规。最后，市议会的讨论公开，允许公众旁听。这样，通过1835年的市政改革，自由、公开、民主的城镇政府取代了封闭的旧式城镇寡头的统治，打破了城镇寡头对城镇的行政控制。在自治城市，市政府在其权限内制定地方法规，征收地方税收以平衡收支，负责环境建设等。新建立的市政府，其权力和职能日渐扩大，社会服务保障功能日益加强。如果说在19世纪30年代只有市政府、议会和参事会等屈指可数的几个机构的话，那么，19世纪末，又增加了煤气、自来水、电力、街道、下水道、公园、卫生、浴室、市场、图书馆、博物院等方面的新功能及其机构，充实了政府体系。另外，比较成功地建立起了城镇警察力量，以维持地方秩序。随着城市功能的扩展，城市政府的职责日益扩大，以适应变革了的城镇社会。新的城市政府较之旧的市政官，更能胜任城市的管理工作。19世纪，英国市政方面的大部分问题是通过地方性立法解决的。当然，由于对城市的管理还处于探索阶段，其立法大都是对城市问题的应付和即时回应，还缺乏总体规划①。总的来看，英国城市

---

① 陆伟芳、余大庆：《19世纪英国城市政府改革与民主化进程》，《史学月刊》2003年第6期。

政府改革以 1835 年为起点，在民主基础上建立起新的市政府，以适应日益变动的城市社会，逐步发展成现代城市政府，履行日益扩大的社会管理职责，对城市社会的各类问题作出回应。城镇越发展，城市规模越大，城市的公共设施建设和管理任务越重，城镇政府机构便越扩大：从市政公共设施到街道、供水、垃圾和交通，再到精神生活的基础设施，如公园绿地、学校建设、图书馆和博物馆。由于它从一开始就建立在权利（选票）与义务（纳税）相统一的基础上，重在其职责——为城镇大众服务，而不在其官位和个人得失，因此这种新的市政官员已不再是旧式的城市寡头，而是现代"公务员"了。到 19 世纪末，英国城市地方政府建设基本完成。

进入 20 世纪 70 年代，英国开展了一场以"政府再造"为主要内容的新公共管理改革运动，其改革对象是日益扩充政府职能、效率低下的官僚制政府。其改革取向是用新公共服务模式替代传统的官僚制公共服务模式。20 世纪 70 年代初，希思政府的行政改革可以看成是英国展开新公共管理运动的先声。在这次改革中，除了大力推行机构改革，推广"超级大部"，以加强集中管理、减轻财政负担、提高行政效率外，希思首次明确提出要"把私营企业的行政管理方法运用到政府机构中，以提高行政效率，克服部门间的扯皮现象"。20 世纪 80 年代，撒切尔政府建立了一个效率检查小组，邀请在英国久负盛名的麦克斯·斯宾塞公司的总裁德莱克·瑞纳担任小组负责人，并委以重任，赋予小组内阁级政治地位。20 世纪 90 年代的梅杰政府是推行新公共管理运动的主导力量，这一时期层出不穷的改革术语，诸如"市场检验""一站商店""政府业务合同出租""竞争性招标"等足以说明政府在引进企业管理机制方面的力度。布莱尔政府在 2000 年实行的最佳价值计划，超越了保守党政府改革的强制性竞标（compulsory competitive tendering，CCT）对经济理性的单向追求，并强调结果导向与持续改进的和谐统一。英国改革取得的成效十分明显：据 OECD 1999～2000 年分析数据库显示，英国政府支出变化（以占 GDP 的比重表示）比上年下降了 3%。政府雇员的薪资（以占 GDP 的比重表示）下降了 34.2%。在 2003 年英国政府 MORI 民意测验中，公众对所提供的服务质量满意度达到 55%，对政府工作人员责任认可度为 53%，其中，公众对医院满意度高达 70%。此外，通过信息网络化的政府采购建设，截至 2006 年 2 月，有 540 个客户通过

"政府采购卡"付费,每月节省 800 万~900 万英镑,有效地降低了政府采购成本,提高政府运作效率①。从实质上看,英国改革抓住了被认为是最重要和最根本的两项管理机制:一是建立和完善一整套工作责任制度,二是通过竞争的方式来落实责任制度。

(二) 美国

1. 城镇化简要过程

美国城市发展始于 1609 年的欧洲移民,由于地缘因素以及自然优势,早期城市主要是港口城市,集中于美国东海岸,如纽约(1625)、波士顿(1630)、查尔斯顿(1680)、费城(1682)②。美国作为一个年轻的移民国家,其城镇化经历了 170 多年,具体可以划分为以下三个阶段。

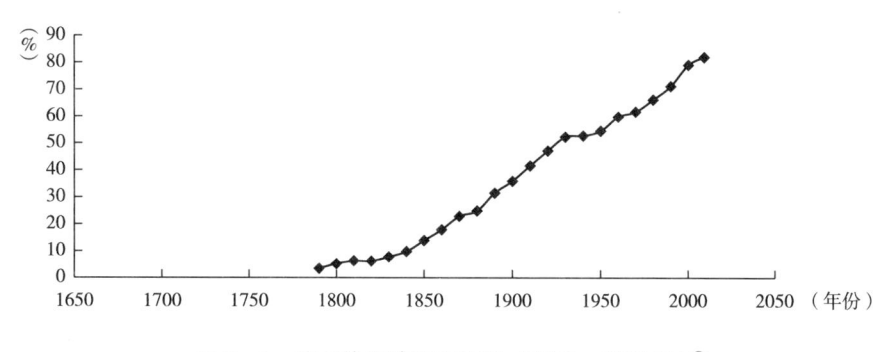

图 5-3 美国的城镇化率变化(1790~2009 年)③

(1) 城镇化准备阶段(1609~1830 年)

又可分为殖民地时期(1609~1776 年)和独立初期(1777~1830 年)。

殖民地时期是美国城市发展的开始。1609 年开始的欧洲移民使得城市在美国东海岸最早得到发展。早期的城市发展特点是城市数量少、规模小,但城市的形成是以殖民地为目的的,并且经由契约组成。例如,波士顿是

---

① 卓越:《英国新公共管理运动的理论与实践》,《新视野》2006 年第 6 期。
② 王春艳:《美国城市化的历史、特征及启示》,《城市问题》2007 年第 6 期。
③ 来源:1790~1990 年数据来源于 Yeates、Maurice,1998,*The North American City*,Wesley Educational Publishers Inc.,p. 72. 2000 年、2009 年数据来源于中国国家统计局网站国际数据。

由所有居民签署契约的方式成立的。早期的城市功能包括：出口原材料，进口制成品。主要同欧洲国家，尤其是英国进行贸易。

独立初期，影响城市发展的主要因素包括：经济转型——将南方种植园经济转换成棉花经济，向英国出口棉花；开放西部——最初依靠天然河流，然后开通运河，最终是铁路。1790~1830年期间，美国人口从不到400万人增加到1300万人。1830年，美国2500人口以上的城市数目为90个，城市人口占总人口的比例约7.8%。

（2）快速城镇化阶段（1831~1920年）

这是美国工业化的最重要时期，尤其是南北战争后美国经济发展突飞猛进。因此，以南北战争为界将这一时期分成两个阶段。

南北战争前（1830~1865年）。这一阶段，美国2500人以上的城市数目从90个增加到392个，城市人口占总人口的比例从约7.8%增加到20%左右。10万人以上的城市数目从1个城市（纽约）增加到9个城市，总人口呈指数增长，1860年达到3200万人。

南北战争后（1866~1920年）。这一阶段，工业化与城镇化并行推进。1890年，城市人口占总人口的比例达到31.5%；1910年达到41.6%；1920年达到47.1%，全国人口超过1亿人。30年时间城镇化率提高了15.6个百分点，年均提高0.52个百分点。

（3）都市区化阶段（1921年至今）

1921年至今，美国城市发展的最主要特征为现代都市区的形成和转型。这一时期郊区化十分普遍，城乡差别日益缩小，都市区成为城市发展最重要的一种形式。又可细分为都市区形成（1921~1950年）和巨型城市带出现（1951年至今）两个阶段。

在都市区形成阶段，乡村向城市迁移的人口减少，城市之间和城市内部人口迁移增加。这一时期，城市逐渐变成都市区，郊区化开始。1930年，城市人口占总人口的比例达到52.3%；1940年达到52.7%；1950年达到54.5%。21年时间城市化率提高了2.2个百分点，年均只提高0.1个百分点。

在巨型城市带出现阶段，美国重新开始并且加快了城市郊区化的进程。由于人口郊区化在大都市内进行，大都市区的发展主要发生在郊区，各个相连的大都市区逐渐交叉变成巨型城市带。1960年，中心城市和郊区人口相当，以后郊区人口超过中心城市人口。1960年城市人口占总人口的比例达到59.8%；1970年达到61.7%；1980年达到66.2%；1990年达到71.2%；2000年达到79.1%；2009年提高到82%。1950~2009年60年城市化率提高了27.5个百分点，年均提高0.47个百分点。

2. 城市管理

美国的城市管理特色，从上下级关系来说体现为有美国特色的地方自治制度；从城市内部治理来说，体现为各具特色的治理结构；从区域治理来说，又体现为各具特色的大都市治理模式。

（1）有鲜明特色的地方自治制度

美国《独立宣言》宣称，人民有权改变或废除任何对人民大众的共同利益造成破坏的政府形式，并有权创立新政府，其赖以奠定的原则、组织权力的方式，务使人民认为唯有如此，才最可能获得他们的安全和幸福。按照这一精神，美国各级政府之间都没有隶属关系，每级政府都在自己的管辖范围内享有高度的自治权。但美国地方政府的高度自治并不意味着地方政府可以完全摆脱州政府的控制，在所有事务方面都享有自主治理权。就整体而言，在美国的三级政府体制中，由于各州都有制宪权，因而州政府享有高度的自治权，而在地方政府中，虽然到目前为止，各州宪法都有关于地方自治（home rule）的法律规定，这些关于地方自治的法律条款要么由州宪法加以规定，要么由州立法法案加以规定，但无论哪种形式的规定，都改变不了地方政府的自治权力是州赋予的而不是固有的这样一种基本认定，所以，地方政府的自治程度很大程度上取决于州与地方政府的关系：一方面，随着各州综合实力的不断增强，州对地方政府的控制欲望随之加大；另一方面，由于自主治理是根植于美国社会和公民血脉里的基本理念，所以，地方政府也在不断为争取自治权力而进行抗争。这样，美国整个州与地方政府关系的演变过程，就是州政府与地方政府争取控制与自治的斗争过程，并且在这种斗争中，维持了一个动态的均衡状态。

①地方政府高度自治时期（五月花号登陆至19世纪中期）。在美国的各级政府建制中，最早的政府单位不是联邦，而是乡镇，尤其是新英格兰地区的乡镇。乡镇成立于县之前，县又成立于州之前，而州成立于联邦之

前。从这些行政建制的出现顺序来看，最初的乡镇政府都是完全的自治单位。实际上，当第一批欧洲大陆的移民乘坐"五月花"号船于1620年11月到达科德角登陆之前，面对蛮荒的新大陆以及即将开始的新生活，他们缔结的第一个盟约"五月花公约"中就确定了这种自治的原则。公约规定："我们谨在上帝的面前，通过彼此庄严表示的同意，现约定将我们全体组成政治社会，以管理我们自己和致力于实现我们的目的。我们将根据这项契约颁布法律、法规和命令，并视需要而任命我们应当服从的行政官员。"将这一原则扩展到州与地方政府的关系中，则意味着乡镇在所有有关它自己的事务中都是完全自治的，它们自己任命行政官员、自己缔结和约和宣战、自己制定公安条例、自己立法、自己规定自己的税则、自己分配和征收自己的税款等。而且，它们在自行处理本乡镇事务的时候，基本上实行的都是类似于古希腊城邦的直接民主制，对于乡镇的所有公共事务都由全体乡镇居民自主决定。在新英格兰各州，这种乡镇地方政府单位在1650年就已完全和最终建成，在美国独立战争爆发前已经流行于北美大陆。在这些地区，县的建制纯系行政之考虑。因为，乡镇的面积不大，无法建立成套的司法体系，因此，县就成了司法体系的第一个中心。县的行政官员只有有限的和非正规的权利，而且只能在为数极少的预定事项中行使。而在普遍实现了奴隶制的南方和边疆各州，并没有形成类似新英格兰乡镇的地方政府单位，因为在那些地方，规模相当于乡镇的种植园是属于私人所有的，因而那里最基层的地方政府单位就是县，但这里的县也实行自治，即由当地的白人通过普选产生地方行政官员。在随后发展起来的中西部各州，大部分地区仍然保留了乡镇这一最基层的地方政府单位，但这里乡镇的自治程度比新英格兰乡镇的自治程度要低，县政府领导着乡镇的大部分行政工作。而在居民稀少的西部大草原和高山地区，就不再设乡镇一级政府单位，而由县取而代之，并辅之以市和特别区。虽然地方政府的形式出现了多样化，而且随着县、州和联邦政府的相继出现，乡镇由于将一部分权力让渡给了州政府，其自治性有所下降，但州与地方政府的关系仍然遵循了这样的原则：在与其自身相关的一切事务上，各地方政府都享有完全的自治权，而在那些为各地方政府共享的利益上，则服从于能涵盖他们利益的更大范围的一级政府。

②地方政府有限自治时期（19世纪中期至晚期）。19世纪中期，工业化促进了要素的跨区域流动，地方自治制度面临着前所未有的挑战。这一挑战随着"迪龙法则"的被采用而成为现实。"迪龙法则"是爱德华州大法官迪龙在1868年的一起案件中提出的，其内容是：地方自治机构的设立、权力和权利都源自于州立法机构。是州立法机构给地方自治机构以生命，没有前者，后者就没有存在的可能。州立法机构可以创制地方自治机构，也就可以废止它们。这一法则分别于1903年和1923年得到了美国联邦最高法院的两次确认。很显然，迪龙法则将地方政府看成了州政府的创造物。迪龙法则的确立使州与地方政府的关系发生了根本性改变，地方政府的自治地位遭受严峻挑战。在迪龙法则的作用下，不仅地方政府的设置和废止要来自州的规定，而且地方政府的所有权力都来自州的授权，地方政府只能在州政府赋予它们的权力范围内自主行事；州立法机构不是制定适用于情况相同的地方政府的一般性法则，而是利用它的权力分别为特定的地方政府制定专门的法案，而由于这些法案都是针对特定的地方政府而设，因而其随意性很大，州政府可以随意更改、修正或淘汰，这些特定的法案实际上就成了州立法者在无须向地方公民证明其行为正当性情况下干涉地方事务的工具。

③地方政府争取自治权利时期（19世纪晚期至20世纪30年代）。迪龙法则并不是确定州与地方政府间关系的唯一法则，相反，自迪龙法则确立以来就一直存在反对声，主张地方自治的力量也在为地方争取更多的自治权利而进行新的抗争。最早是库雷法官的反击。1871年，密歇根州最高法院法官库雷对联邦宪法第十修正案"本宪法所未授予合众国或未禁止各州行使之权力，均由各州或人民保留之"的解释中提出，哪些权利保留给人民虽然没有明确，但地方自治的权利应该是保留给人民的，或者说，地方自治是人民应保留的天然之权利，据此，人民有权独立制定宪法和自治宪章，划定地方政府单位的结构和权力，而不是由州政府通过州宪法或州立法法案来决定地方政府的设置、权力和权利。这就是著名的库雷法则，这个法则已经得到印第安纳、肯塔基、得克萨斯和爱德华州的支持。这是对迪龙法则的第一次反击。对迪龙法则的第二次反击来自进步党人的改革运动。进步党人改革运动发生于19世纪70年代后期并贯穿整个第一次世

界大战,最早开始于美国中西部,但很快就蔓延于中部和东部的大部分地区,在19世纪晚期,整个北美大陆都掀起了此起彼伏的进步党人改革运动。进步党人改革运动最初针对的是盛行于各城市政府的老板统治和政党分赃制,但它对州与地方政府关系的影响也是革命性的。这一影响主要是通过对州宪法的修订和对州立法机关权力的限制而实现的。进步党人认为,州立法机关只能制定那些适用于所有相同情况的地方政府的一般性立法,而不能分别为特定的地方政府制定专门的法案;地方政府有自主制定自治宪章的权利,而不是经由州宪法规定地方政府的自治权利。

④控制与自治博弈中寻求新的均衡时期(20世纪30年代以来)。美国州与地方政府的关系远没有盖棺定论,它继续在州政府争取更多控制权和地方政府争取更多自治权的斗争中寻求新的均衡。由于两次世界大战的相继爆发、大萧条时期的经济破坏以及城市人口和规模的扩大,在要求实行更加系统化管理的背景下所进行的经济与效率运动,就是州政府争取更多控制权的又一次努力。在这一改革运动中,越大越好和越有效率的主张一度占据主导地位,并推行了一系列力图合并和兼并地方政府的改革运动;同时,联邦政府也通过项目资金援助的方式越来越多地介入地方事务中,这一切又再度冲击了地方政府本来就没有巩固的自治地位。但这种效率与经济改革运动很快就停止了,因为合并与兼并并没有实现改革者所期望的规模效益,相反,大量实证调查证明,小的、相互交叠的自治地方政府单位更能满足人们多样化的消费需求。所以,这种合并与兼并遭到了地方居民的反对,因为,即使在迪龙法则盛行的年代,州宪法也承认地方政府是否被别的政府单位兼并或合并,要通过当地居民的公决,而在这种合并与兼并的公决中,地方居民更多采取了否定的态度,地方政府的自治地位得以保存。20世纪80年代之后,随着新公共管理要求下放权力的改革运动,美国州与地方政府的关系又出现了新的分权化趋势,在这种分权化的改革中,地方政府获取了更多的自治权利,但美国州与地方政府的关系依然充满变数:首先是地方政府的自治地位缺乏宪政保障,其次是地方政府的财政收入依赖于州政府的转移支付,最后是由地方专门管辖的事务相对较少且边界模糊。所以,美国州与地方政府的关系仍处于悬而未决的状

态，州政府争取控制权和地方政府争取自治权的斗争还将继续。

(2) 各具特色的城市治理结构

美国各州、市的政治经济情况和历史发展过程各不相同，市政府的体制也因而千差万别。每个州议会和每个市的宪章委员会在设计市政府体制时，都要在吸收其他城市已有的经验的同时，根据本地的情况加以修改和改造。因此，在美国，很难找到两个政府体制完全相同的市。尽管如此，全国所有的市都有一个选举产生的市议会，市议会均实行一院制，一般5~9人，市议会通过的法令必须符合市宪章、州宪法和法律、联邦宪法和法律。市政府体制的差别和变化主要表现在行政职务的设立及其与议会的关系上，由此可以归纳出三种基本的市政府体制，即市长议会制、委员会制、市议会经理制。这几种体制的内涵及特征在本书前面已有交代，这里不再重复。

美国城市政府的上述三种形式是在城镇化过程中先后出现的。随着城市的功能逐步发展，市政府的演变呈现出缩小市议会的规模、加强行政首脑权力的趋势。美国建国初期，城市较小，行政管理比较简单，加之当时人们对行政权力的疑虑，因而普遍实行弱市长制。当时人们以为这种体制可以避免专制，无以为害。但是，这种体制没有负责的、强有力的行政首脑，缺乏集中统一的行政管理，权力分散，造成浪费和效率低下。随着城市规模的扩大，弱市长制的缺点日益暴露。19世纪后期，同总统和州长一样，市长职位也变得重要了。为了克服上述弊病，许多城市修改了它们的宪章，扩大了市长的权力，赋予市长罢免各部门负责人并检查他们活动的权力，并且让市长与市议会"分享制定政策的权力"，例如，市长向市议会提交立法咨文，市议会则有权通过法令议案；市长可以否决议会通过的法案，市议会又有权推翻市长的否决；市长负责准备预算，市议会则拥有批准和拒绝预算案的权力。这样，市行政管理被置于市长的统一指导之下，形成了强市长制。许多美国学者认为，强市长制是"治理大城市的最好形式，因为它使这些城市有了强有力的政治领导，并有可能实现有效的管理"。但是，市长权力的集中，造成市长的负担过重；有的市长虽因善于竞选而当选，却缺乏管理大城市的行政能力。为了弥补这一缺陷，有的城市如纽约、费城、波士顿等，增设了首席行政官一职，由市长任命专业人才担任。首席行政官向市长负责，处理市的日常行政事务，管理市的财政。19 世纪后期发展起来的强市长制并非十全十美。直接选举并不能保证选出的市长就一定称职，立法权与行政权分立，市长与议会之间可能常常出现对立和僵局，耽搁政策的决定。1913 年，俄亥俄州的戴顿市遭遇特大洪水，而市政府无能为力，市商会出面组织修改宪章，决定采用市经理制。由于该市选用经理得当，市政府的组织和效率大大改善，市议会经理制大获成功，因而迅速传播开来。到 1920 年，全国已有 158 个城市采用了市议会经理制。20 世纪 40 年代以后，议会经理制有了更快的发展。目前约有 1/3 的城市实行这种制度，尤其是中等规模（人口 2.5 万～25 万）的城市，采用市经理制的占一半以上。总体来看，美国的城市治理结构给了我们一个较为清晰的判断：小城市较多地采用弱市长制，中等城市较适宜议会经理制，大城市多采用强市长制。

（3）各具特色的大都市治理模式

自 20 世纪 20 年代出现都市区以来，美国尝试性地实行了政府模式、多中心治理模式和新区域主义模式三种治理模式①。

①政府模式。在 20 世纪 60 年代之前，建立统一的大都市区政府组织是美国大都市区政府治理的主流思维模式。在美国大都市区出现之初，由于中心城市在基础设施、城市公共服务提供方面与郊区相比占有较大优势，因而中心城市对郊区有较大的吸引力，其较多地通过兼并土地的方式与郊区一道建立大都市区政府结构。但在新的郊区单位不断被纳入大都市区的同时，随着郊区人口的增长和经济的发展，郊区一般抵制中心城市的兼并或合并，并通过成立自治市向居民提供公共服务。这样，郊区新的地方政府单位不断建立，造成了大都市区内地方政府数量的激增。到 1957 年，美国 174 个大都市区拥有 16210 个不同的政府单位。这些众多的地方政府单位互相重叠，互不隶属，就像巴尔干半岛上的小国林立一般，因而被称为大都市区地方政府的"巴尔干化"现象。郊区的蔓延和大都市区地方政府的"巴尔干化"严重影响了美国大都市区的发展。

---

① 易承志：《美国大都市区政府治理实践及其启示》，《中国行政管理》2010 年第 5 期。

面临着大都市区地方政府"巴尔干化"的困扰,"二战"后美国曾多次通过公民投票进行市县合并建立大都市区政府的尝试,其中不乏成功的实践。

②多中心治理模式。到20世纪60年代,随着大都市区的发展变化和政府改革浪潮的兴起,大都市政府模式开始受到公共选择学派的强烈抨击。在公共选择学派看来,大都市区林立的地方政府单位形成了大都市区的多中心治理体制,有利于居民通过"以脚投票"选择符合个体偏好的居住地,也有利于通过竞争提高大都市区的公共服务质量。60~80年代,美国大都市区政府治理实践总体上由公共选择学派所主张的多中心治理模式占据主导地位。根据美国商业部人口普查局的统计,1962~1982年间,美国大都市区内政府单位的数量从2.18万个增加到2.98万个,增加了36.8%。

③新区域主义模式。美国大都市区的进一步"巴尔干化",到80年代已经将大都市区分裂为中心城市和郊区两个严重不平等的社会空间单位,碎片化的地方政府也对整个区域的均衡发展造成了严重的负面影响。这样,到了90年代,强调大都市区可持续发展和区域内各地均衡发展的新区域主义模式日益展示其魅力。新区域主义模式发展至今,成为现阶段最受重视的大都市区治理模式。新区域主义强调集中治理,主张通过区域内的合作治理来解决大都市区的公共问题,以促进大都市区的整体发展。值得注意的是,尽管90年代的新区域主义模式与此前的大都市区政府模式在注重区域整体发展的目标上相似,但其基本理念已有所不同。大都市区政府模式强调构建大都市区政府组织或减少政府层次与数量以提高效能,而新区域主义不再试图建立一个区域性政府组织,而是准备通过建立一种区域性的合作网络以对区域性问题进行合作治理。

(三) 日本

1. 城镇化的简要历程

日本的城镇化发轫于明治维新时期,启动于20世纪20年代,完成于21世纪初,历经80多年,其间大致经历了四个不同但又相互衔接的发展阶段。

(1) 城镇化准备阶段（1868～1920年）

从1868年明治维新开始，日本开启了学习西方的工业化历程。伴随工业企业的发展，人口逐渐向城市集中，城市人口从1889年占总人口的10%上升到1920年的18%。城镇化率31年共上升8个百分点，年均上升0.26个百分点。这个时期推动城市发展的主要动力是工业化与农业技术革新。

(2) 城镇化启动阶段（1921～1950年）

从1921年开始，日本工业化的聚集效应和规模效应开始显现，工业发展具备了自我积累、自我扩张的能力，工业化的发展进一步带动了城镇化的发展，表现为劳动力向城市的大量集中。1937年后劳动力加速向重工业城市集中，1940年城镇化率已达37.9%，但受"二战"影响，日本城镇化率一直到1950年还停留在38%。这段时期城镇化率上升了20个百分点，年均上升0.67个百分点。

(3) 快速城镇化阶段（1951～1977年）

1950年朝鲜战争爆发以后，日本进入战后经济高速增长和快速城镇化阶段。这段时期，城镇化率从1950年的38%上升到1977年的76%，城镇化率27年共提高38个百分点，年均提高1.4个百分点，是日本经济黄金增长时期，也是日本历史上城镇化最快的时期。

(4) 稳态城镇化阶段（1978年至今）

20世纪70年代后，日本进入后工业化时代，经济增长速度放慢，传统制造业纷纷向亚洲发展中国家转移，第三产业逐渐成为国民经济的重要组成部分，并推动城镇化继续向前发展。2005年，城市人口比重超过86%。此后进入稳定发展状态，城镇化率维持在85%左右，这标志着日本已经完成了城镇化。这段时期，城镇化速度明显下降，城镇化质量明显提高。

2. 城市管理

(1) 基于"脱亚入欧"的地方自治制度

封建时代的日本就有地方自治的某种形式存在[1]。近代日本实行的地方

---

[1] 娄贵书：《日本封建时代的地方自治》，《贵州师范大学学报（社会科学版）》2004年第2期。

自治，传统的自治因素——"村落共同体"① 的存在是不可忽视的因素②。与美国和欧洲国家不同，日本曾经是一个中央集权色彩浓厚的国家。明治维新后，日本为追赶西方先进资本主义国家，提出"脱亚入欧"的口号，并以欧美体制为蓝本，于1888年制定了《郡区町编制法》，1889年全面推行"市—町村制"，由此全国形成"府县市町村"的地方行政管理体制③。

这里需要说明的是，日本当时的市制改革依然具有明显的中央集权性质。1889年市制初行时，东京、大阪、京都三大城市由国家委派官吏任市长；其余城市进行的市长选举需从天皇推荐的3名候选人中选出，选举结果还需天皇裁决；另外选举者必须是缴纳一定税额的公民而非普遍意义上的城市居民（市民），这些都决定了当时的城市自治十分有限。1911年明治政府对市制进行了较大改革，取消了对选举者和被选举者的纳税规定。随后在1926年开始实行普遍选举制，市长由议会产生，从而进一步与西方城市制度靠近，城市的自治程度有所提高。但是总体来看，"二战"前日本城市的地方自治都是在中央直接控制下，带有明显的中央集权性质的，并非真正意义上建立在公民社会（civil society）基础上的地方自治。

第二次世界大战中，日本为了对外战争的需要，巩固了中央集权体制。市政被国政替代，市长的产生变为推荐任命式，各自治体都在中央的统治

---

① 日本近代以来出现的"村落共同体"也被称为部落或自然村，实际上是由原来的行政村形成的，是幕藩统治下的纳税单位。由于当时的生产力水平较低，村民必须互相协助，共同生产；对与生产相关联的事务如水利、山林等也要进行共同管理、共同维修；与此同时，在生活上，人们也共同生活，如共同祭祀等。由于长期的共同生产和共同生活，多个村落渐渐形成一个村落共同体。村落共同体内设庄屋、组头和百姓代，称村方三役，负责管理村落共同体的事务和充当村与藩交涉的带头人。不过其中最重要的是村中的议决机关——寄合。所谓寄合，可以说是村中所有户的户主联合会，基本上是由本百姓（年贡负担者）一户一人组成，但不承认水吞百姓（不负担年贡者）的参加。所协议的事情除了最主要的年贡的分割外，村役人的选出、村预算的决定、冠婚葬礼和祭礼等都是最重要的议题，另外村内的诉讼和犯罪的取缔等关乎农民生活的问题也都包括在内。最有趣的是在寄合里讨论问题时，实行的既不是权威者的发号施令，也不是近代的多数议决制，而是全员认可制。一个问题，必须得到所有成员的同意，才能付诸实施，只要有一个人不同意，也决不执行。在第一回寄合上未取得一致的问题必须经过两次、三次的协议，达到全员同意才可以上升为整个共同体的意志。
② 郭冬梅：《近代日本的地方自治和村落共同体》，《日本学论坛》2004年第1期。
③ 罗翔、曹广忠：《日本城市管理中的地方自治及对中国的启示》，《城市发展研究》2006年第2期。

管理之下，成为中央的派出机关，先前建立的地方自治制度名存实亡。

"二战"后，日本政府按照美国占领当局的旨意，参考美国模式，起草了改革地方制度的方案。1947年，在新的日本国宪法施行的同时，地方自治法也正式施行。确立了日本实行中央、都道府县、市町村三级政府体系，都道府县和市町村均实行自治。

《日本国宪法》规定了地方自治体实行民主的原则，规定"地方公共团体应按照法律的规定，设置作为议事机关的议会"，"地方公共团体的长官、议会议员以及法律规定的其他官员，由该地方的公共团体的居民直接选举之"。为了切实保障地方自治体的自治权利，宪法还对国家有关地方事务的立法权力作了一定的限制，规定"仅适用于某一地方公共团体的特别法，根据法律规定，非经该地方公共团体居民投票半数以上同意，国会不得制定"。具体为：①都道府县知事的选任方法，由内务省的任命改为居民的直接公选。②市町村长的选任方法，由市町村议会间接公选改为由居民直接公选。③地方公共团体的自治体组织及运作事项，由地方自治法统一规定。在实施地方自治法的同时，废止了从前的地方官官制。④战后初期，解散了以前的国家警察，整编为以市町村管辖的自治体警察为基础的体系。⑤任用教员，义务教育行政也改为由公选委员构成的市町村教育委员会主管。⑥引入了罢免请求、条例制定改废请求、监查请求等居民直接请求的各项制度。

由于中央集权根深蒂固，"二战"后日本实行的地方自治制度并不完善，建立中央与地方政府间对等关系的初衷并没有很好地实现。中央政府仍有把地方政府作为其派出机关处理中央政府部门行政事务的倾向，地方政府不得不忙于处理大量的"机关委任事务"。地方政府既要处理中央委派的行政事务，也要处理地方自己的行政事务，财政大权却掌握在中央。即大部分税收为中央所得，然后以地方交付税、补助金等各类财政补贴形式交付地方自治体。据自治省的估算，1997年度全国3300个地方自治体的总支出为87万亿日元，比中央政府一般会计支出还要多10万亿日元。但地方自治体征收的地方税只有37万亿日元，不到其财政开支的40%。包括地方交付税制度在内的日本地方税制被严格置于中央政府的规制和监督之下，这不仅从财政上强化了中央对地方自治的干预，也使战后地方政府自主的财政来源未能得以充实和发展，因而加大了地方对中央财政的依赖程度，使日本地方自治有名无实①。

1993年，日本国会参、众两院通过了要求政府推进地方分权的决议。村山内阁于1994年制定了《关于推进地方分权的大纲方针》，确立了地方分权改革的基本方向。1995年《地方分权推进法》正式生效。1998年，日本政府制定了地方分权推进计划，决定实行以下改革措施：①在明确地方政府不能是中央政府附属机构的前提下，全面废除机关委任事项，重新划分自治事项；②在总理府设立"国家地方纠纷处理委员会"，公平、独立地审查、处理中央政府和地方政府间出现的矛盾纠纷；③对中央政府的地方派出机构进行合理化改革，事务量减少的要缩编；④清理和缩小中央政府对地方的财政补贴，强化地方财政的自立性，废除中央政府限制地方发行公债的许可制度；等等。1999年，参议院通过了"地方分权一揽子法案"，并于2000年开始实施②。根据这一法案，在各级政府之间重新划分了行政权限范围，废止机关委任事务，使中央—地方关系从上下级关系变成对等合作关系，从而使地方自治得到法律支持。

（2）民主化基础上的地方政府管理运行机制

在现行制度上，日本整个国家划分为都、道、府、县，并且各都、道、府、县下又划分为市、町、村，从而形成一个二级行政结构。都、道、府、县虽然包括市、町、村，但与市、町、村处于同等地位，没有隶属关系。

"都"即东京都，"道"即北海道，"府"即京都府和大阪府，除此之外全部为县。都、道、府、县的行政事务包括：①超越市、町、村区域行政的广域性事务（如制订地方综合开发计划、治山治水事业计划等）；②中央政府与市、町、村之间联系事务及对市、町、村行政工作的提议、指导；③被认为不适宜作为一般市、町、村行政事务的大规模项目（如高中、医院的设立与运营等）。

市、町、村是履行与居民生活关系最密切的行政事务的基层地方自治

---

① 杜创国：《日本地方自治及其地方分权改革》，《中国行政管理》2007年第4期。
② 杜创国：《日本地方自治及其地方分权改革》，《中国行政管理》2007年第4期。

体。在市、町、村中，人口必须在 5 万以上且具有城市形态才能成为"市"。"町"是比村具有城市性、从事工商业之类的职业的人较多而已，两者在事务范围上并无不同。市、町、村作为基层自治体从事与都、道、府、县行政事务以外的所有事务，主要包括：①与居民生活相关的基础性事务，如居民登记、地址标示、开具各种证明等；②有关居民安全、保健和保护环境等事务，如消防、垃圾和粪便处理以及上下水道、公园等的整建等；③有关街区建设的事务，如城市计划和道路、河川和其他公共设施的建设与管理；④有关各种设施的建设，如公民馆、市民会馆、保育所、中小学、图书馆的建设和管理等。

从法律上讲，都、道、府、县与市、町、村是相互独立的地方自治体，但市、町、村在都、道、府、县区域内，要受都、道、府、县的制约：①法律监督。市、町、村处理内部事务时不得违反所在都、道、府、县的条例，否则无效；为防止市、町、村处理行政事务时各行其是，除法律另有规定外，都、道、府、县可依条例为市、町、村处理行政事务设定统一的基准或准则。②行政指导。如作为国家与市、町、村联系的中介，都、道、府、县对市、町、村的组织及活动提出建议、劝告和指导，调停、裁定市、町、村之间的关系等。同时，都、道、府、县与市、町、村之间在公共事务处理上存在协作关系，如设立协议会，互相委托事务并互派职员等。每年举行全国知事会议、市长会议、市议长会议及市、町、村长会议，就相互间的共同问题和要求进行讨论、协商。

日本的地方自治制度采用"首长制"形式，地方自治体首长由居民直接选举产生，地方议会由有选举权的居民直接选举的议员组成，因此，地方自治体的首长与议会在独立对等的立场上相互牵制，由此形成一个保证民主化的地方行政制度架构。首长与议会的相互制约主要表现在：议会对地方自治体首长的不信任和首长对议会的解散；地方自治体首长的请求再议权和专决处分权。为保护居民自治权利，日本规定除由居民选举产生议会和首长（自治体），通过他们管理本行政区域的事务外，居民自身还有选举权和被选举权，监查请求权，解散议会请求权，对首长、议员和其他公务员的解职请求权，居民诉讼，请求制定、废改条例权，居民投票权等。法律规定，1/50 以上的选民可以联名提出重新制定条例或修订、废除现有条例的要求。地方政府首长必须在 20 日内召集议会，附上意见，并将被要求的条例草案提交议会。议会不受居民提出的条例草案约束，最终决定权在于议会。1/50 以上的选民可以联名向监查委员要求监查地方政府的行政事务执行是否正确。当出现这种要求时，监查委员必须对被指出的行政事务进行检查，并且公布其结果。经 1/3 以上选民签名，可以要求解散议会。当出现这种要求时，经居民投票并经半数以上选民同意，即可解散议会。经 1/3 以上选民签名，可以要求免去地方政府的议会议员或都、道、府、县知事或市、町、村长等的职务。当出现这种要求时，通过居民投票并经半数以上的选民同意，议员或首长将被免去职务。对于副知事及助役（副市、町、村长）、出纳长、收入役、选举管理委员、检查委员、公安委员，也可提出免去其职务的要求。当出现这种要求时，由首长向议会征求意见，并根据议会的决议免去其职务。此外，当地居民有权直接对那些仅适用于某一地方自治体的特别法进行表决。如经过半数以上同意，则国会可制定特别法。对地方政府职员在公共资金的支出、财产的获得、管理和处理及契约签订等方面的违法或不正当行为，居民可以从纳税人立场出发，向监查委员要求进行监查，并提请采取预防或纠正这种问题的必要措施。当居民对监查结果不服时，可以向法院提出诉讼，即提出"居民诉讼"。

（3）多元合作的城市管理模式

"二战"后，日本经过民主化改造，形成了多元合作的城市管理模式。这种模式由三大系统构成：一是地方自治政府管理系统，二是企业参与管理系统，三是社会组织参与管理系统[①]。

各地方自治政府的城市管理系统的主要职责并不相同。

如东京都的城市管理工作主要由都市整备局负责，其管理内容有：①关于城市整备的基本事项；②关于城市规划；③关于住宅与环境整备；④关于城市中心区街道的整备；⑤关于建筑方面的事项。另外，东京都的建设局也承担城市的建设管理工作，主要工作是道路、河流及公园绿地和

---

① 俞慰刚：《日本城市管理的法制化与我国的借鉴》，《上海城市管理职业技术学院学报》2009 年第 5 期。

有关土木工程等。

中小城市自治政府一般设有"城市管理课",如岛根县安来市城市管理课的主要工作为:①关于市道及法定外公共物品占用许可以及工程施工的认可;②市道的确认、变更;③关于市道及桥梁等的登记整备等;④关于道路、桥梁及河道的维护与管理;⑤关于城市公园及绿地的事项;⑥对公园、绿地的维护与管理。而岐阜县瑞穗市城市管理课的主要工作是:①停车场、自行车停放点的管理,设定禁止自行车停放区域,设置收走的自行车存放点;②管理屋外广告;③受理自费修建道路的施工、在城市公园内举办活动、物件的摆放(变更)与占用、普通河流中设置建筑物(改建或拆除)、私有土地界限划定、设置室外广告物、自行车停放等的申请;④管理城市公园、市营住宅,确认所建房屋等工作。

在日本还有企业参与的城市管理系统,不少公司的名称就叫某某城市管理公司。如,城市管理服务股份公司、新城市管理股份公司、中央城市管理股份公司、西宫城市管理股份公司等。这些企业虽以城市管理为名,但主要业务大多为大楼、商铺、停车场等的物业管理;也有部分企业还经营住宅和土地的买卖,参与规划、管理。如西宫城市管理股份公司的业务范围是停车场的经营与管理、店铺的租赁管理、市场调查、西宫医疗联盟委托的管理工作、保险业务代理等。而城市管理服务股份公司的业务除大楼管理以外还有空气环境测定、水质测定、病虫害处理、区域保安等。这些与我们所认识的城市管理虽然有所不同,但仍属当今城市社会管理中的一个重要组成部分。

在日本,民间组织也承担部分城市管理职能。对日本琦玉县2006年的民间非营利组织情况调查表明,在县内1300多个民间团体中从事"城市社区建设管理活动"及"城市社会安全活动"等的组织将近占1/3。其他区域也一样。随着日本社会问题的不断凸显,为了城市居民的安全,从2004年开始,山形县天童市天童车站前设置了由市民自发组织的24小时值班的"青色灯"民间岗亭,并配置专用的带旋转式蓝色顶灯巡逻车,岗亭的门口也安装了这样的警示灯。这些民间团体关注城市交通与社会安全,与地方自治政府联合建立定期联络协议会议制度,及时反映区域道路交通情况。另外,一些城市的历史建筑保护工作由民间团体承担,如2006年,京都市成立了"京町家街道重建基金会",由财团法人"京都市景观·街道重建中心"运营管理,除京都市自治政府出资一部分以外,大部分资金由企业与个人捐赠,资金运作的利润用于老房子的维修与保护。这些组织虽然没有直接参与老城区的城市社会管理,但对城市历史建筑的保护与消除部分违章搭建起到了积极作用。

第六章 基于城镇化进程的城市管理模式演变规律

【摘要】本章对中西方城市管理模式演变路径进行了较为系统的总结概括，对中西方城市管理的异同进行了比较研究，凝练出城镇化进程中城市管理模式演变的客观规律，并对其演变的动力机制进行了初步探讨，提出了中国城市管理改革的方向性建议。

一 中西方城市管理比较

（一）西方城市管理模式的演变路径

纵观西方文明发展历程，可以将其城市管理模式的演变路径归纳如表6-1所示。

表6-1 西方城市管理模式的演变路径

	前工业化时期				工业化时期（公元18世纪至20世纪70年代）	后工业化时期（公元20世纪80年代至今）
	古希腊时期（公元前8世纪至前2世纪）	古罗马时期（公元前2世纪至公元5世纪前）	中世纪（公元5~15世纪）	文艺复兴时期（公元16~17世纪）		
城市管理脉络	国城合一，城邦制	国城分离，国家实行君主制，城市实行有限自治	国城分离，国家实行君主集权，城市实行有限自治	民族国家成立，国家实行君主专制，城市实行有限自治	国家实行君主立宪制或共和制，城市实行有限自治	国家实行君主立宪制或共和制，城市实行有限自治
城市管理转型的关键点	—	国家萌芽，城市有限自治	—	国家成型，城市实行有限自治	限制或取消君主权利，实行宪政	—

从西方城市管理模式的演变脉络看，前工业化时期，西方文明可以划分为四个时期，即古希腊时期、古罗马时期、中世纪时期和文艺复兴时期。古希腊时期，国家就是城市，城市就是国家，城市管理实行城邦制，它是一种高度自治的城市管理模式。古罗马时期，出现了军事征服，国家包含多个城邦，国家实行君主制，城市实行有限自治，城市自治的权利明显小于古希腊时期。中世纪时期，君主进一步集权，城市自治权利进一步缩小。文艺复兴时期，民族国家成立。与此对应，国家实行君主专制，城市的自治权利再一次缩小。工业化时期，限制或剥夺君主权利，实行宪政成为潮流。通过法律界定国家权利和城市权利，实现适度集权与合理分权，城市实现有限自治。后工业化时期，国家集权与城市分权进一步法治化、规范化，并随着形势变化进行适度微调，城市实行有限自治。

从西方城市管理模式转型看，有三个关键点需要注意：第一个关键点是古罗马时期国家萌芽的出现，对古希腊时期信奉高度自治的城邦制是一个冲击，抱守城邦制传统的古希腊文明最终被及时转型、采取国城分离、国家实行君主制、城市实行有限自治的古罗马文明所取代。

第二个关键点是文艺复兴时期民族国家的形成。英国、法国、西班牙等国家顺应贸易发展需要，及时成立民族国家，借助国家意志，采用君主专制体制与城市有限自治体制，率先走上了地理大发现、开拓殖民地和开展全球化贸易的富强道路。而文艺复兴的发源地意大利并没有及早走上民族国家的道路，导致其经济社会发展落后于同时代的英国、法国和西班牙。

第三个关键点是工业化时期对君主权利的限制或者剥夺。英国、法国等西欧国家及早从政治体制上剥夺了君主的权利，走上了宪政道路，通过法律实现国家与城市权利的合理分工，率先完成了工业化与城镇化。而那些顽固地坚持维护君权统治的欧洲国家，其工业化与城镇化进程大大落后于同时代先进国家，其教训值得思考。

西方城市管理模式的演变路径给了我们如下几点启示。

一是西方城市管理模式演变的推动力是商业贸易的发展。古希腊时期的城邦制起源于地中海沿岸的商业贸易，商业贸易促进了城邦的形成，高度自治的城邦制又保护了自由商业贸易的开展。当商业贸易突破城邦边界，在更广阔地域空间开展活动时，迫切需要以国家形式保护商业贸易。古希腊文明的末期曾经出现了城邦之间的联盟来保护商业贸易，但最终被以君主制为代表的古罗马文明所取代。在古罗马时期，城邦自治权利部分上缴给君主，其自治权利有所缩小。中世纪和文艺复兴时期，整个欧洲都在探索君主集权与城市自治的关系。上缴城市的一部分自治权利是当时的共识，但权利上缴给封建领主，还是教会，抑或君主，有激烈的争斗。这场争斗最终以君主专制取胜、成立民族国家而告结束。这种体制顺应了资本主义跨越国界、走向世界发展、需要强大的国家保驾护航的需要。但君主过度集权，为所欲为，会破坏资本主义公平交易的市场规则，成为资本主义商业贸易发展的阻碍，这时就要求通过宪法限制或者剥夺君主权利，实现国家集权与地方分权的合理配置。工业化以来的一系列制度变革都是这种反映。从历史过程来看，商业贸易是西方城市管理模式演变的根本推动力。如果说城市管理模式是上层建筑，那么商业贸易则是经济基础。商业贸易发展需要决定了城市管理模式演变。凡是主动作出变革适应商业贸易发展需要的国家，都走上了富强道路；凡是固守传统不思变革的国家，都被时代发展所抛弃，成为二流甚至三流国家。

二是自治是西方城市管理的基础。从古希腊文明直到现在，自治贯穿于西方城市管理的始终。尽管其间经历了由高度自治到有限自治的转变，但自治的基础和自治的传统没有改变。在自治的文化氛围中，形成了赋有民主传统精神的市民社会。可以说，自治和民主是西方城市管理的精髓。

三是国家集权与地方分权是矛盾的统一体。国家集权与地方分权各有利弊：国家集权有利于以国家机器来保护商业贸易，有利于在更广阔的地域空间优化配置生产要素，但过度集权会剥夺地方自治的权利，挫伤地方积极性，并形成官僚阶层，带来腐败现象；地方分权有利于调动地方积极性，发挥市民的主人翁作用，但过度分权不利于在更广阔的地域空间开展经济社会活动。既然二者利弊兼有，那么在实践中，国家集什么权，地方分什么权，如何从制度上保证各自权利的正常发挥，需要统筹考虑。可以说，欧洲城市管理体制的演变经历了地方自治（城邦制）—中央集权（君主制）—地方分权（地方自治）的过程，每一次转变都是商业贸易发展的需要，都是根据各个国家各自国情的需要作出的变革，体现了西方城市管理具有与时俱进的时代特点。

(二) 中国城市管理模式的演变路径

从中华五千年文明历史来看,中国城市管理模式的演变路径可以归纳如表6-2所示。

表6-2 中国城市管理模式的演变路径

	晚清以前	晚清民国时期	新中国成立至改革开放前	改革开放后
城市管理的历史脉络	先有城,后有市。实行城乡合治,有城市,无城市政府。宋代以后出现了独立的城市管理机构	学习西欧、日本经验,通过城市自治法,设立自治市,实行城乡分治	实行"切块设市"和"城乡分治"模式。高度集权的中央计划经济管理体制下,城市没有自主权,但有行政等级	推行"城乡合治"模式,中央政府简政放权,城市自主权扩大。城市有行政等级
城市管理转型的关键点	—	20世纪初,城市开始有了名分	—	改革开放促使城市自主权扩大

从中国城市管理模式的演变脉络来看,晚清以前的历朝历代,中国都没有独立的城市建制。尽管中国城市发展历史悠久,但建立在农耕文明基础上的城市,居民只是达官贵人、手工业者、商业从业者和军人,承担着保疆守土的国防职能、达官显贵居住安全的防卫职能和商品买卖的生活服务职能。都城由中央政府管理,城邑、重镇由州、县管理,直到宋代以后才有了独立的管理城市事务的机构。

晚清时期,学习西欧、日本经验,通过城市自治法,设立城市,从此城市有了独立的名分,由此进入了城乡分治阶段。民国时期,进一步完善了城市自治法。

新中国成立至改革开放前,学习苏联经验,实行高度集权的中央计划经济管理体制。在城市设置上,实行"切块设市"和"城乡分治"模式。在城市管理上,一切权利收归中央,城市几乎没有自主权,但城市有行政等级。物资上缴和下拨按城市行政等级排序。这段时期出现了城乡户籍隔离制度和"消灭消费城市"、"控制大城市"等论调,城市管理从"军管"过渡到"全能政府",管理手段依靠行政命令而非法治,是典型的"人治"

时期。

改革开放后，在坚持"以经济建设为中心"的指导思想下，经济成分由国有和集体经济一统天下的局面转变为国有、集体、外资、民营等多种经济成分共存的局面。经济结构的变化和城乡要素的频繁流动，推动了城市管理体制改革。在权利分配方面，中央政府简政放权让利，扩大城市自主权；在市制设置方面，推行"城乡合治模式"（如地市合并、市管县等）；在管理手段方面，坚持依法治市。这些措施很好地促进了城市经济社会发展。

历史地看，中国城市管理模式的演变与经济社会发展息息相关：晚清以前，中国是自给自足的自然经济，商品经济极不发达，城市不仅规模小，而且数量少，职能类型简单，通过上级政府代管也可以很好地履行城市管理的职能，因此没有设立独立城市建制的动力，也没有西方式的市民阶层要求建立自治市的压力。晚清民国时期设立自治市是当时中央政府主动寻求变革的举措，外来嵌入式的"自治市"设置模式并没有很好地得到中国落后的商品经济的响应，因此出现了"只开花、不结果"的局面。新中国成立后至改革开放前，中国实行的是计划经济，不是商品经济，以权力分配取代商品交换，社会分工极不发达，城市管理服从中央指令性计划。改革开放后，中国放手发展商品经济，才有了商品经济发展内在需求推动下的城市管理体制变革，比如扩大城市自主权的一系列举措等。

从中国城市管理模式转型的两个关键点来看：第一，清末建立自治市，开创了中国独立设立城市的先河，从此中国城市有了独立的名分，这对推进中国的城镇化有战略意义；第二，改革开放以后中央政府实行的简政放权政策，扩大了城市的自主权，对构建以城市为中心的经济体系有战略意义。

中国城市管理模式的演变路径给了我们两点启示：第一，中国城市管理模式演变是中国经济社会发展推动的产物。俗话说，什么样的经济对应什么样的城市管理体制。中国历史上是一个发育于农耕文明基础上的以自然经济占据主导地位的国家，长期封闭的生产生活方式造成"官民关系"一直被定位为"管理者"与"被管理者"的关系。"管控"成了城市管理的显著特征。这种思想可以说一直影响至今，今天中国经济社会发展的各个领域无不体现出"管控"的特征。第二，集权与分权是一对永恒的主题。自然经济容易产生集权体制，商品经济容易产生分权体制。但任何一个国家，都不可能是绝对的集权或者绝对的分权。同一个国家，随着经济社会发展，集权与分权也可能相互转化，在某些领域可能表现为集权，在某些领域可能表现为分权。在某一时期，可能表现为集权；在另一时期，则可能表现为分权。从中国发展的历史长河来看，集权一直在减弱，分权一直在扩大，这符合中国经济社会发展的大趋势。

（三）中西方城市管理模式的异同

由于地理环境的隔绝，中西方两大文明沿着各自独立的轨迹运行，两者之间在城市管理模式上既有相同之处，也有不同之处。

1. 相同之处

一是城市管理模式都体现出与时俱进的特征。城市发展是经济基础，城市管理是上层建筑。城市发展这个经济基础发生变化了，城市管理模式也相应发生变化。在西方，从城邦自治到君主集权再到地方自治，体现了资本主义工商业发展对城市管理模式变革的内在要求；在中国，从设置建制市到中央集权再到地方自主权扩大，也体现了城镇化发展、工业化推进和多种经济成分共存发展对城市管理模式变革的内在要求。这说明，不管在西方，还是在中国，城市管理模式都不是一成不变的，而是随着时代变化不断调整的，体现了与时俱进的特征。

二是都面临着集权与分权的合理配置问题。集权与分权是一对矛盾的统一体，二者各有利弊。在实践中，如何妥善处理二者的关系，既是西方国家考虑的事情，也是中国考虑的事情。处理得好，有助于经济社会又好又快发展；处理不好，则将延误经济社会发展进程。古希腊固守城邦自治，没有及时以国家集权形式推进工商贸易发展，导致被古罗马文明所取代。中国改革开放以前的30年，过度强调国家集权，城市发展的自主权不够，导致经济发展和结构变迁多年止步不前，城镇化进城缓慢。这些情况说明，妥善地处理好集权与分权的关系，是中西方共同面临的问题。

2. 不同之处

一是城市管理理念的差异。中国地处东亚季风气候区，雨热同期，十分有利于农作物生长。加之，中国地大物博，主要消费品基本可以自给自足。因而，中国成了小农经济发展的天堂，对外贸易微不足道。这就造成中国封闭、分散、重农抑商的价值观念产生。在小农经济社会里，城市是因防卫需要而产生的，是因统治阶级需要而建造的，表现为"城强"（这里的城特指城墙，下同）、"市弱"（这里的市特指市场，下同），城市发展缺乏工商业的支撑，没有西方城市产生时的市民阶层，因而在城市管理理念上表现为集权专制思想占据主导地位。西方国家的城市文明产生于地中海沿岸，城市发展的动力是商业贸易，城市居民以市民阶层为主，表现为"市强""城弱"。商业贸易需要平等交换、需要人员往来、需要商业规则，因而在城市管理理念上表现为民主、自由、法治。

二是城市管理主体的差异。在西方文化背景下，城市管理的主体首先表现为居民自治与城市自治，凡是居民自治与城市自治可以解决的问题，中央政府一般不予干预。只有居民自治与城市自治解决不了的问题，中央政府才进行适度干预。其次表现为企业参与。西方国家通过将企业引入城市管理，极大地提升了城市管理效率，降低了公共财政支付的成本。最后表现为非政府或非营利组织的参与。"二战"后，西方国家产生大量非政府或非营利组织，他们参与城市管理，极大地提升了城市管理的效率。可以说，西方国家是多元城市治理模式。在中国传统文化背景下，官民界限清晰，官员等级森严，城市分等定级，而且城市从来也没有自治传统，导致城市管理呈现一元化特征，政府是城市管理的唯一主体，城市运行依靠政府推动。

三是城市管理目标的差异。西方国家民权主导城市发展，城市发展的目标与居民日常生活息息相关，可以说是一种民生导向型城市管理目标。中国则更重视城市的经济增长，将地区生产总值、财政收入、固定资产投资、引进外资等经济指标作为城市发展的目标。虽然近几年开始关注城市民生，关注城市居民收入增长和社会保障体系建设，但是经济增长仍然是城市政府不二的追求目标，可以说中国的城市管理目标属于经济增长导向型。

四是城市管理手段的差异。西方国家重视法律手段和经济手段,依法治市是其显著特征。相比西方,中国城市管理的法治理念不到位,法治体系不健全,法治环境不成熟,无法可依、有法不依的现象较为严重,而且时常运用行政手段,近些年运用经济手段也较多。一些城市权大于法的现象经常出现。总体看,中国城市管理的人治色彩相当浓厚,最近一些年有所改观,但距西方法治城市管理还有很长的路要走。

二 城镇化进程中的城市管理模式演变过程

(一) 城镇化进程规律

世界各国尽管国情不同,但在城镇化推进过程中,还是存在某些共同规律性的东西。

1. 城镇化缓慢推进阶段 (城镇化率小于 30%)

这个阶段对应于农村社会阶段,农村人口占绝大部分。城市发展规模小,相互之间联系薄弱,城镇化进程十分缓慢。除了农业,手工业与商业也有一定程度的发展,但处于从属地位,不足以成为推动城镇化发展的动力。目前,世界上只有极少部分最不发达的国家处于这个阶段,中国西部省区的部分地区仍然处于这个阶段。

2. 城镇化加速推进阶段 (城镇化率 30% ~ 70%)

这个阶段对应于城市社会形成与扩展阶段,农村人口比例快速下降,城镇人口比例快速上升。城市发展规模膨胀,城市及城镇之间联系加强,城镇化速度很快。农业在国民经济中的地位下降,工业与服务业的地位上升,并成为推动城镇化发展的主要动力。目前,世界上绝大部分发展中国家都处于这个阶段,中国的绝大多数省区也处于这个阶段。这个阶段又可以分为两个亚阶段:第一个亚阶段的城镇化率介于 30% ~ 50%。该阶段是城镇化快速发展的加速阶段,城镇化以聚集为主,城镇经济结构以工业为主 (极少数城市例外),城乡差距和区域差距拉大,富人与贫民分化,社会矛盾突出。第二个亚阶段的城镇化率介于 50% ~ 70%。该阶段是城镇化快速发展的减速阶段,城镇化进入郊区化扩散阶段,城镇经济结构以服务业为主（极少数城市例外），城乡差距与区域差距趋于缩小，中产阶级成为城镇居民的主体，社会矛盾趋于缓和。

3. 城镇化动态平衡阶段（城镇化率大于70%）

这个阶段对应于城市社会占据主体的阶段，农村人口占据比例不大，农村居民收入与生活水准和城市居民差别不大，城乡人口迁移处于动态平衡。可以认为，此阶段城镇化基本完成，城镇体系趋于完善，农业在国民经济中的地位微不足道，服务业超过工业成为国民经济主导产业。目前，世界上绝大多数发达国家处于这个阶段，中国东部沿海地区的发达省市区，如北京、上海也处于这个阶段。这个阶段可以称为富裕社会阶段，也可以称为包容和谐阶段。

（二）城市管理模式的演变规律

中西方在城市管理理念、主体、目标、手段等方面存在巨大差异，但求同存异，还是能够发现隐藏在背后的城市管理模式的演变规律。

1. 地方分权——城镇化率小于10%

城镇化率小于10%阶段，对应的是传统的农业社会。在中国，小农经济占据主导地位，城镇按行政等级分为都城、州府、县衙，居民主要是各级官吏、富豪、军人、手工业者和商人。城镇经济类型单一，防卫功能和消费功能突出。皇帝委派各级官吏进行管理，地方官员拥有很大的决策自主权，在形式上有点类似西方的城邦自治，但官员不是由居民选举产生，而是由皇帝任命。在西方，城镇兴起于商业贸易，实行城邦自治，城镇没有行政等级，一律平等。城镇居民选举各级官员。总的来看，这个阶段城市拥有很大的决策自主权，呈现地方分权的特征。

2. 中央集权——城镇化率10%~30%

这是社会大变革的阶段。在西方，商业贸易突破城邦控制范围，迫切需要借助国家力量开拓市场，为商业贸易发展保驾护航，君主制直至君主专制由此诞生。在中国，自给自足的自然经济瓦解，但如果不能以国家的力量推进体制机制变革，中国的工业化与城镇化必然会陷入小农经济的旋涡而不能自拔。中国的改革开放，正是通过国家集权（国家权威）的形式自上而下开启了制度变革的大门，为生产要素向各级城市与城镇聚集创造了有利条件。可以说，这个阶段中央集权进行制度变革是非常必要的。

3. 地方分权——城镇化率 30%~45%

以国家的力量建立起生产要素向城市（镇）聚集和促进工商业发展的制度以后，国家干预就应该适时退出，让地方城市唱主角。在西方国家，封建君主大权独揽，不给地方城市以合理的分权，最后被城市新兴资产阶级推翻，建立起君主立宪国家或者共和制国家，民主宪政重新回归，城市自治成为主导。在中国，以国家的力量确定改革开放的大政方针以后，就开展了以放权让利为形式的城市体制改革，城市发展的自主权明显增强，地方城市之间的竞争推动了中国经济社会的全面发展。可以说，地方分权是这个阶段的基本特征。

4. 中央集权——城镇化率 45%~55%

这个阶段对应于城镇化的郊区化扩散阶段，是城镇化进程中的一个重要转折期，也是工业化遇到"天花板"效应即将进入后工业社会（服务业社会）的转折期，还是社会矛盾凸显，城乡、地区差距拉大无法继续容忍的关键时期。这个时期如果任由市场机制发挥作用，则会爆发流血冲突、环境公害、城市无序蔓延等事件，需要中央政府出面干预。"二战"后西方出现的"凯恩斯主义"就是这种思潮的反映。中国目前也处于这个阶段。经过改革开放30多年的发展，中国积累的体制机制矛盾随时有大爆发的风险，迫切需要中央政府高瞻远瞩，在分配机制、慈善机制、环保机制、文化包容机制、城乡与区域统筹发展机制、市民参与城市管理机制等方面取得重大突破。可以说，城镇化发展到这个阶段，中央政府应从国家战略高度进行必要的干预，做出重大制度安排变革，做好法治建设。

5. 地方分权——城镇化率大于55%

这个阶段对应于都市区的形成，是城镇化发展的后期。这个时期，城市社会占据主导地位，经过前期国家的必要干预，贫富差距已经明显缩小，环境保护的效果正在体现，中产阶级成为城市居民的主体，服务业成为城市经济的主导部门。经过前期国家干预，已经基本建立起规范的社会经济发展秩序，如果继续干预，则会适得其反。适时退出国家干预是明智的选择。西方在反思"凯恩斯主义"后，重新迎来了"新自由主义"，就是这个阶段的真实写照。中国东部沿海地区的一些先进省市区已经进入这个发展阶段，要继续进行地方分权改革。

　　历史地看，城镇化造就的是有理想、有抱负、有能力、有爱心的中产阶级，中央政府向地方分权是必然趋势，但其中有几个关键的转折期需要中央集权予以难题破解：第一个转折期是城镇化的启动期（城镇化率10%~30%），中央政府要凭借国家力量建立起生产要素向工业和城镇聚集的机制；第二个转折期是都市区化的启动期（城镇化率45%~55%），中央政府要凭借国家力量建立起城乡协调、区域协调、资源节约、环境友好、社会和谐、公众参与的发展机制。正如驾驶汽车，在平稳行驶状态下不必频繁操纵档位；当遇到险情或者变速时，必须及时换挡。

（三）城镇化进程中城市管理模式演变的动力机制

　　上述城市管理模式的演变规律是依靠经验判断得出的，没有经过实际数据的检验。它的存在或许可以从其演变的动力机制中寻找到答案。

　　首先从经济结构的演变中可以发现一些端倪。在中国自给自足的小农经济体系中，城市管理十分简单，不需要中央政府指手画脚，地方官员依靠经验就可以很好地管理起来。在西方古希腊文明时期，手工业和商业贸易是城市发展的主要产业，简单的经济类型决定了城邦自治就可以实现很好的管理。在工业化大生产时代，生产要素跨地区，甚至跨国流动，靠单一的地方城市自治无法解决工商业发展的外部环境问题，这个时期国家就出现了。国家出现必然会剥夺城市的某些自治权利，并表现出集权的性质。

　　其次从社会结构的演变中也可以发现一些端倪。城镇化的进程就是社会结构大变动的进程。城镇化初期，传统思维、传统文化、传统制度的惯性十分强大，如果没有中央集权予以破除，城镇化很可能回归老路或者倒退。当城镇化进入平稳推进阶段，社会的适应性明显增强，这时的中央干预就略显多余，甚至发挥副作用，向城市分权是必由之路。

　　最后从居民心理需求变化来看，马斯洛的心理需求层次论可以很好地解释这种现象。马斯洛提出，人的需求分为五种，像阶梯一样从低到高，按层次逐级递升，分别为生理需求、安全需求、社交需求、尊重需求、自我实现需求。低收入阶层主要的需求是生理需求和安全需求，人们主要关注的是自身利益，没有强烈的愿望参与城市管理。这个阶段一般对应的是城镇化的启动阶段，城镇居民以低收入阶层为主，适宜集权式管理。中产阶级主要的需求是社交需求、尊重需求和自我实现需求，人们除了关注自身利益外，还乐于社会公益事业，渴望参与城市管理。这个阶段一般对应的是城镇化的中后期，城镇居民以中产阶级为主体，适宜分权式管理。城镇化的进程，就是中产阶级不断壮大直至占据主体地位的过程，城市管理模式也不断体现分权式、民主化的管理趋势。

三 中国城市管理改革的方向与路径

（一）中国城市管理模式述评

从国家层面来看，中华文化孕育于农耕文明。几千年的小农经济造就了中国的民族特性：安分守己，知足常乐，靠天吃饭，期盼天降圣人实行仁政。在这种文化土壤中，百姓没有权利意识，极易产生政治强人，崇尚仕途，以官为荣，官民身份地位不平等。这种文化价值观念一直影响至今，官本位思想根深蒂固。

从国家与城市关系看，城市设置与撤销、管辖范围划分与调整需要国家审批，地方无权决定；国家为了便于管理，实行层级管理体制，给予城市不同的行政等级，并授予不同的行政权力，如中央直辖市、副省级城市、地级市、县级市。中央直管中央直辖市，副省级城市实行计划单列，地级市由所在省区管理，县级市由所在地、市管理，形成一个金字塔形的垂直管理体系。中央直辖市、副省级城市的主要领导的任免权在中央，地级市主要领导的任免权在省区，县级市主要领导的任免权在地、市。

从城市内部的治理结构来看，党委、人大、政府、政协四套班子各行其是，党管党务和干部，人大立法与监督，政府行政，政协议政，相互之间密切配合。中央直辖市、副省级城市、地级市下辖的区的治理结构与此雷同，但与城市有上下级关系。区与县级市下又设有街道办事处，是城市最基层的一级政府，承担着城市最基层的政府职能。街道下又划分为若干社区，实行居民自治，但又接受街道的领导。城市政府行政，既接受上级政府委派的任务，也处理本行政辖区内部自己的政务，以此类推，直至社区。

从城市官民关系来看，官员是逐级任命的，不是居民直接选举产生的。居民通过选举人大代表实现间接参政，近年来各城市在有关重大民生问题决策上举行听证会，允许居民代表参加，为居民利益表达开辟了新途径。

总的来看，中国的城市管理属于"管控型"，与西方国家的"自治型"有很大区别。自上而下的纵向管理发达，自下而上的居民利益表达渠道狭窄。这种体制的一体化程度高，行政动员能力强，能够办大事，办好事，但也可能因为民间约束力量弱而办出坏事；还有这种体制的横向管理有缝隙，包括部门之间、城市之间、城乡之间，许多矛盾冲突就出现在这个地带；这种体制的权利义务不对等，权力在上，义务在下，许多行政扯皮现象由此而生；这种体制关注的是上级领导的意愿，居民意愿表达渠道不畅，城市发展的动力往往表现为"领导推动"，民生导向的动力较弱；这种体制应对突发事件反应能力较差，许多突发事件的处置耽搁在层层请示汇报中，除非上级领导非常重视并亲临现场指挥；这种体制的行政干预过多，地方城市发展的自主权缺乏，往往造成城市建设模式趋同，地方特色流失，形成令人痛心的"千城一面"形象。

(二) 中国城市管理改革方向

中国的城市管理，有成效，也有不足。未来，应兴利避害，在经济全球化与低碳绿色转型发展的背景下，中国的城市管理者要有忧患意识、时代意识、民主意识、法治意识、服务意识，走出一条有中国特色的城市善治①道路。

1. 弱化官本位意识，强化为民服务思想

城市管理不是"管"，而是服务，官民不是管理者与被管理者的关系，

---

① 城市善治（good governance）是指公共利益最大化的治理过程。它系于权力与公民对公共生活的合作管理，既依赖于公权力的法治运行，也依赖于共建共享的公众参与。一般认为，善治的基本要素有以下四个：①合法性（legitimacy），即社会秩序和权威具有被自觉认可和服从的性质和状态。②透明性（transparency），即政治信息的公开。立法活动、政策制定、法律条款、政策实施、行政预算、公共开支以及其他有关的政治信息，公民都有权获得，并且对公共管理过程实施有效的监督。③责任性（accountability），即管理人员及管理机构由于其承担的职务而必须履行一定的职能和义务。公职人员和管理机构的责任性越大，表明善治的程度越高。④法治（rule of law），即城市政府自觉依法行政。

而是公仆与主人的关系，官员手中的一切权力是人民授予的。要建立健全人民可以罢免不符合人民意愿的官员的监督机制。要勇于打破官员只能上、不能下，只对上负责、不对下负责的用人机制。要让官员牢固树立全心全意为人民服务的思想意识。

2. 继续推进扩大城市自主权改革，妥善处理好中央与地方的关系

现代社会分工越来越细，科技创新与文化创意越来越频繁，人们生活在一个多元文化的社会里，靠"管控"来治理城市越来越难，而且会越来越激起居民的反感。应继续推进扩大城市自主权改革，赋予地方城市政府更多的城市管理职能，减少中央政府行政审批事务，切切实实地做好中央政府与地方城市政府的职能分工，在城市管理事务上各有侧重。要转变上下等级观念，构建起中央政府与地方城市政府合作治理城市的伙伴关系框架。

3. 探索人民意志形成法律，法律约束城市运行的管理机制

法律是规范人们共同行为的准则，城市运行要步入法治化轨道。中国的城市，绝大多数没有自己制定法律的权利，有关城市运行的法律法规，多数为中央有关部委拟订，全国人大立法通过实施，地方城市制定实施细则。中央各大部委限于管理本行业的视野，一般不具备全局意识，对地方城市的立法需求也不甚了解，导致许多法律法规演变成为部门利益的保护工具。要探索授予地方城市立法权力的途径，使城市居民意志形成城市法律，城市法律约束城市运行。

4. 顺应城镇化进程中城市管理模式演变的客观规律，妥善处理集权与分权的关系

城镇化进程中的关键转折期往往是城市管理问题突发的高峰期，这个阶段需要集权模式应对。而城镇化进程中的平稳阶段则需要更多的地方分权。要顺应城镇化进程中城市管理模式演变的客观规律，妥善处理集权与分权的关系。在需要集权的时候，实行合理集权；在需要分权的时候，毫不犹疑地进行分权。同时，针对不同地区的城镇化进程，有选择地构造集权—分权模式，使中国的城市管理更加具备灵活性、时代性和地方性。

分 论

第七章 中国城市土地管理

【摘要】 本章对新中国成立以来中国城市土地管理沿革进行简单梳理，对当前中国土地管理法制定的基本理念、农用地征用制度演变及城乡二元土地管理制度进行了较为深入的剖析，提出落实农民的土地财产权、土地自由处置权、按市场经济规则修订土地管理法、限定政府公权、探索实现城市住房永久产权、尽快开征物业税等破解城市土地管理难题的办法。

一 中国城市土地管理沿革

新中国成立后，中国城市土地管理走过了一条"承认私有—部分国有化—彻底国有化—国有土地使用权与所有权分离，土地使用权有偿、有期限"的路子，清晰地显示了中国城市土地管理制度变革的历史脉络。

（一）1949~1955年：基本维持新中国成立前的土地所有制

在中国历史上，土地包括城市土地基本上以私人所有制为主。1950年前后所进行的土地改革，主要是在农村强制、无偿地没收地主、富农土地，"统一平均分配"，并庄严承诺保障农民所分得土地的私有权。但当时的土地改革仅限于传统意义上的农村，对于城市包括城郊土地则基本上维持了新中国成立前的土地所有制状况，土地的私人所有制也基本得以延续。在现实中，1951年左右，除没收了帝国主义地产主、国民党政府、官僚资本、战犯、反革命分子、封建地主在城市中的土地，接受了外国侨民解放前在城市中购置的房地产之外，其他城市私人土地仍然受到保护。各地政府依据民国时期的地契给城市土地所有人换发了新政权的"土地所有权证"，政府还制定出若干法律规定,以示尊重市民的私人房地产权利。1954年的宪法承认和保护城市的私有土地,包括作为资本家生产资料的土地和厂房以及作为城市居民生活资料的房地产。

(二) 1956~1966年:城市土地部分国有化

1954年宪法颁布之后不久,中国就开始了对部分城市私有土地事实上的国有化。中共中央于1956年批转的《关于目前城市私有房产基本情况及进行社会主义改造的意见》中,提出了对私有房产的社会主义改造政策。改造的总要求是加强国家控制,首先使私有房产出租完全服从国家的政策,进而逐步改变其所有制。改造的具体方式有两种:①国家经租。所谓国家经租是指由国家进行统一租赁、统一分配使用和修缮维护,并根据不同对象,给房主以合理利润。②公私合营。即对原有的私营房产公司和某些大的房屋占有者,组织统一的公私合营房产公司,进行公私合营。而对于工商业者占有的房屋,随本行业的公私合营进行社会主义改造。他们出租的,与企业无关的房屋由国家经租。国家经租意味着房主不仅丧失了经营自主权,而且丧失了房屋所有权。由于房地一体的特性,房主丧失了房屋所有权,那么房产之下的土地的所有权在事实上也就自然随之丧失了。

(三) 1967~20世纪70年代末:城市土地大规模国有化

城市土地彻底国有化的主张,是"文化大革命"开始之后的1967年。当时国家房产管理局、财政部税务总局的文件提出,无论什么空地,无论什么人的土地(包括剥削者、劳动人民)都要收归国有,从而形成了国家所有为主、集体所有为辅的城市土地公有制格局。但在1975年、1978年的宪法中都没有任何关于城市土地国有化的规定。也就是说,这个时期城市土地的大规模国有化是违背1954年宪法精神的。

(四) 1982年底:城市土地国有化的宪法确认

1982年12月4日第五届全国人大第五次会议通过了新的《中华人民共和国宪法》,在其中第十条第一款简洁而又明确地增加了之前所有宪法及正式的立法所没有规定的内容:"城市的土地属于国家所有。"从而从宪法上确认了之前的一系列城市土地国有化的成果，这就为改革开放之后城市建设征用土地开启了方便之门。

(五) 改革开放以来：城市土地有偿、有期限使用

改革开放前，中国城市国有土地实行的是单一行政划拨制度，国家将土地使用权无偿、无限期提供给用地者，土地使用权不能在土地使用者之间流转。但改革开放的新形势促使中国城市土地管理制度进行变革，即把土地的使用权和所有权分离，在使用权上，变过去无偿、无限期使用为有偿、有限期使用。

1979年，中国开始尝试以场地使用权作为出资兴办中外合资企业或向中外合资企业收取场地使用费。土地使用权可作为合资企业的中方合营者的投资股本。1982年，深圳特区开始按城市土地等级不同收取不同标准的使用费。1987年4月，国务院提出使用权可以有偿转让，同年9月，深圳率先试行土地使用有偿出让，揭开国有土地使用制度改革序幕。12月，深圳市公开拍卖一块国有土地的使用权。1988年，国务院决定在全国城镇普遍实行收取土地使用费（税）。与此同时，开始试行土地使用权有偿转让，定期出让土地使用权。同年4月，七届人大第一次会议修改了1982年《宪法》的有关条款，删除了土地不得出租的规定，明确"土地使用权可以依照法律的规定转让"。12月通过《土地管理法》的修改议案，规定"国家依法实行国有土地有偿使用制度"。土地使用权可以依法出让、转让、出租、抵押。1990年5月，国务院允许外商进入大陆房地产市场，发布了《城镇国有土地使用权出让和转让暂行条例》《外商投资开发经营成片土地暂行管理办法》和相应文件，标志着中国的土地市场走上了有法可依的轨道，土地使用制度改革在全国推开。

二 中国城市土地管理现状

(一) 基于粮食安全的土地管理法

自联合国粮农组织1974年提出"世界粮食安全"概念以来，国际上对

这个概念的界定几经修订，但基本含义没有改变：第一，在生产层面，确保能生产出足够数量的符合需求的粮食；第二，在供给层面，最大限度地稳定食物供应；第三在需求层面，确保所有人都能获得食物。

中国是一个人口大国，人均耕地面积不及世界平均水平的1/3。新中国成立后一直到改革开放前的30年，中国一直在致力于解决广大人民群众的温饱问题。可以说，粮食安全问题牵动着中国的心。1994年，美国世界观察研究所所长莱斯特·布朗发表了《谁来养活中国？》一文，并向联合国提交了报告。报告中说：21世纪初中国为了养活10多亿人口，可能引起世界粮价的上涨，威胁全世界粮食安全。也许是因布朗的盛世危言，1996年11月在罗马召开了"联合国世界粮食高峰会议"，中国一下子成了威胁世界粮食安全的众矢之的。内忧外患，促使中国将粮食安全提升到国家战略高度，并将其作为历次土地管理法修订的基本理念予以贯彻执行。

30多年前，中国开启了改革开放的大幕。生产力的解放、经济的迅猛发展、城市的极度扩张、乡镇企业的异军突起，导致建设规模的迅速扩大，大量耕地转化为建设用地。据统计，"六五"期间（1980～1985年），"全国耕地净减3680多万亩，年均减少730多万亩，尤其是1985年，这一数据史无前例地超过了1500万亩"[①]。面对如此乱占滥用土地的狂潮，我国不仅缺乏一部专门、完整的土地管理法，而且行政管理也是城乡分立、政出多门、职责不清。为此，中共中央、国务院发布了《关于加强土地管理、制止乱占耕地的通知》，明确了迅速制定《中华人民共和国土地法》（后经全国人大改为《土地管理法》）的立法任务。1986年6月25日，第六届全国人大常委会第十六次会议审议通过了《土地管理法》。《土地管理法》从酝酿至颁布只有短短三个多月的时间，创下我国立法耗时最短之纪录。该法第一章第三条规定，各级人民政府必须贯彻执行十分珍惜和合理利用土地的方针，全面规划，加强管理，保护、开发土地资源，制止乱占耕地和滥用土地的行为。第三章第二十条规定，国家建设和乡（镇）村建设必须节约使用土地，可以利用荒地的，不得占用耕地；可以利用劣地的，不得占用好地。

---

① 张传玖：《守望大地20年——〈土地管理法〉成长备忘录》，《中国土地》2006年第6期。

自1992年下半年开始，中国某些地方出现了"开发区"建设热，耕地面积锐减，耕地保护再次面临严峻的挑战。原《土地管理法》已不能满足新形势下土地管理的需要。1998年8月29日，第九届全国人大常委会第四次会议修订并通过了《土地管理法》（1998年版本）。该版《土地管理法》与原《土地管理法》相比，耕地保护的措施更加强硬：一是实现了从分级限额审批制度向土地用途管理制度的转变，制止了地方政府多占耕地的利益冲动；二是首次以立法形式明确了合理利用土地和切实保护耕地是我国的基本国策，强化了保护耕地的法律责任；三是提高了土地征用的补偿标准，抬高了占用耕地的成本代价；四是保障了土地利用规划的地位，由规划确立土地利用各项指标；五是土地监督检查制度。2004年第十届全国人大常委会根据《宪法修正案》将《宪法》第10条第3款修订为"国家为了公共利益的需要，可以依照法律规定对土地实行征收或者征用并给予补偿"的精神，有针对性地将《土地管理法》第2条第4款修订为"国家为了公共利益的需要，可以依法对土地实行征收或者征用并给予补偿"。这是一种"合宪性修订"。

2007年国家颁布《物权法》以后，社会各界呼吁尽快修订《土地管理法》，以与其相适应。经过多年酝酿，近期有出台的可能。

（二）多方博弈的农用地征用制度

新中国成立以来，中国的农用地征用制度经历了从无到有、从不完善到逐步完善的发展过程。这个过程经历了以下几个阶段。

1. 新中国成立初期的农用地征用

在新中国成立后的法律法规中，第一次出现"征用"一词，是在1950年11月公布的《城市郊区土地改革条例》中。该《条例》第十四条规定：国家为市政建设及其他需要征用私人所有的农业土地时，须以适当代价，或以相等之国有土地调换之。

随着经济社会的快速发展，国家建设项目的不断增加，土地占用规模也与日俱增，土地征用关系也就变得更加复杂。为了解决不断出现的新问题，1953年新中国出台了第一部专门针对"土地征用"的完整法规《关于国家建设征用土地办法》，在此《办法》中第一次提出"土地征用"概念。

它是指国家或政府为了获得建设项目的实现,可以通过强制性手段,收取公有土地、私有土地的所有权或原国有土地使用者的使用权,并建立国家的所有权或使用权。《办法》还明确规定:"国家建设征用土地的基本原则是:既应根据国家建设的确实需要,保证国家建设所必需的土地,又应照顾当地人民的切身利益,必须对土地被征用者的生产和生活有妥善的安置。""被征用土地的补偿费,在农村中应由当地人民政府会同用地单位、农民协会及土地原所有人(或原使用人)或由原所有人(或原使用人)推出之代表评议商定之。一般土地以其最近三年至五年产量的总值为标准,特殊土地得酌情变通处理之。"

2. 社会主义土地公有制建立时期的农用地征用

随着农村土地由农户私有制经过改革后变为社会主义集体所有制,为了适应国家建设的需要,妥善处理国家建设中土地征用出现的新问题和由于土地审批相对宽松而导致的一些地方严重浪费土地现象及补偿不足问题,新中国又在1958年1月6日,在对原有1953年《关于国家建设征用土地办法》加以修订的基础上,重新颁布施行了《国家建设征用土地办法》。在这一时期,农村的土地所有制关系发生了根本性的变化,农户私有土地变为集体所有土地,因此土地征用关系也有了相对的改变和调整。除了规定"必须贯彻节约用地的原则"外,还进一步完善了国家建设用地征用的审批程序,并针对人民生活有所提高的现象相应提高了补偿标准;在安置失地农民方面强调了尽量以农业安置和就地安置为主。这一办法和1953年颁布的《关于国家建设征用土地办法》一样,都是专门针对土地征用制定的,是新中国成立后较早的关于土地征用的行政法规。

"文化大革命"时期由于国内经济建设基本停滞不前,土地征用相关工作基本处于停顿状态。

3. 改革开放以来的农用地征用

改革开放以后,随着经济建设的发展,大量新增建设项目增多,土地的价值逐渐显现,为了慎重处理在社会经济关系调整过程中,特别是在农村经济关系中由于土地征用所引起的土地关系调整,1982年,国务院制定并颁布了《国家建设征用土地条例》。这是新中国成立以来的又一部直接针对土地征用而颁布的法律法规。其中第一次明确规定,征用土地的补偿费包括土地补偿费、青苗补偿费、土地附着物补偿费以及农业人口安置补偿费，并在此基础上适当提高了补偿标准，对农村剩余劳动力的安置途径也作出了相应调整，主要有就地农业安置，乡村企业安置，迁队或并队安置以及农转非，即由集体或国有企业安置等。

为了进一步加强我国土地管理力度，合理使用占用土地，1986年，第六届全国人大常委会第十六次会议在1982年《国家建设征用土地条例》基础上，结合以往相关土地法律法规和土地管理经验，制定并颁布了我国第一部相对完整的《中华人民共和国土地管理法》，将相关土地管理从行政立法上升到法律的高度。

1990年，国务院颁布了《中华人民共和国国有土地使用权出让转让暂行条例》，从此以后，城市土地走上了有偿使用的道路。但对比城市土地使用改革，农村土地用地制度改革相对滞后，在农村土地制度方面特别是有关土地征用方面仍然基本上沿用1986年的《土地管理法》（1988年曾作出修订）。

随着我国社会主义市场经济逐渐步入正轨，土地管理制度也迫切需要调整，1998年第九届全国人民代表大会常务委员会第四次会议对1986年《土地管理法》作出了全面修订，对土地征用制度作出了重大调整。除了随着经济水平的提高相应提高补偿标准之外，将原有五级土地审批制上升为中央级、省级两级审批制以外，针对改革开放以来耕地占用严重的情况，还提出了"保护耕地"和"占补平衡"的基本原则，以提高全社会在耕地保护上的忧患意识。

随着经济的不断发展，用地量大大增加，其中出现的一些问题引起了社会各界极大的关注，完善征地制度被提上议事日程。2004年3月14日，第十届全国人民代表大会第二次会议通过《中华人民共和国宪法修正案》，有关土地征用方面的是对第十条规定进行的修订："国家为了公共利益的需要，可以依照法律规定对土地实行征收或征用给予补偿。"自此，我国从宪法高度确定了对农地征用给予补偿的制度。与此相适应，2004年8月，《土地管理法》依据宪法作出了相应修改。

以上农用地征用制度的演变历程清晰地显示了中国的农用地征用制度不断修订、不断完善的过程。时至今日，各地实践暴露出现行农用地征用制度还存在诸多方面的不足，需要引起有关决策层的高度重视。

一是征地范围过广，补偿标准低，农民利益得不到保障。现行法律从未明确界定何为"公共利益"，而《土地管理法》中又明确规定：任何单位和个人进行建设，需要使用土地的，必须依法申请使用国有土地。因此，一些地方政府往往会依据所谓的种种原因需要对"公共利益"进行解释，甚至打着各种"公共利益"旗号将征用上来的土地随后变成了各种房地产、商业用地等，这就在无形之中扩大了"公共利益"的征地范围。在补偿方面，将农民排斥在土地增值收益之外，引起失地农民的强烈不满。

二是征地主体缺乏有效的监督制约机制，征地随意性严重。作为征地主体的政府部门，至今都缺乏有效的监督和制约，既是征地的执行机关，又是征地行为的管理机关，这种"运动员"兼"裁判员"的双重身份，使得征地机关在征地过程中成了"主导者"，处处说了算。一些地方打着低价土地的旗号招商引资，盲目搞各类开发区，滥占耕地，因实际需要而随意解释征地条款。

三是征收征用概念混淆。在近现代世界各国土地法律法规当中，土地征用和土地征收是不同的法律概念。土地征收主要针对的是他人的土地所有权，而且他人的土地所有权因征收而消失。而土地征用的标的物应是土地的使用权，而不是针对土地的所有权。但就目前中国的习惯而言，表面看行的是"征用"之名，实质上行的是"征收"之实。对农地集体所有权、农户使用权以及农民的利益保护十分不利。

四是集体产权主体模糊，农民参与性差。这样使得集体土地的"生杀大权"往往被少数村干部把持，而他们在实际上就成了集体土地的"当家人"，成了其中一些人"寻租"的工具。而在土地征用过程中，由于征地的透明度差，农民的参与权、知情权等权利被严重忽视。农民对土地具有天生的依赖感和亲切感，他们是土地的直接使用者，"征前不知情，征后不协商"却往往成为一种普遍现象，辛勤劳作的土地一夜之间糊里糊涂丢失掉，这对农民来说不能不算是一种悲哀。

五是失地农民安置措施不尽完善。农地自古以来就承担着农民的就业社保功能，农民失地以后，就业问题、社会保障等问题就会凸显出来。随着我国经济体制改革的深入进行，各级各类企业用人制度发生了根本性变化，政府原有的传统的安置方式逐渐失灵，失地农民问题开始凸显。目前有关土地征用最详细的《土地管理法》中并未对失地农民的安置提出具体措施，各地最主要的还是采取货币安置方式。但由于各种原因，例如补偿费用低、不合理花销或投资等，货币化安置方式往往只能解决失地农民的近忧，却难以化解他们的远虑，从而导致部分农民失地又失业，况且绝大多数农村的社会保障体系尚属"空白"，所以这些失地农民的长远生计必然成为一个巨大的社会问题。

总之，中国的农用地征用制度由改革开放前的国家主导、强调农民为国家利益服务的制度转变为改革开放后各级政府、投资商、农村集体经济组织、农民之间多元博弈的制度。在这个博弈的过程中，农民处于明显弱势的地位，由此导致的群体事件层出不穷。

（三）充满争议的城乡二元土地管理制度

要完整准确地了解中国城市的土地管理，必须对若干关系进行清晰梳理。第一，中国是实行城乡二元土地管理制度的国家，城市土地实行国有，农村土地实行集体所有。第二，农村集体土地只能由本农村集体组织成员使用，不能自行转移给城市单位或者非本农村集体组织成员使用。第三，实行土地用途管制。农村农用地转变为建设用地，必须符合土地利用总体规划，有农用地转非的年度计划指标，还要由政府出面批准征地，才能完成转性。这样一种城乡二元土地管理制度，造成城乡之间事实上的不平等：第一，农民在农村集体组织的土地资产很难变现，要变现只有实现征地国有化一条路，在现有制度安排下农民的利益往往被低估，不能实现带着资产进城，农民市民化起步艰难；第二，现有观念与政策将粮食安全等同于18亿亩耕地保护红线，赋予农民和农村集体组织保护耕地的国家职责，但是并没有相应赋予其保护耕地的利益（或者利益补偿太低），事实上是对农民获取土地增值收益权利的剥夺；第三，政府以"国家利益"名义将公权扩大化地渗透到农用地转性的全过程，剥夺了农民自主选择的权利，侵蚀了农民的正当利益。凡此种种，引起人们对现行城乡二元土地管理制度的质疑。

第一个质疑是中国是否存在粮食安全问题？到目前为止，尚没有人直接了当地否定中国的粮食安全问题,但是就粮食安全问题的争议一直没有中断。茅于轼在其博客中撰文《中国耕地问题关键是合理利用》,对18亿亩耕地保护红线的设置提出质疑,认为提高粮食产量的关键是提高生产效率,而不能仅仅将着眼点放在耕地面积上。茅于轼在其博客中的另一篇文章《为什么市场能够保障粮食安全?》中提出,回顾过去,因粮荒而大规模死人都是计划经济造成的,当市场经济存在的时候从来没有大规模饿死人。中国已经纠正了计划经济。当今全球粮食安全的最大威胁恰好就是自给自足的政策,相反依靠贸易和交换(国内的和国际的)能够保证粮食供给的安全。他引用英国《经济学家》杂志总结全球粮食安全问题时说,危险恰恰来自各国都强调自给自足,既不准出口又不准进口。这时候国际市场这个最大的储备库就失去作用了。事实上不但许多小国的粮食供应要靠进口,连日本这样的国家,也离不开进口粮食。他们消耗的粮食中有40%靠进口,多年来一直如此。不让市场起作用,对他们来讲将是灾难性的。在茅于轼看来,市场、国际与区际贸易可以解决粮食安全问题,增加粮食产量的关键是提高单产,而非死守耕地总量。刘正山(2006)则从另一个角度论证了粮食产量与耕地面积没有直接关系。他在其论文《我国粮食安全与耕地保护》中,运用计量分析方法发现,新中国成立后的数次粮食价格上涨,与耕地面积没有直接关系。影响粮食产量的主要因素是价格、政策、投入等,而非耕地面积。不能简单地将粮食产量与播种面积或者耕地面积挂钩,不能认为保有了一定的耕地面积或保证了一定的播种面积就必然保障一定数量的粮食产量。唐健等(2009)在论文《论中国的耕地保护与粮食安全——与茅于轼先生商榷》中认为,茅于轼先生的研究在立论基础、分析过程和结论提出等方面都存在缺陷:①仅从经济分析角度评价中国的耕地保护政策是不科学的;②粮食安全包括粮食数量安全、质量安全、社会安全和生态安全;③对未来粮食缺口的预测必须科学合理。在唐健等人看来,粮食问题具有政治性,茅于轼的观点太过乐观。

第二个质疑是保护耕地是否要动用国家公权?这个问题实际上是第一个问题的延伸。茅于轼在其博客中的文章《中国耕地问题关键是合理利用》中提出,国家精致地计算出需要多少耕地是轻视市场的思维,只有市场能解决到底需要多少耕地，市场会平衡的。不科学的耕地政策不光会推动房地产价格上涨，最主要的是，它把合理利用土地的机会取消掉了。我国城镇化进程需要大量土地，中国城镇人口大概有6亿，农村人口约7亿，随着城镇化推进，在未来的三五十年里还将有大约6亿人进城，农村只需要1亿农民。发展迅猛的城镇化，不占用农业用地便无法发展。究竟是保护耕地要紧还是城镇化要紧，答案肯定是城镇化更重要，因为粮食已经不是问题了，没必要死守住耕地面积。所以可以肯定，现有耕地政策早晚会被突破。要取消国际贸易和国内贸易的各种障碍，取消土地改变用途的强制性限制，让市场发挥作用。不但能够保证粮食安全，而且能够大大提高我们的生活水平。使市场均衡发展，人们的生活有均衡的享受，不会有畸高的房价，改变大家有钱买吃的穿的、没有钱买房的扭曲生活。在茅于轼看来，市场可以解决粮食安全问题，没有必要动用国家公权死保耕地面积，而动用公权死保耕地面积的灾难性后果是房价畸高。但目前不管是政府操作层面，还是研究土地问题专家学者的理论研讨，都对国家动用公权保护耕地深信不疑。

第三个质疑是现行农用地转性中的增值收益分配是否合理？在现行制度安排下，农用地转性增值只有征地国有化一条路子，农民和农村集体组织自行转性获取增值收益不被法律认可，而且要冒着法律制裁、行政制裁、经济处罚等风险。通过国有化实现的增值收益要在政府、投资商、农村集体组织、农民之间进行分配。朱东恺与施国庆（2004）利用相关统计数据计算的结果是：土地用途转变增值的土地收益分配中，政府得60%～70%，村一级经济组织得25%～30%，农民只得5%～10%。陈铭更具体计算浙江省某区域土地征收资料，所得增值收益的分配结果是：政府为56.97%，开发商为37.79%，村集体经济组织及农户为5.24%[①]。农民所得太少引发上访事件层出不穷。数据显示，国家信访局2003～2006年接待的上访人数当中，有近40%涉及拆迁，而在当时的建设部这个比例高达70%～80%[②]。可见，现行农用地转性中的增值收益分配极不合理，保障农民合法

---

① 孙红丽：《学者称农地补偿存在分配不公，应引入谈判机制》，《人民网》，2010－03－26。
② 《土地收益分配失衡被指引发冲突，农户所得低10%》，《新浪新闻中心》，2009－12－31。

利益是必须的。时任总理温家宝在 2011 年中央农村经济工作会议上指出，不能再靠牺牲农民土地财产权利降低工业化城镇化成本，有必要、也有条件大幅度提高农民在土地增值收益中的分配比例①。茅于轼在其博客文章《恢复农民对土地财产的所有权》中提出，"三农"问题的核心是农民对土地的所有权。要想解决"三农"问题，最重要的恐怕就是恢复农民对土地财产的所有权。

三 破解中国城市土地管理问题的出路

中国城市土地管理中出现的形形色色问题，归根结底是因为土地产权关系不明晰。城市土地国有与农村土地集体所有，都存在产权主体虚置、无人为之负责的弊端，而且因此成为政府借助公权干预土地置换、从中获取巨额土地财政收入的借口，并成为滋生权钱交易、产生腐败的温床。实践已证明，没有清晰的土地产权关系，既无法保障农民的切身利益，也无法保障城市居民的切身利益。

（一）落实农民的土地财产权，让农民成为城镇化进程中的有产者

土地财产权是绕不开的问题。改革开放 30 多年来，强加在农民身上的种种不平等待遇大多数都基本上被取消了，但事关农民命根子的土地财产权至今没有得到落实。尽管中央一再稳定和延长农民土地承包年限，呼吁提高农民在土地增值收益中的分配比例，但由于土地财产权始终没有落实到农民，农民对土地拥有的使用权（承包权）很容易被政府或者利益集团所剥夺，而且在这个过程中也没有多少话语权。失去了土地的财产权，农民在城镇化进程中往往只能白手起家，成为城市（镇）新增居民中的贫困者。为了保护农民的正当权益，理顺土地产权关系，有必要破除根深蒂固的计划经济思维，还农民土地财产权。

---

① 温家宝：《提高农民土地增值收益分配比例》，《新华网》，2011 - 12 - 28。

（二）还给农民土地财产的自由处置权，开启农用地转性的多元通道

土地财产的自由处置权是农民的又一项权利。只落实土地财产权而不允许自由处置土地财产，等于没有落实土地财产权。农民拥有土地财产的自由处置权，不仅有利于农民顺利变现土地资产，实现带着资产进城务工经商的目的；而且有利于吸引城市居民到农村投资，实现城乡要素双向流动、城乡互动发展的目的；同时有利于打破目前政府垄断农用地转性助推地价、房价大幅度上涨的动力机制，通过多元化供给，解决城市土地扩展和城市居民的住房问题，降低工业化与城镇化的成本，妥善解决城市民生问题。可见，还农民土地财产的自由处置权，不仅有利于农民自身的城镇化，而且因为地价降低有利于解决城市居民的住房问题和城市产业聚集问题，不能不说是一个多赢的格局。

（三）按市场经济发展要求修订土地管理法，限定政府公权

现行土地管理法尽管经过多次修改（修订），基本满足了中国经济社会发展的现实需要，但从长期看，从根本上看，仍然不能适应社会主义市场经济发展的要求。现行土地管理法，体现的是浓重的计划经济色彩，采取的手段是公权与强制，没有体现市场经济条件下公平交易、等价交换的原则。比如，强调保护耕地，采取的是强制手段，国家义务由农民承担；国家控制农用地转性途径，并垄断土地一级市场，造成非农建设用地价格畸高，与农用地价差巨大，成了众多强势阶层争食的"蛋糕"。在这种法律制度下，农民、普通城市居民和中小企业主成了牺牲品，政府、房产商、大型国企成了受益者。如果坚持现行土地管理法，许多因此而产生的社会问题将无从解决。要转换思维模式，按照市场经济发展要求修订土地管理法，限定政府公权，让土地资源配置服从市场经济规律，而不是政府配置法则。

（四）探索实现城市住房永久产权，尽快开征物业税

按照现行法规，城市住房与土地分离，土地有偿使用70年，要求一次性缴清。这种制度决定了城市居民既没有永久产权，也没有完全产权。从

法理上讲，政府完全可以借助调整规划或者国家利益强拆城市居民住房，城市居民只能被动服从。从实践中看，在城市拆迁中，居民处于弱势地位和被动地位。这实际上是从制度上对城市居民利益的剥夺。与落实农民的土地财产权一样，也应该落实城市居民住房的永久产权，这样做的好处是，一可以理顺土地产权关系，实现城乡土地产权交易的接轨；二可以切实维护城市居民的利益，减少城市拆迁中的违法违规行为；三有利于开征物业税，将地方政府的注意力从多卖地多增加财政收入转移到创造良好的人居环境吸引居民置业，创造良好的投资环境吸引企业进驻，从而促进城市的可持续发展。

第八章 中国城市规划管理

【摘要】本章简单回顾了中国城市规划管理的简要历程,对中国城市规划管理中现存的主要问题,如规划种类太多太滥、权威性不足、科学性不强、控制性不强、区域管制不够、历史文化传承保护不善、缺乏配套政策支持、监督机制不健全等进行了较为深入的分析,提出在新形势下要统一编制规划、科学编制规划、完善规划编制体系、健全规划管理机制、注重利益协调、配套完善政策等建议。

一 中国城市规划管理的简要历程

新中国成立60多年来,中国的城市规划管理工作大致经历了创建、曲折前进和改革发展三个阶段。

(一) 创建阶段 (1949~1957年)

新中国成立以后,中央确定了城市规划在实施有计划的国民经济建设和城市发展建设中的综合职能。1949年10月,中央决定由政务院财经委员会(中财委)主管全国基本建设和城市建设工作,各城市建设管理机构也相继成立。1951年2月,中共中央提出"在城市建设计划中,应贯彻为生产、为工人服务的观点","力争在增加生产的基础上逐步改善工人生活"的城市规划和建设方针。1952年9月,中财委召开第一次全国城市建设座谈会,提出城市建设要根据国家的长期计划,加强规划设计工作,加强统一领导,克服盲目性。会议决定,从中央到地方建立健全城市建设管理机构,在39个重点城市成立建设委员会,领导城市规划和建设工作,要求主任委员由市委书记或市长担任，委员由工业、交通、水利、文教、卫生、军事等部门负责人参加。会议提出首先要制定城市总体规划，在总体规划指导下建设城市。

（二）曲折前进时期（1958~1976年）

"大跃进"的失误，造成了许多城市出现不切实际地扩大规模、改建旧城，造成很大浪费。1960年11月举行的全国计划工作会议宣布"三年不搞城市规划"。1961年1月中共中央提出了"调整、巩固、充实、提高"的方针。1964年大小"三线"建设先是实行"靠山、分散、隐蔽"原则，后又改为"靠山、分散、进洞"原则，形成了不建集中城市的思潮，其影响波及全国。1966年开始的"文化大革命"十年，各地城市规划机构被撤销，规划队伍被解散，高校城市规划专业停办、图纸资料被销毁，全国城市规划工作总体上被废弃，导致乱拆乱建成风，城市布局混乱，市政设施不足，环境污染严重，住宅紧张，严重影响生产和人民的生活。

（三）改革发展阶段（1977年以来）

党的十一届三中全会召开，中国进入了一个新的历史发展时期，城市规划也步入了新阶段。1978年3月，国务院召开第三次城市工作会议，制订了《关于加强城市建设工作的意见》，同年4月，经中共中央批准下发全国。强调要"认真抓好城市规划工作"，要求全国各城市，包括新建的城镇都要根据国民经济发展计划和各地区具体条件，认真编制和修订城市总体规划、近期规划和详细规划。

1980年10月，国家建委召开全国城市规划工作会议；同年12月，国务院批转《全国城市规划工作会议纪要》，重申城市规划的重要地位与作用。会议提出："市长的主要职责是把城市规划、建设和管理好。"这次会议还强调了城市规划的法制建设问题，讨论了《城市规划法（草案）》，并首次提出城市应实行综合开发和土地有偿使用的建议。全国城市规划工作迅速恢复并开始了新一轮城市总体规划的编制和审批工作。1984年1月，国务院颁布了中国第一部城市规划法规《城市规划条例》，城市规划和管理开始走向法治化轨道。截至1986年，全国已有95%的设市城市和85%的县镇编制了城市总体规划。

1986 年，城乡建设环境保护部召开全国城市规划工作座谈会，强调城市规划要适应改革开放的新形势，转变观念，开阔视野，锐意改革，提高规划设计水平；要健全法治，加强规划管理。由于各方面的有效努力，"六五"期间各城市的各项建设基本上是在城市规划的指导下进行的。

1987 年，国务院发布了《关于加强城市建设工作的通知》，强调"经过批准的城市规划具有法律效力，要严格实施。规划管理权必须集中在城市政府，不能下放"。

1989 年 12 月 26 日，全国人大常委会通过了《中华人民共和国城市规划法》，并于 1990 年 4 月 1 日起开始施行。该法完整地提出了城市发展方针、城市规划的基本原则、城市规划制定和实施的制度，以及法律责任等。《城市规划法》的颁布和实施，标志着中国城市规划步入了法治化的轨道。

1996 年 5 月，《国务院关于加强城市规划工作的通知》发布，指出"城市规划工作的基本任务，是统筹安排城市各类用地及空间资源，综合部署各项建设，实现经济和社会的可持续发展"。该《通知》明确规定要"切实发挥城市规划对城市土地及空间资源的调控作用，促进城市经济和社会协调发展"。这是在社会主义市场经济条件下国家对城市规划的新定位，具有重要的意义。

20 世纪 80~90 年代，中国城市规划加强了经济、社会问题的综合研究，从区域、宏观角度加强了城市发展和布局研究；先后开展了全国城镇布局规划和上海经济区、长江流域沿岸、陇海兰新沿线地区等跨省区的城镇布局规划，省域、市域、县域城镇体系规划也得到了广泛开展；大中城市普遍开展了分区规划，控制性详细规划得到全面推广。法定图则、城市设计等多种类型的规划设计在一些城市开始实践。

1999 年 12 月，建设部召开全国城乡规划工作会议。国务院领导要求城乡规划工作必须尊重规律、尊重历史、尊重科学、尊重实践、尊重专家。会后，国务院办公厅下发《关于加强和改进城乡规划工作的通知》，重申"城市人民政府的主要职责是抓好城市的规划、建设和管理。地方人民政府的主要领导，特别是市长、县长，要对城乡规划负总责"，要求"把城乡规划工作经费纳入财政预算，切实予以保证"。

2003 年，全国城市工作会议强调要"树立科学的发展观，推动城乡规划制定与实施管理的改革，突出城乡规划的公共管理职能，强化城乡规划对建设用地的管理作用"，在城乡规划编制中将资源保护和合理利用列为强制性内容，中国的城市规划增添了新的艰巨任务。

2005 年 1 月 5 日，建设部发布《关于加强城市总体规划修编和审批工作的通知》，要求对城市总体规划修编工作及时进行正确引导，制定严格的审批制度，合理确定城市建设与发展规模，严格控制土地使用。

2007 年 10 月 28 日，全国人大常委会通过《中华人民共和国城乡规划法》，该法于 2008 年 1 月 1 日起施行，标志着中国的城市规划工作进入了一个新的发展阶段。

二 中国城市规划管理出现的问题

改革开放后中央政府简政放权，确立了地方政府唱主角的区域竞争格局。各地争先恐后，大干快上，在经济利益驱动下，缺乏有力监督机制约束的地方政府的行为往往走样变形，将城市规划当作谋取地方利益、部门利益和个人利益的工具，加之城市规划本身存在的体制机制问题，导致实践中出现了种种显而易见的城市规划管理问题。

（一）规划种类太多太滥，规划实施协调难度大

中国目前涉及城市空间布局和空间管制的规划主要有两个，一个是住房和建设部主抓的城乡规划，一个是国土资源部主抓的土地利用规划。城市规划主要是实体建设布局规划，土地利用规划的核心是耕地保护。表面看，城市规划与土地利用规划有各自的适用范围，但在城市扩展的边界地带，这两个规划往往彼此摩擦，纠纷不断。由于规划理念、规划期限、规划方法、规划思路和规划主管部门不同，在实际协调中往往需要付出极大的耐心和智慧。此外，各个行业部门都有各自的规划，所规划的项目都会涉及规划控制和用地需求，也都需要与城市规划和土地利用规划协调。规划部门化与规划种类太多太滥，意味着规划实施的协调难度加大，因规划协调而出现的扯皮事件屡见不鲜。

(二) 规划的权威性不足，规划利益驱动明显

各地进行的城市规划，多数是政策要求必须编制的，体现的是上级政府和行政主管部门的意志，是自上而下推动的，或者说是"被动规划"，鲜有地方政府自觉自愿开展规划，愿意接受规划的约束。即使自愿开展规划，多数也是利益博弈的需要，带有明显的利益倾向性。长官意志，投资商牵着规划的鼻子走，随意修改规划，往往渗透到规划编制过程中，导致规划的权威性不足。

(三) 规划的科学性不够，难以规范指导地方实践

城市规划必须服从自然规律，服从经济社会发展规律。遗憾的是，目前开展的城市规划，参与规划的规划师限于专业背景，多数对自然规律和经济社会发展规律不甚了解。为了弥补这个缺陷，许多城市在规划编制前开展了规划前期研究，让自然科学专家和经济社会专家参与前期研究，但是许多研究成果仅作为点缀，规划采用的还是流水线作业式的老办法，导致规划的科学性不强。许多城市规划违背了自然规律，实体建设规划缺乏经济社会发展支撑，凸显了规划的科学性不强，难以规范指导地方实践。

(四) 规划的控制性不强，规划指标演变为利益博弈的工具

城市规划是属于空间管制的规划，对各种建设项目应该有刚性规划约束。但在实际操作中，由于受到土地财政和权钱交易等利益驱动，规划控制指标往往成了可以讨价还价的筹码，于是城市建设用地规模越规划越大，农民被城市化越来越普遍，旧城（村）改造中破坏文物的现象越来越难以制止。规划管理成了需要重点监控的腐败案件高发区。

(五) 跨行政区规划实施的协调性不够，区域管制成了盲区

跨行政区的城市—区域规划，由于内部存在多个行政主体，利益取向不一致，难以采取协调一致的行动。即使进行了一体化规划，也难以进行一体化的实施。区域管制是亟须加强的领域，尤其在城镇密集地区显得尤为重要。

（六）规划实施对历史文化传承保护不够，彰显了文化的缺失

目前实施的城市规划，普遍存在贪大求洋问题，对城市发展的历史文化缺乏应有的尊重，导致城市在旧城改造过程中不时出现破坏历史文化遗存现象。更为突出的是，一些地方在保护历史文化名城（镇、村）规划的名义下，大搞开发性保护，造成难以弥补的遗憾。还有一些地方，在村庄合并、旧村改造、空心村复垦的规划名义下，大搞开发建设活动，把古村庄夷为平地，令人惋惜。规划实施无视历史文化遗存和传承，彰显了文化的缺失，使城、镇、村沦落为文化的沙漠。

（七）规划实施缺乏配套政策支持，实施效果大打折扣

目前的城市规划是由规划管理部门组织实施的，而影响规划实施效果的政策制定权力分散在多个部门，而且规划本身也并没有附带相应的配套政策，造成规划实施与政策实施互不关联，互相打架。

规划就是利益的重新调整，既有获益者，也有受损者。获益者的超额收益理应交给社会，受损者的利益损失也理应得到合理补偿。遗憾的是，目前的规划实施，很少关注利益受损者，甚至有时在保护多数人利益的民意下肆意侵犯少部分人的利益，导致规划实施中的阻力大增，一些矛盾甚至演变为群体事件，或者恶性刑事案件。

（八）规划实施监督机制不健全，规划监督难以到位

目前的规划监督主要有三条渠道：一条是住房和城乡建设部下派的规划督察员，另一条是地方人大的监督，还有一条是地方党委政府的内部监督。规划实施监督需要专业知识，更需要透明的政务信息，在目前体制机制下，规划督察员具备专业知识，但缺乏透明公开的信息，在错综复杂的规划管理事务中，难以对是是非非作出准确的判断，难以触动根深蒂固的地方利益格局，更难以对重大规划违法事件作出独立的处理决定；地方人大的监督缺乏专业知识，加之身处其中，其局限性决定了难以监督到位；地方党委政府内部的监督，有一定警告作用，但内部自我监督难以杜绝规划实施中的地下权钱交易。公民监督和新闻监督本来应该成为常态，但是

在规划信息不公开和缺乏规划专业知识的背景下，也难以发挥其应有的作用。

三 中国城市规划管理面临的新形势与新任务

在复杂的国际国内形势下，中国的城市规划管理要敢于迎接挑战，主动作出变革，以适应新时代的需要。

（一）城市规划管理要适应贯彻落实科学发展观的要求

科学发展观的第一要义是发展，核心是以人为本，根本宗旨是全面协调可持续，根本办法是统筹兼顾。城市规划管理的目的是促进经济社会又好又快发展，努力实现发展质量和发展速度的统一；城市规划管理的核心是以人为本，为满足人民群众日益增长的物质和文化生活需求提供发展空间；城市规划管理的根本宗旨是为全面协调可持续发展提供发展空间，包括以经济建设为中心，经济建设、政治建设、文化建设全面发展的空间与秩序安排，城乡统筹发展、区域统筹发展、经济社会统筹发展、人与自然和谐发展、国内发展与对外开放统筹发展的空间与秩序安排，经济发展和人口、资源、环境相协调，为生产发展、生活富裕、生态良好的可持续发展模式提供发展空间。

（二）城市规划管理要适应经济转型升级发展的需要

2008年全球范围的金融危机扩散到实体经济，给各国经济带来了沉重打击。中国"保增长、扩内需、调结构、促升级"的应对策略已经取得了明显成效。未来实现经济转型升级将构成经济发展的主旋律。实现经济增长方式的根本转变，就要变数量型增长方式为质量型增长方式，变不可持续性为可持续性，变粗放型向集约型，变出口拉动型为内需拉动型，变结构失衡型为结构均衡型，变高碳经济型为低碳经济型，变投资拉动型为技术进步型，变技术引进型为自主创新型，变忽略环境型为环境友好型，变少数人先富型为共同富裕型。城市规划管理要主动适应经济转型升级战略的要求，为经济增长方式的根本转变提供发展空间。

(三) 城市规划管理要适应城镇化发展的需要

中国正处于快速城镇化发展阶段,以城镇化率每年提高0.8个百分点估计,每年将有1000万左右农村人口转变为城镇人口。往哪儿转移,就业问题怎么解决,土地问题怎么解决,社会保障问题怎么解决,怎样实现居住地和就业地的平衡,是城市规划管理面临的难题。

中国的城镇化总体上仍然处于向心聚集阶段,局部城市出现了城市郊区化现象,都市区、都市圈、城市群、城镇密集地区的形成和发展方兴未艾,地区城市空间结构正在发生深刻的变化,市际矛盾冲突和市际关系协调的重要性正在显现,城市规划管理要主动把握城市空间结构的演变规律和发展趋势。

目前中国的城镇居民消费正处于升级换代阶段,改善性住房需求和汽车普遍进入家庭已经形成社会潮流,居民更加关注身心健康和生活质量,对第三空间(指居住空间、就业空间之外的休闲娱乐空间)的需求正在上升。这些必将根本改变一个城市的空间结构和用地布局,城市规划管理要主动适应这种变革。

(四) 城市规划管理要适应生态文明建设的需要

21世纪是生态文明的世纪。如果说农业文明是"黄色文明",工业文明是"黑色文明",那生态文明就是"绿色文明"。

人类社会经历了300多年以征服自然为特征的工业文明,全球性的生态危机说明地球再也没有能力支持工业文明的持续发展,需要开创一个新的文明形态来延续人类的生存,这就是生态文明。

生态文明要求,首先要转变伦理价值观,人类要尊重生命和自然界,人与其他生命共享一个地球;其次要转变生产和生活方式,要致力于构造一个以环境资源承载力为基础、以自然规律为准则、以可持续社会经济文化政策为手段的环境友好型社会,实现经济、社会、环境的共赢。

中国的国土空间按照主体功能区划被确定为优化开发、重点开发、限制开发和禁止开发四类区域,国土开发要注重保护生态空间,城镇建设要注重维护城镇生态平衡,城镇发展要注重生态经济和循环经济发展,这些都要求城市规划管理必须主动适应生态文明建设的要求。

(五) 城市规划管理要适应当代信息化发展的需要

21世纪是信息化迅猛发展的世纪。互联网的普及推动了电子政务、电子商务的发展，数字地球、数字国土、数字城市、数字社区的发展突破了时空限制，不断改变着我们的生产方式。信息化带动工业化，工业化和信息化融合发展，改变了传统工业化的轨迹，新型工业化的时代已经来临；居民的生活方式因信息化而发生改变，居住空间和就业空间布局的影响因素已经发生了变化。

近年来物联网概念的出现预示着信息化的发展将进入一个全新阶段，交通运输、供水供电供气、环境保护、政府工作、公共安全、平安家居、消防、工业监测、老人护理、个人健康、花卉栽培、水系监测、食品溯源等都将纳入智能化管理，从而形成智能化的城市。

城市规划管理要准确把握信息化发展的大趋势，在规划布局上主动适应信息化发展的要求。

(六) 城市规划管理要适应当代社会发展的需要

城市规划管理要迎接的挑战之一是人口老龄化。按照联合国的传统标准，一个地区60岁以上老人达到总人口的10%，或者新标准65岁以上老人占总人口的7%来衡量，中国目前已经进入老龄社会，而且老龄化的趋势还会加强。人口老龄化会减轻社会就业压力，但也会增加就业人口的经济负担，老年人口的社会保障支出也会大幅增加。老年人口的社会文化生活需求增加，城市政府的公共服务要跟得上，城市规划管理要与之配套。

城市规划管理要迎接的挑战之二是管理社区化。不管是城市还是乡村，管理重心下移社区是必然趋势，大量的社会公共事务管理移交给社区是强化政府公共服务的客观要求，也是和谐社会建设的体现。城市规划管理要以人为本，为社区建设提供发展空间。

城市规划管理要迎接的挑战之三是居民平等化。城镇化发展意味着有大量的外来人口要进入各级城镇，成为新的城镇居民，他们渴望与原城市（镇）居民享有同等的权利和义务，各级城市（镇）政府要善待外来人口，为他们提供平等的就业、教育、住房、医疗、养老等机会。城市规划管理也要本着善待外来人口的原则,为他们规划好就业和居住空间。

(七) 城市规划管理要适应民主化法治化建设的需要

城市规划管理牵涉到大量的公共利益和私人利益,不能将实施手段简单化、粗暴化。既要维护公共利益,也要维护私人利益,不能以维护公共利益的名义侵犯私人利益,也不能助长私人利益侵蚀公共利益,民主行政、依法行政、和谐行政是城市规划管理的基本原则。

当前土地征用、房屋拆迁、道路拓展等与民众利益攸关的事情不断出现是城镇化发展阶段的写照。有没有规划,是否符合规划,用什么标准补偿居民,是居民普遍关心的问题,不能因为政绩工程、赶期工程而违反工作程序,简化工作流程,侵犯居民利益。城市规划管理必须在广泛民主协商的基础上,坚持依法规划、依法行政和依法监督。

(八) 城市规划管理要适应低碳化发展的需要

近年来,全球气候变暖已经引起了全世界的广泛关注,2009 年底哥本哈根国际气候大会虽然在各方争议中最终没有达成实质性协议,但国际社会已经形成普遍共识,那就是人类社会必须进入低碳化发展轨道,才能延缓气候变暖的趋势,否则后果不堪设想。

中国已经对国际社会作出郑重承诺,到 2020 年,单位国内生产总值二氧化碳排放在 2005 年基础上削减 40% ~ 45%,体现了中国是一个对国际社会延缓气候变化负责任的大国。未来为应对气候变化,中国会出台一系列法律法规和政策,努力促使经济社会向低碳化方向发展。首先是生产方式面临着低碳化转型,能源生产和能源消耗结构将发生明显变化,产业转型和产业升级也要考虑低碳化。其次是生活方式面临着低碳化转型,低碳居住、低碳出行、低碳办公、低碳消费将成为生活方式变化的主流。再次是管理方式面临着低碳化转型,人大制定的法律、法规,政府制定的公共政策,都要实现低碳化。最后是城市规划管理要主动变革,适应低碳化发展的需要。

四　中国城市规划管理完善的方向

未来中国的城市规划需要从规划编制体制、规划编制程序、规划实施监督、规划配套政策等方面进行全方位变革，使中国城市规划管理走上科学化、民主化、法治化轨道。

（一）统一编制规划，努力实现"三规合一"

首先要打破各部门各自为政、自我规划的格局，从根本上清理规划种类太多太滥的局面，构建一个覆盖城乡、规划体系完善的"大规划"格局，将各部门规划纳入"大规划"体系，从而避免规划自相矛盾、利益错综复杂、协调利益困难和政出多门等现象的发生。

其次要完善规划体系，将国土规划、城镇密集地区规划、都市圈规划、城市群规划、经济区规划、流域规划等区域性质的规划纳入规划体系，作为法定的规划贯彻下去，以解决目前城市规划强势、区域规划弱势而造成的一系列城市—区域发展问题。

最后要以"三规合一"为归宿，稳步推进规划的统一进程。这里的"三规"是指住房和城乡建设部系统的城乡规划、国土资源部系统的土地利用规划和国家发改委系统的国民经济社会发展规划。这三个规划是目前影响城乡经济社会发展最为重要的规划，国民经济社会发展规划是项目立项的依据，土地利用规划是项目供地的依据，城乡规划是项目设计和开工建设的依据，可以说任何项目的落地都离不开这三个规划。目前这三个规划并没有实现无缝链接，造成规划实施中常常出现漏洞，既延误了项目审批时间，也为违规的投资商提供了似乎合法的借口。要以"三规合一"为最终归宿，努力实现规划一张图、审批一支笔，以提高行政办事效率。

"三规合一"可以分步完成，首先要实现县市一级真正的"三规合一"，中央三大部委的规划可以率先实现"三规融合"，也就是说要加强三大规划的协调，待时机成熟，再实现上下一致的"三规合一"。

(二) 科学编制规划，多方协商参与规划

首先要多学科参与规划编制。规划是一门大学问，需要自然科学家、社会科学家、工程技术人员的积极参与。目前不论是参与规划编制的规划设计研究院，还是规划师本身，都要求具备规划设计资质，而资质本身严重偏离了学科平衡，自然科学家和社会科学家被忽略，规划方案难以尊重自然规律，难以尊重经济社会发展规律，导致规划的科学性大打折扣。要改革完善目前的规划编制体系，实行开放式规划，尽可能让更多的自然科学家和社会科学家参与规划编制，参与规划方案论证。

其次要倡导公众参与和民主协商，让更多的社会组织和公民参与规划讨论，参与规划方案制订。规划是利益的重新调整，必然涉及各级社会组织和公民的利益，要广开言路，吸纳民意，保障公民的知情权和参与权，以减少规划实施的阻力。

(三) 完善规划编制体制，逐步上收规划权

当前的规划编制体制是本级政府出资聘请有规划资质的规划设计编制单位编制规划，其弊端显而易见，一是地方政府通过规划出资影响规划方案的制定，将地方领导人的意图纳入规划方案中，有时这种规划意图并不符合科学发展观的要求，并不符合上级政府的意图，也不符合当地居民的利益。和地方政府所处的强势地位相比，规划设计编制单位明显处于弱势地位，很容易让规划被地方政府操纵。二是由于规划被地方政府操纵，当地方领导人更替，规划方案不符合其意图时，常常提出要修改规划，从而破坏了规划的延续性，造成"一任领导，一个规划"。很显然，要改变这种状况，必须从规划编制体制上入手，上收规划编制权，具体而讲就是，中央政府负责组织和出资编制四个中央直辖市的城市规划和跨省区的城市—区域规划，省（自治区）政府负责组织和出资编制市、县的城市规划和省（自治区）内的区域规划，市、县政府负责组织和出资编制乡镇规划，这样做的目的是保持规划的中立性，免受地方利益干扰。

(四）健全规划管理机制，实现规划、管理与监督分离

目前的城市规划管理体制是，规划编制组织由地方城市规划管理局负责，规划管理审批也由地方城市规划管理局负责，规划监督由地方人大负责，后来中央又向地方加派了规划督察员负责规划监督。总体看，规划编制组织与规划管理审批一体化，提高了办事效率，但是由于权力太集中，难以有效地杜绝暗箱操作和权钱交易；规划信息不透明，规划监督太软弱，权力缺乏有效的制约。

要健全规划管理机制，努力实现规划编制组织、规划项目审批和规划监督的"三权"分离，具体而言就是，上收规划编制组织权，上收规划监督权，保留地方政府的规划项目审批权力。也就是说，上级政府要成立专门的规划编制组织机构，负责规划编制；地方政府城市规划管理局撤销同级城乡规划职能，集中精力负责规划项目实施审批；上级政府收回城市规划监督职能，成立专门机构负责下级地方政府规划实施监督评估，像公布国民经济社会发展年度执行情况一样，按年度评估地方城市规划实施情况，并向地方人大和社会公众公布，作为评价地方政府依法行政的重要依据，纳入年度考核。

(五）注重利益协调，保持行为主体的利益平衡

城市规划必然要打破现有利益格局，形成新的利益格局，从而引起利益的再分配。在这个过程中，有的行为主体获得了利益，有的行为主体损失了利益。要承认各个行为主体有各自独立的利益，并且要尊重各自独立的利益。当行为主体通过规划获得超额利益时，应该把这种超额收益收回来交给政府；当行为主体因规划而利益受损时，政府应该给予其必要的补偿，使其获得正常收益。

城市规划及其实施，要构建一个利益协调机制，要注重各个行为主体的利益平衡，尽量减少规划实施中的阻力，形成规划和谐实施的社会氛围。

(六）配套实施政策，使空间管制与空间政策相协调

目前的城市规划实施缺乏配套政策支撑，即使有配套政策，也不具体，

而且多为行政手段，缺乏经济手段，造成规划实施手段单一，简单粗暴，很容易造成官民对立，甚至演化为群体事件或者恶性刑事案件。

要为城市规划方案编制出台实施政策细则，努力实现国家政策区域化、区域政策城镇化、城镇政策功能区化，并尽可能采取经济手段推进城市规划的实施。

第九章　中国城市经济管理

【摘要】本章回顾了中国城市经济管理的简要历程，对中国城市经济管理现存的主要问题，如政府管制太多、鼓励出口太强、过分依赖房地产、国有经济的市场垄断、城市战略管理趋同等进行了较为系统的分析，提出了进一步推进市场化改革、依靠法治规范企业行为、赋予城市更多的发展自主权、设置产业引进和退出门槛、制定城市个性化战略管理导引等建议。

一　中国城市经济管理的简要历程

新中国成立至今，中国城市经济管理的理念、目标、方式等发生了翻天覆地的变化。概括来看，可以划分为五个阶段。

（一）短暂的社会主义改造时期（1949~1952年）

新中国成立前夕，中国的城市经济以私营经济为主。新中国成立后至"一五"计划前，在公有制是社会主义经济基础的思想指导下，中国进行了城市经济的社会主义改造，如没收帝国主义、官僚资本主义、日伪敌特的资产，对中小企业主进行公私合营、赎买等方式改造，使国有经济迅速占据城市经济的主导地位。

（二）国有经济一统天下时期（1953~1978年）

从"一五"计划开始到改革开放前夕，中国的城市经济是国有经济一统天下的时期。这个时期，城市经济发展的指导思想是，"一切为了工业化","生产优先、生活靠后",为了奠定强大的工业基础,在一穷二白的基础上依靠农业积累搞工业化,不断提高积累比重,压缩消费比重,导致城市经济结构的工业化,特别是重工业化,许多城市经济结构比例失调,工业比重太高,服务业比重太低。城市生产功能突出,生活服务功能弱化。国家计划渗透到企业生产经营活动中,企业生产经营自主权被剥夺,工业企业成了"生产车间",商业服务企业成了"销售单位"。其间,经历了"文化大革命"前城市国有经济大一统、"文化大革命"中城市经济陷于瘫痪、"文化大革命"后知青返城促进城市集体经济大发展三个时期。这个时期城市经济发展的特点是体制不灵、机制不活、结构失调、效益低下、布局混乱。

(三) 多种经济成分并存时期 (1979~1991年)

改革开放至20世纪90年代前,中国开启了改革开放政策,中央政府简政放权,赋予国有企业生产经营自主权,初期实行承包制,后期探索建立现代企业制度,完善企业法人治理结构。国家鼓励乡镇集体企业和民营企业发展,各地招商引资引进国外资金、技术与管理,使中国的城市经济进入多种经济成分并存时期。这个时期,各地城市政府高度重视城市经济发展,特别是企业发展。城市经济发展的特点是多种经济成分并存,城市经济竞争激烈,基本消费品短缺时代宣告结束。这个时期曾先后实行过计划经济为主、商品经济为辅和有计划的商品经济两种体制,总的趋势是计划经济的色彩越来越淡化,商品经济的色彩越来越浓重。这个时期处于计划经济向市场经济转轨时期,各种改革思潮不断涌现,体制机制矛盾不断激化,地方"诸侯经济"不断壮大,最终以建立社会主义市场经济体制而宣告这个阶段的结束。

(四) 经营城市时期 (1992~2008年)

这个时期是中央政府明确宣告建立社会主义市场经济体制时期,也是中国加入WTO的时期。中央政府按照建设现代企业制度要求,进一步简政放权,大幅度削减行政审批事项,国企改革实行战略调整,逐步退出竞争性领域,为企业发展创造了良好的市场环境。各地借助土地有偿出让政策,高度重视城市建设，开发区在各地如火如荼兴起，房地产井喷式发展，大城市"退二进三"式的结构调整得以推进。这个时期，城市政府以土地开发为抓手，促进了工业向园区集中、人口向城市（镇）集中，对于优化城市经济结构与布局、壮大城市财政发挥了重要作用。这个时期城市经济发展的特点是市场经济发挥主导作用，经营城市大行其道，城市建设稳步推进，城市功能不断完善，土地财政愈演愈烈。

（五）城市经济转型升级时期（2009年至今）

中国的改革开放抓住了国际劳动密集型产业从发达国家和地区向发展中国家转移的机遇，在市场开放、土地使用、劳动用工、税收等方面实行优惠政策，从而形成了以出口为导向的城市经济体系。这个经济体系被紧密纳入全球经济体系中，在国际分工中承担初级产品生产任务，被形象地比喻为"世界工厂"，也就是研发、资本运营、品牌运营、销售被发达国家和地区控制，生产环节留在中国。其特点是高耗能、高耗水、占地多、污染重、附加值低、出口多。也就是说，中国的城市经济在产业链条中处于低端环节，低端产品的生产能力大大超过中国国内市场需求。

如果说这种分工格局，在国际市场处于景气状态下有其合理性的话，那么当国际市场出现震荡危机时，发达国家和地区很容易通过贸易保护主义将危机转嫁给中国，从而使中国的城市经济陷入困境。2008年开始蔓延的国际金融危机，对中国打击最严重的就是城市的实体经济。由于出口下滑，内需不足，过剩的生产能力造成产品积压，工人失业，甚至危及城市税收。同时，长达十几年的房地产飞速发展，导致房价飞涨，民不聊生，中央政府不得不出台严厉的房地产调控政策，试图将房价控制在合理的范围之内。

总体来看，出口萎缩和房价飞涨决定了中国必须进入城市经济转型升级的轨道，大力开拓内需市场，纠正城市经济对房地产的过分依赖，走出一条可持续发展的城镇化道路。因此，2009年至今，中国不断通过地区规划和政策引导，促使城市经济转型升级。

二　中国城市经济管理现存的主要问题

中国城市经济发展有成就，也有问题。我们不能仅仅留恋于曾经取得的经济成就，更要有居安思危、敢于承认问题、勇于破解难题的魄力。

（一）政府管制过多

尽管中国改革开放已有 30 多年的历程，中央政府通过多次简政放权减少行政审批事项，但是与成熟的市场经济国家相比，中国的城市经济发展仍然受到政府过多的行政管制。一个项目，从立项到落地，再到运营，需要层层审批，道道把关，流程太多，环节太多，比如项目立项阶段，要经历可研和政府的分级审批。规划许可阶段，要符合城市总体规划和控制性详细规划；用地许可阶段，要符合土地利用总体规划，要有建设用地年度指标，占用耕地的要有耕地占补平衡计划，先补后占；建设许可阶段，要经历环评（环境影响评价）、能评（节约能源评价）、安评（消防安全评价、人防安全评价、防震安全评价等），有的甚至还需要交通影响评价。涉及文物保护的，需要文物保护部门审批；涉及林业用地的，需要林业部门审批；涉及水利设施的，需要水利部门审批。凡此种种，只要有行政审批权且有执法权的政府部门，都有可能参与审批，从而构成了庞大的政府行政审批体系。一个项目，要完整地通过政府行政审批，往往需要上百个公章，经历数年时间。只有获得中央政府、省政府或者城市政府主要领导的首肯，才可能走绿色通道、边报批、边建设，甚至先建设、后报批。政府行使必要的行政管制对城市可持续发展有重要意义，但是政府行政管制太多，审批程序太复杂，实则是对市场经济的粗暴干涉，并可能由此而滋生出腐败大案、要案，值得警觉。

（二）鼓励出口导向太强

中国改革开放初期的政策设计是鼓励出口创汇，因为引进国外的先进技术、设备、管理和人才，都需要支付宝贵的外汇，而人民币不是国际通行货币，不能进行国际结算，因此在招商引资中引进有出口创汇能力且不与国内企业竞争国内市场的外资企业，是政府乐于鼓励的。在实践中，许多城市政府也将引进外资、出口创汇等指标当作评价政府绩效的重要指标，纳入年度考核计划。无疑，在当时的国情下，实行出口导向政策是正确的选择。但是，当中国的外汇储备逐年膨胀，并成为世界第一外汇储备大国时，一如既往地实行出口导向政策就没有正当的理由。因为中国已不存在外汇短缺的问题。出口导向政策长期化，并采取出口退税政策予以鼓励，将导致企业一心只盯着国际市场，内需市场开发一直得不到重视，使城市经济患上了出口依赖症。2008年国际金融危机爆发后，中国出口导向的经济发展模式弊端显露无遗。要变"世界加工厂"为"世界创造地"，就必须扭转鼓励出口的政策支撑体系，鼓励开发内需市场，鼓励企业提供适合中国城乡居民需要、符合城乡居民审美需求的产品和服务。

（三）过分依赖房地产

自中国实行土地有偿使用制度以来，许多城市仿佛发现了新大陆，纷纷在土地出让上做文章，多出让土地、多获得土地出让金是众多城市追求的目标。城市通过土地出让获取土地出让金，为城市建设增加了资金来源，为基础设施配套完善提供了宝贵的资金支持，为解决城市居民住房困难提供了可能。可以说，土地有偿使用制度对城市建设功不可没。但是，如果一味只重眼前利益，难免寅吃卯粮，不可持续，而且过度依赖土地出让开发房地产，助长了各地大搞"圈地运动"的积极性，使土地城镇化快于人口城镇化。这种方式剥夺的是农民的利益，造成大量失地农民。这种方式之所以行得通，是因为从征地到熟地出让，存在巨大利差，低价获取土地，高价出让（招拍挂），政府得到了土地出让金收入，房地产企业因为政府垄断供地得到了暴利，城市政府主要官员取得了看得见、摸得着的政绩，似乎皆大欢喜。但是，失地农民成了社会不稳定的因素；高房价透支了城市居民几代积累的资金，其他消费需求萎缩；高房价造成产业集聚的困难，使城市经济更加脱离实体经济而患上房地产依赖症。许多城市的经济在房地产调控实行限购政策后几乎陷于困境是这种情况的真实写照。无疑，摆脱房地产依赖症，重构实体经济体系，是增强城市经济竞争力的必由之路。

(四) 国企的市场垄断

长期以来,中国有浓厚的经济国有化情节。尽管改革开放30多年来已经形成了多元化的城市经济所有制结构,但是民企、外企与国企并不在一个起跑线上竞争。

国企,凭借国家法律历史地获取了划拨土地(大的国企多数是重组改造而来的),垄断性经营着国家赋予的资源开发与利用,而且国家作为出资人也没有强制要求上缴经营利润。可以说,国企是躺在国家的怀抱里吃饭,依靠国家赋予的垄断经营权利,向市场提供质次价高的产品和服务,获取了超额垄断利润,如中国的四大国有银行,依靠国家给予的垄断地位获取高额利差,损害储户和民企的利益;电信企业提供的是几乎世界上最慢的网络资源,但是获取的是高昂的网络使用费;铁路部门依靠垄断地位向社会提供的是质次价高的货运和客运服务;石油部门依靠垄断地位向社会提供的是与国际并轨甚至高于国际市场的油价,但是城市居民的工资水平并没有与国际并轨。

外企,政府一方面在招商引资过程中为其提供了优惠政策,另一方面也因为国企垄断而利益受损,损益相抵,并不是利益最大受损方。

民企,国家和城市政府并没有将其作为招商引资的重点,很难享受到与外企同等的优惠政策,但是因国企垄断而利益受损,却无处申诉。可以说,国企垄断最大的受害者是民企。当前,因国企垄断而出现的城市经济市场化改革举步维艰,甚至倒退,市场环境的恶化导致大量民企不是倒闭,就是老板移民海外,要么就是行贿官员取得生存机会。国企垄断而导致的市场竞争不公是城市经济发展的很大问题,如果不妥善解决,中国城市经济的可持续发展就是一句空话。

(五) 城市战略管理趋同

所谓城市战略管理是指城市通过制定正确的发展战略,引导城市规划、建设及管理与之匹配,从而形成城市发展战略引导下的城市规划、建设与管理格局。中国是一个自上而下高度集权的国家,中央政府主要领导的指示是地方城市管理的导引，落实到地方城市要层层贯彻执行。于是出现了地方城市发展战略趋同，经济结构趋同，城市面貌趋同。但是中国是一个地域辽阔的国家，也是一个多民族的国家，各地自然条件和社会经济发展条件差异极大，理应有不同的发展战略选择，有不同的战略管理方向，但是各地整齐划一地执行中央指示，难免造成有的地方适应，有的地方不适应。比如，在实践中，中央要求大力发展小城镇，许多地方按照中央要求强力推进小城镇建设，甚至量化到具体个数，许多小城镇名为小城镇，实则一个大的行政村，为了获得上级政府的政策支持或者表示紧跟中央的决心，不顾客观实际，不管有无需求，强行推进。再如，中央提出工业化与城镇化双轮驱动战略，西部许多省区不顾自然条件限制，移山造地，大片平整土地，大规模扩充城市占地规模，但产业发展与人口聚集最终是市场说了算，也就是说，筑巢并不能引来金凤凰。中央政府各大部委从各自的管辖范围出发，也都出台了一些引导地方城市建设与管理的战略、法规与条例，同样也有其适用的范围，而不是放之四海皆准。自上而下层层动员，自下而上盲目跟风，造成中国城市战略管理趋同化现象十分严重。许多城市个性和历史文化遗存消失在盲目跟风中，十分可惜。

三 中国城市经济管理改革的方向

中国城市经济管理改革的方向，可以用"松绑、法治、自主、导引、门槛"十个字简单概括。

（一）进一步推进市场化改革，优化城市经济发展的市场环境

中国改革开放 30 多年来，城市经济领域一直在推行市场化改革：如变国有经济"一极独大"为多种所有制并存，变城市经济的计划管理为市场引导，还国有企业独立经营的决策权等。可以说，稳步推进的市场化改革，为中国城市经济再造活力提供了保障。但是，中国城市经济管理的市场化改革还很不到位，许多应该下放给企业的经营决策自主权还受制于政府的行政审批，许多经济领域还由国企垄断经营，对民企不开放。民企投资渠

道狭窄，发展环境不良，正在成为民企发展的阻碍因素。

要继续坚定不移地推进城市经济市场化改革，规范国企的经营行为，下决心让国企从竞争性经济领域退出，为民企开辟更多的投资渠道，给民企以"国民待遇"。让各种所有制经济站在同一起跑线上公平竞争，共同发展。

继续推进以简化行政审批事项为主要内容的城市经济管理体制改革，为企业"松绑"，尽量减少对企业不必要的行政干预，让企业成为市场经济竞争的主角，担负起盈亏自负的职责。尤其对国企，要继续完善法人治理结构，强化经济考核、社会责任和社会监督。

（二）依靠法治规范企业行为，减少政府对城市经济的行政干预

在成熟的市场经济国家或地区，企业行为是靠法治来规范的。但在中国，由于长期以来法治观念淡薄，城市经济管理主要靠的是政府行政审批。由于政府行政审批靠部门法规和红头文件，其稳定性较差，经常变化，导致行政审批的透明性和公开性不足，有时甚至受部门领导人的干预，往往具有暗箱操作的性质。在这种情况下，企业的经营风险被人为放大，最终影响的是城市经济的可持续发展。

要强化法治观念，变行政审批为法治规范，让企业在公开透明的市场环境下，依靠法治来决定自己的经营行为，而不是依靠政府公开性、透明性较差的行政审批作出自己的决策，这是城市经济管理走向法治化、成熟化、市场化的必由之路。

（三）赋予城市更多的发展自主权，推动城市个性化发展

改革开放30多年来，中央政府多次简政放权，赋予城市政府更多的决策自主权。但是，长期计划经济管理的惯性思维仍然发挥作用，城市经济决策仍然只看上不看下，只重视紧跟中央步伐不重视自身特色和优势，生怕跟不紧中央影响城市领导者自身的乌纱帽。而上级领导也乐于看到城市领导听话，以显示自己的权威。此风在全国蔓延，城市经济管理模式日益趋同，城市特色丧失殆尽。

在地方城市政府坚决服从中央政府大政方针的前提下，中央政府应赋

予各个地方城市更多的发展自主权，允许各个城市深刻挖掘自己的文化内涵，构建自己的优势产业体系，形成有自己特色的城市经济管理模式，推动城市朝着个性化、特色化方向发展。

（四）既要设置产业引进门槛，也要设置产业退出门槛

改革开放 30 多年来，各地在招商引资过程中，逐步探索出设置产业引进门槛的地方政策体系。特别是那些先行发展起来的城市，充分认识到"饥不择食、来者不拒"式的招商引资对自己并没有好处，比如产业发展导向不明，产业无序堆集，急需引进的产业没有发展空间，形不成完整的产业链条等，于是在实践中探索出了设置招商引资门槛的做法，比如投资领域要求、投资强度要求、废弃物排放要求、劳动用工要求、科技含量要求、产品出口要求等。很显然，发达地区城市的经验值得其他城市学习和借鉴。

问题是，只考虑设置产业引进门槛，不考虑设置产业退出门槛，无异于城市得了"肠梗阻"，最终会导致城市自身新陈代谢功能紊乱，新产业发展没有空间，城市经济无法实现转型升级发展。因此，城市既要重视设置产业引进门槛，也要重视设置产业退出门槛。当城市产业不能适应城市经济战略发展要求时，应该通过实施产业退出政策引导产业空间置换，为新产业发展提供空间。

（五）遵循城市发展规律，制定城市个性化战略管理的导引

城市运行有自己的规律，包括经济运行规律、产业更替规律、城市化发展规律、资源利用与保护规律、环境演变规律、人口发展规律等。许多城市在经济管理方面忽视自身运行规律，造成难以弥补的损失。比如许多资源型城市忽略了资源开发利用不可持续的客观规律，构建起以资源开发利用为核心的结构功能单一的产业体系，当资源面临枯竭时，单一的产业体系给城市经济发展带来极大风险，一些城市因无法应对这个风险而陷入困境。这样的案例在国内外城市发展中比比皆是。还有一些城市，忽视自然环境演化的客观规律，城市建设盲目向大自然挑战，导致滑坡、泥石流、塌陷、洪涝等自然灾害频繁发生，城市居民的生命与财产权利面临极

大的风险。

城市要遵循自身发展的客观规律，在此基础上制定正确的个性化发展战略，构建起符合城市战略管理的导引法则，引导城市经济健康、持续、协调发展，是新时期中国城市经济管理需要着重考虑的问题，也是必须考虑的问题。

第十章　中国城市人口管理

【摘要】 本章对新中国成立以来城市人口管理的历史脉络进行了简单梳理，对中国城市人口管理面临的主要问题，如外来暂住人口的尊严、城市户籍制度改革不配套、计划生育政策带来的新问题等进行了较为深入的分析，提出要树立为民服务的理念、废除户籍制度、还居民居住和迁徙自由权、建立居民身份证制度、适度调整计划生育政策等建议。

一　中国城市人口管理的简要历程

城市人口是相对于农村人口而言的，指居住在城市范围内从事生产经营活动和其他工作的非农业人口，既包括拥有城市户籍的常住城市人口，也包括来自其他城市和农村的外来暂住人口。

城市人口管理，指城市政府对城市居民户籍和人口变动的行政管理工作以及对城市人口的数量、质量和外来暂住人口等的管理工作。不同时期，中国城市人口管理的方式和特点各不相同。回顾中国城市人口管理的简要历程，可以将其划分为以下几个阶段。

（一）人口自由迁徙期（1957年以前）

1949年前后，中国民众可以自由迁徙。新中国成立前夕及中共接管城市后，城市人口复杂，流动性强，社会治安问题严峻。解决社会治安问题的举措之一是通过户口制度来管理人口。1948年，中央社会部下发《新解放城市的公安工作介绍》文件，指出"户口工作是管理城市的重要环节，是建立革命秩序、掌握社会动向，了解阶级关系、限制坏人活动的工作基础，是公安工作不可缺少的工作"。这一时期户籍制度主要是为了建立"革命秩序",管制"反革命""敌人""坏人"。

新中国成立后,户籍管理延续了新中国成立前夕接管城市的做法。1950年,公安部召开第一次全国治安行政工作会议,明确了户口工作的任务:"发现、控制反动分子,管制他们不许乱说乱动……以巩固革命秩序。"会议提出要有步骤地建立全国性户籍制度,要求在10年之内达到弄清全国人口户数。此次会议还强调:此前户口工作在调查管制反动分子方面发挥的作用"非常不够",必须使之成为公安保安工作中有力武器之一。

按照此次会议的精神,1950年底,户籍制度建设与全国性镇反运动紧密结合了起来,并同时扩大管制对象范围。以北京为例,北京市将管制对象增加到7种人。除国民党军政警宪的旧官吏、还乡团队中小头目、日伪汉奸分子、会道门骨干分子外,还包括郊区被斗的地主、刑事犯罪分子和经司法结案被剥夺公民权、假释、缓刑的犯罪分子。

1951年7月,颁布新中国首个全国性的户籍法规《城市户口管理暂行条例》,值得注意的是,这只是"城市"的户籍管理制度,户籍工作还局限在大中城市,农村的户籍工作还没有正式开展。

最初的户籍制度,并不限制民众的居住和迁徙自由,城乡之间、城市与城市之间的人口流动并没有特别的限制。农村人口向城市迁徙比较自由,对于在城市有生存基础的居民都准予入户。《城市户口管理暂行条例》第一条即开宗明义地说明,《条例》"维护社会治安,保障人民安全及居住、迁徙自由"。

新中国成立初期,城乡收入差距逐渐拉大,大量农村剩余劳动力进城谋出路。恰逢这时,新中国出现了失业高峰。1952年"三反""五反"运动后,城镇工商业开始萎缩,大量工商户歇业停产,全国失业、半失业的人数约280万。其中失业、半失业工人约有120万。到1952年底,全国无业者有376.6万人。城市失业严峻,大量农村人口又涌入城市,由此造成城乡冲突。于是,政府干预农民进城。最初,政府并没有强制限制农民进城,多为通过说服教育、劝导动员、组织劳动生产等柔性方式来干预农民涌入城市。

1953年,中国开始执行第一个五年计划,全面移植苏联的计划经济体制，优先发展重工业。这一年就出现了粮食紧缺，为此中央高层决定，实行农产品的统购统销政策。"统购"即有计划地（向农民）收购粮食，"统销"即有计划地向市民供应粮食。这一政策实施，农民就不能私自进行粮食买卖了。统购统销的实施，需要有准确的人口数据作为食品供应的依据。最便捷有效的措施，就是户籍管理制度。此后，各地核对户口，凭户口簿签发购粮证，此时户口簿开始具有城镇身份的效力。而在农村，也开始了农业集体化，遏制农民流入城市的势头。

统购统销政策实施的第二年就暴露问题：城市管得松，农村管得紧。在城市，粮食供应的方法比较粗放，"有组织的群众，可通过其组织，对一般市民，可暂凭户口簿来购买"，由于城镇居民用粮一般都是自定的，所谓审批大多流于形式，不少居民超出需要购粮。而在农村统购中强迫情况严重，很多农民被迫卖"过头粮"，有的连饲料粮、种子粮、口粮都卖了。

农民被过度征购，虽然劳作更加辛苦，收入却明显减少，生存状况持续恶化。于是从1954年春开始，大批农民纷纷背井离乡，外出谋生。1954年的迁移人数为2200万人，1955年上升为2500万人，1956年又继续加大，达到了3000万人。许多人流入城市后，有的生活无着流浪街头，有的沦为乞丐，甚至偷盗犯罪。

问题暴露后，中央开始采取政策，遏制农民流入城市。在此之前，户籍建设的重点在城市，这时中央便加快了农村的户籍制度建设步伐。公安部制订工作计划，针对户口管理提出了两点针对农村的新要求，一是要求大中城市掌握农村流入大城市的人口变动；二是针对统购统销以来农村紧张局势，严格监视农村中心怀不满的坚持反动立场的分子，及时打击有现行破坏的反革命分子和刑事犯罪分子。

到1955年春，农民的粮食被过度征购，又遇上天灾，全国各地农民普遍发生闹粮风潮，中央不得不紧急整顿统购统销政策。1955年8月，国务院正式颁布《农村粮食统购统销定量供应暂行办法》和《市镇粮食定量供应暂行办法》两个文件，把粮食的计划供应指标与城镇户口直接联系起来。在农村，实行粮食定产、定购、定销（简称"三定"）的办法，明确农民自己解决吃粮问题；在城市，在"按户核实"供应的基础上，规定对非农业人口一律实行居民口粮分等级定量供应。

随着统购统销政策的基本定型，中国对户籍管理又做了相应调整，一方面加紧了城乡户籍管理制度建设，把"农业人口"和"非农业人口"在人口统计指标上划分开来；一方面加强了对迁徙人口的管制，将原先由民政部掌管的农民户口登记、统计工作移交到公安部处理。上述工作的开展，形成了新中国城乡户籍管理制度基本框架。户口对民众生活越来越重要。据北京、天津等城市1956年时的统计，公民经常需用户口证件作证明的事项，即达30多种。

1956年，城乡社会主义改造、农业集体化基本完成。这时城乡二元格局的利益冲突更加严重。为了减少农民对城市的冲击，确保工业化顺利推进，1958年全国人大常委会以毛泽东名义签署《中华人民共和国户口登记条例》，该《条例》规定：公民由农村迁往城市，必须持有城市劳动部门的录用证明，学校的录取证明，或者城市户口登记机关的准予迁入证明，向常住地户口登记机关申请办理迁出手续。这是控制人口迁徙的基本制度，即农民要求迁入城市，需要先向拟迁入的城市户口登记机关申请，城市户口登记机关审查合格后，签发"准予迁入的证明"，若审核不通过，就不能迁入。这实际上是户口登记机关彻底控制人口迁徙，改变了新中国成立以来人口的自由迁徙，标志着中国城乡二元户籍管理制度的正式建立。

（二）严格控制人口迁徙期（1958~1978年）

《中华人民共和国户口登记条例》颁布后的1958年9月13日，中央发出《关于精简职工和减少城镇人口工作中几个问题的通知》，规定"对农村县镇迁往大中城市的，目前要严格控制"；1961年12月9日，公安部转发《关于当前户口工作情况的报告》，要求健全户口管理机构；1962年4月17日，公安部发出《关于处理户口迁移问题的通知》，指出"对农村迁往城市的，必须严格控制；城市迁往农村的，应一律准予落户，不要控制"。

1964年，国务院转批公安部户口迁移相关规定的基本要点时提出两个"严加限制"：对从农村迁往城市、集镇的要严加限制；对从集镇迁往城市的要严加限制。1975年1月17日，第四届全国人大第一次会议通过的《中华人民共和国宪法》删除了"居民有居住和迁徙的自由"的条款，中国人民彻底失去了迁徙自由权；1977年11月，国务院批转公安部《关于户口迁移的规定》强调,"从农村迁往市、镇,由农业户口转为非农业户口,从其他市迁往北京、上海、天津三市的,要严加控制"。从此,"农转非"一词开始流行起来。此后公安部具体规定了"农转非"的内部控制指标,即每年从农村迁入市镇的"农转非"人数不得超过现有非农业人口的1.5‰。1978年3月5日第五届全国人大第一次会议通过新的《中华人民共和国宪法》,仍然取消了公民的居住和迁徙自由权。

在严格的城乡二元户籍管理制度下,20世纪整个六七十年代几乎没有自由流动的人口。城市生活柴米油盐都是凭户口、凭票证供应,没有票证,意味着无法生存。

与此同时,针对中国人口爆炸式增长,1962年,中共中央、国务院发出《关于认真提倡计划生育的指示》强调,"在城市和人口稠密的农村提倡节制生育,适当控制人口自然增长率,使生育问题由毫无计划的状态逐步走向有计划的状态"。1964年成立了国务院计划生育委员会,一些地区也成立了类似的计划生育工作机构。20世纪70年代,在周恩来总理的大力倡导下,计划生育工作在全国展开,并明确提出力争在"四五"期间将城市人口自然增长率降到千分之十左右。

(三)允许人口流动期(1979年以后)

改革开放初期,实行农村家庭联产承包责任制,提高了农民种粮积极性。农业丰收解决了长久以来困扰中国的粮食短缺问题,农村剩余劳动力转移不再被国家严格限制。加之,各地工商企业发展产生了巨大的劳动用工需求,国家顺应时代要求允许农民进城务工经商,于是产生了大量的"农民工"。农民工进城,一方面为城市建设和居民服务作出了不可磨灭的贡献,另一方面给城市基础设施和公共服务设施供给带来了压力。大量没有城市户籍的外来暂住人口的出现,倒逼国家和地方城市政府在户籍管理制度上进行改革。但由于附加在城市居民户籍上的社会福利难以短时期消除,城市外来暂住人口被作为"另类",虽然给予了务工经商和居住的权利,但难以享受与原城市户籍居民同等的社会福利。这个时期,城市对农村人口半开大门,可以称为允许人口流动的时期。

1980年9月,公安部、粮食部、国家人事局联合颁布《关于解决部分专业技术干部的农村家属迁往城镇由国家供应粮食问题的规定》，允许高级专业技术干部，有重大发明创造，在科研、技术以及专业工作上有特殊贡献的专业技术干部家属迁往城镇落户。1984 年 1 月 1 日，《中共中央关于一九八四年农村工作的通知》开始了我国小城镇户籍制度改革，允许务工、经商、办服务业的农民自理口粮到集镇落户。1984 年 10 月，国务院发布新时期户籍制度改革第一个规范性的政策规定——《关于农民进集镇落户问题的通知》，规定凡申请到集镇务工、经商、办服务业的农民和家属，在城镇有固定住所，有经营能力，或在乡镇企事业单位长期务工的，公安部门应准予落常住户口，发给"自理粮户口簿"，统计为"非农业人口"。

1989 年 10 月，受国内大背景的影响，政府又开始严格户籍制度管理，国务院发布了《关于严格控制"农转非"过快增长的通知》。1990 年，国务院办公厅转发国家计委等部门《关于"农转非"政策管理工作分工意见报告的通知》，规定由中央出台"农转非"政策，大量减少"农转非"指标。

1992 年 8 月，在邓小平南方讲话的鼓舞下，公安部下发了《关于实行当地有效城镇居民户口制度的通知》，开始实行"蓝印户口"。1992 年 5 月 4 日，公安部下发《关于坚决制止公开出卖非农业户口的错误做法的紧急通知》，要求制止各地卖户口的行为。1992 年底，国务院正式成立了户籍制度改革文件起草小组。1993 年 6 月，户籍制度改革文件起草小组推出《国务院关于户籍制度改革的决定》，主张废除农业户口与非农业户口的划分，建立以常住户口、暂住户口、寄住户口三种户口形式为基础，以居住地登记、迁徙和暂住规定等为内容，以居民身份证、公民出生证为证件管理主体的新型户籍管理制度，但该方案未能颁布实行。

1993 年 9 月，国务院开始研究小城镇户籍制度改革方案，中国的户籍制度改革从此由全面改革转向重点进行小城镇户籍制度改革。1997 年 7 月，国务院批转公安部《关于小城镇户籍制度改革试点方案》，规定试点镇具备条件的农村人口准予办理城镇户口。1998 年 10 月，中共十五届三中全会通过了《中共中央关于农业和农村工作若干重大问题的决定》，进一步推动小城镇户籍制度的改革。2000 年 6 月 13 日，中共中央、国务院下发了《关于促进小城镇健康发展的若干意见》，规定"从 2000 年起，凡在县级市区、县级人民政府驻地镇及县以下小城镇有合法固定住所、固定职业或生活来源的农民,均可根据本人意愿转为城镇户口,并在子女入学、参军、就业等方面享受与城镇居民同等待遇,不得实行歧视性政策"。

与此同时,各地也在进行"破冰之旅",为国家改革户籍管理制度提供了宝贵经验。2001年2月16日,四川省政协委员建议以身份证制度代替户籍制度。2001年5月,广西出台以身份证代替户籍管理新政策。2001年,贵州省取消办理小城镇户口必须在所在小城镇实际居住满两年的条件限制。2001年,重庆市规定具有大学本科以上学历、中级以上职称、留学回国以及市外引进的专业技术人员,只要有本市合法固定住所,可以办理暂住户口登记,不再申办暂住证,并免缴暂住人员治安管理费;取消"农转非"计划指标限制;规定凡在小城镇有合法固定住所、稳定的非农职业或生活来源,实际居住一年以上的人员,均可申请在该镇落户。2001年,成都市取消进入中小城市和小城镇的户籍限制,放宽农民进城落户的条件,用身份证制度代替户籍制度。2001年10月1日,国务院批转的公安部《关于推进小城镇户籍管理制度改革的意见》开始实施,规定全国小城镇中有固定住所和合法收入的外来人口均可办理小城镇户口。2002年5月,上海改"户籍制"为"居住地制"。2002年7月,浙江宁波市废除城乡户口区别,允许农民自由进城落户。2002年8月,安徽出台《关于进一步改进户籍管理推进城镇化进程的意见》,要求对户籍制度进行大规模改革。2002年8月1日,河北石家庄市实施《关于石家庄市区户籍管理制度改革实施意见》,在直系亲属投靠、外来投资、大中专毕业生分配、外来务工人群户籍管理上实现重大突破。2002年9月,广东省实施《关于进一步改革户籍制度的意见》,要求按照实际居住地登记户口,实现城乡户口管理的一体化。2002年10月1日起,北京市规定投资一定规模的外地私企老板可办理北京户口,同时,将"寄住证"改名为"居住证"。2003年6月28日,十届全国人大常委会第三次会议通过《中华人民共和国居民身份证法》,中国的户籍管理开始向信息化管理、身份证管理迈进。2003年,郑州户籍制度改革取消了"农业户口""暂住户口""小城镇户口""非农业户口"等,实行一元户口制度,统称"郑州居民户口"。2004年,南京市政府批转市公安局关于《南京市户籍准入登记暂行办法》,规定建立城乡统一的户口登记制度。2005年

8月1日，石家庄市户籍改革全面实施。2005年12月，《济南市深化户籍制度改革暂行办法》规定，济南全市实行城乡统一的户口登记制度，取消农业户口、非农业户口、地方城镇户口等区分，实行户籍条件准入制，具有固定住所、合法职业和收入、结婚年龄、文化程度、职业能力、纳税、投资、就业、养老保险等皆作为准予迁入并申报登记常住户口的依据。2006年1月1日，云南红河州《关于深化户籍管理制度改革，促进公民迁徙自由的决定》规定：在州域内实行公民迁徙自由；取消非农业人口、农业人口的二元户籍；打破城乡居民在就业、教育、医疗、社保等方面的区别对待。2006年3月23日，广州市人大代表李亭亭在广州市人代会上提出《关于增选外来工为广州市人大代表的议案》，要求增选外来工代表。2006年4月，《北京市生育服务证管理办法》进行修改，进一步明确新生儿随父入户政策。2006年4月12日，西安市政府召开新闻发布会，公布"人口户籍准入政策调整方案"。2006年10月20日，成都市深化户籍制度改革，推进城乡一体化，允许农民进城落户和外地人购房落户。2007年4月1日，天津调高购房投资办理蓝印户口的门槛。2007年5月15日，重庆市政府召开新闻发布会，提出在2012年前全面取消农业和非农业户口划分。2007年6月7日，国务院批准重庆市、成都市成为城乡综合配套改革试验区，户籍制度改革是其重点之一。2007年9月1日，青岛市实行城乡统一的户口登记制度。2008年8月12日，深圳市全面推行居住证制度。2008年10月1日，浙江嘉兴全面实施城乡一体化户籍制度改革。2008年10月19日，《中共中央关于推进农村改革发展若干重大问题的决定》提出，统筹城乡社会管理，推进户籍制度改革，放宽中小城市落户条件，使在城镇稳定就业和居住的农民有序转变为城镇居民。2009年1月，广州市决定改革户籍制度，取消农业户口，统一登记为"居民户口"。2009年2月4日，天津调低购房投资办理蓝印户口门槛。2009年2月23日，上海市出台《持有上海市居住证人员申办本市常住户口试行办法》，2009年6月17日公布居住证转户籍细则。2012年2月23日，国务院办公厅发布《关于积极稳妥推进户籍管理制度改革的通知》，对户口迁移政策进行了分类规定：在县级市市区、县人民政府驻地镇和其他建制镇有合法稳定职业并有合法稳定住所（含租赁）的人员可以申请登记常住户口；在设区的市（不含直辖市、副省级市和其他大城市）有合法稳定职业满三年并有合法稳定住所（含租赁）同时按照国家规定参加社会保险达到一定年限的人员，可以申请登记常住户口；继续合理控制直辖市、副省级市和其他大城市人口规模，进一步完善并落实好现行城市落户政策。该《通知》进一步提出，"今后出台有关就业、义务教育、技能培训等政策措施，不与户口性质挂钩"。

这段时期，国家在计划生育方面也形成了比较完善的法律制度。1982年9月党的十二大确定"实行计划生育，是我国的一项基本国策"。同年12月全国人大通过的《中华人民共和国宪法》明确规定："国家推行计划生育，使人口的增长同经济和社会发展计划相适应。"由此确立了计划生育的法律地位。2002年9月1日，《中华人民共和国人口与计划生育法》实施，标志着中国的计划生育制度基本完善。

二 中国城市人口管理面临的问题

（一）对外来暂住人口的歧视性待遇问题

目前，中国城市的外来暂住人口有 1.5 亿人左右，超过全国总人口的 10%[①]。他们年龄偏小，居住地不固定，相对集中在基础设施较差的地段，大多从事非正规职业。他们在城市已经"立业"，但城市不给他们"户口"，无法"安家"，意味着没有城市居民身份，享受不到城市居民可以获得的一切福利待遇。户籍制度、教育制度、社会保障制度、人事制度、医疗制度对城市户口、农村户口的双重标准，使得外来暂住人口只能游离于体制之外。而现行管理制度的双重标准带来了较为严重的问题。

1. 外来暂住人口的尊严问题

国家至今还没有在宪法中恢复公民的居住和自由迁徙权。对城市外来暂住人口管理的依据是公安部门制定的《暂住证申领办法》。该《办法》规定，暂住在居民家中的，由本人携带户主的户口簿到暂住地公安派出所申领暂住证；暂住在机关、团体、部队、企业、事业单位内部或者工地、工

---

① 胡刚:《城市管理》，知识产权出版社，2012。

场和水上船舶的，由单位或者雇主将暂住人员登记造册，到暂住地公安派出所申领暂住证；暂住在出租房屋的，由房主携带租赁合同，带领其到暂住地公安派出所申领暂住证。暂住证为一人一证，有效期限最长为一年。暂住期满需继续暂住的，应当在期满前办理延期或换领手续。

对外来暂住人口，城市管理者往往带有很强的"防范"心理，采取的是防范式管理模式。城市有重大庆典活动，首先想到的就是清查、清理外来暂住人口。在住房、就业、社会保障等诸多方面的权益分配中，外来暂住人口往往被排除在外。外来暂住人口在城市里过的是没有尊严的生活，是"二等"公民。

2. 外来暂住人口的城市认同问题

外来暂住人口在体制外生存，他们的合法权益得不到有效保护。在劳资关系中，多处于弱势地位，被恶意拖欠工资的事情时有发生。而且，劳动强度大，劳动环境不良。长此以往，他们会走向城市的对立面，滋生出仇富心理、仇官心理、报复社会心理，甚至职业化违法犯罪。而现行人口管理制度严重滞后，没有给外来暂住人口市民化待遇的稳定预期，导致他们融入城市难，缺乏对所在城市的认同感。加之，外来暂住人口的二代子女多出生在城市，生长在城市，但融入不了城市，将来也不可能回原籍居住、生活与工作，这是社会稳定与和谐发展的一个很大隐患。

（二）户籍制度改革的不完善问题

时至今日，中国城市户籍制度改革经历了多年探索，采取的是地方政府先行先试，摸着石头过河，积累经验，有选择地吸收外来暂住人口，由中央政府确认方向的改革路径，这是一条积极而又稳妥的改革办法，取得了较为显著的成效。但是，与社会经济发展的实际需求相比，中国的城市户籍制度改革仍然滞后，并存在许多不完善的地方。

1. 户籍制度改革不配套

目前，户籍制度的配套制度没有进行全面、有效的改革，致使户籍制度改革困难重重，难以到位。城乡二元财政税收制度、二元土地房产制度、二元就业失业保障制度、二元教育制度、二元医疗制度、二元养老制度等造成了户籍制度改革方向上迷惑不清、动力上热情不足、财政上压力增加、利益上无法割让、管理上难度加大及弱势群体的利益反而可能因户籍改革而受损的状况。比如，由于城乡土地使用制度不统一和社会保障制度不完善，征地和"农转非"常常使农民利益受到侵害；由于没有建立平等就业制度，担心外地人抢了本地人的饭碗，许多城市规定，一些岗位只许录用本地户籍的应聘者。

2. 大城市户籍改革基本没有启动

当前户籍改革的重点是在小城镇一级。即使小城镇的户籍改革比较成功，公民的居住和迁徙自由在小城镇可以实现，但许多人真正梦想的地方是大城市和特大城市，而大城市和特大城市的准入门槛仍然太高，户籍制度基本没有松动。

3. 户籍管理比较混乱

目前，各地户籍改革缺乏统一的规范，各行其是，出现了诸如农业户口、非农业户口、"蓝印户口"、"红本户口"、"绿本户口"、"咖啡本户口"等各种户籍并存的现象；一些地方还存在大量的买卖户口、人户分离、空挂户口、双重户口、无户口黑户、长期"暂住"人口等问题。而且，各地改革后出现的各种户口也没有有效衔接的制度，国家对这种状况也没有明确的政策规定。户籍管理的混乱状况亟须从国家层面进行规范。

（三）计划生育带来的困惑问题

中国从20世纪70年代实行计划生育政策以来，总和生育率降至1.8左右，与经济发展水平相当的其他国家和地区相比，中国的总和生育率要低1.2~1.3，这一变化使中国少生了3亿人[①]，对中国的发展作出了突出贡献。但始料不及的是，计划生育的负效应开始显现，不能不令人深思。

1. 人口逆向淘汰

按照中国的人口与计划生育法，一个城市居民家庭只能生育一个孩子。城市居民普遍执行了这个规定。但是，农村居民家庭生育二胎化较为普遍，有的甚至三胎、四胎。近些年，城市富人超生的现象也较为普遍。长此以

---

① 《上世纪70年代计划生育以来，中国少出生3亿人口》，人民网－人民日报海外版，2005年8月8日。

往,有良好家庭教育背景的儿童出生越来越少,而低收入及教育环境不良的家庭出生的儿童越来越多。对整个国家来说,这是一种社会不愿意看到的逆向淘汰现象。

2. 计划生育执法手段缺乏人性

中国的计划生育政策,在城市获得了绝大多数居民的理解,实行起来难度不大。但在农村和边远地区,由于受传宗接代思想及生活习惯的影响,执行起来的难度很大。初期,往往采取强制手段,比如强制结扎、强制堕胎、高额罚款、强制拆除房顶等,许多地方的计划生育口号令人毛骨悚然,比如,"该扎不扎,见了就抓","能引的引出来,能流的流出来,坚决不能生下来","宁可家破,不可国亡","宁添十座坟,不添一个人","宁可血流成河,不准超生一个","一胎生,二胎扎,三胎四胎——杀!杀!杀!","该扎不扎,房倒屋塌;该流不流,扒房牵牛","超生多生,倾家荡产"。如果说,初期人们没有维权意识,对强制手段习以为常的话,那么在民主化、法治化以及人权意识觉醒的今天,强制手段已经没有了市场,甚至会激起全社会的道德谴责与舆论谴责。实践呼唤,计划生育手段需要改弦更张,需要人性化。

3. 老龄化加速

中国的计划生育政策使中国迅速实现了低出生、低死亡、低自然增长的人口结构目标,但是打破了人口结构自身演化的客观规律与客观进程,过早地步入了人口老龄化的社会。一方面造成未来城市就业人口不足,另一方面造成城市居民家庭养老负担加重。这些必将演化为严重的社会问题,而中国步入发达国家的行列还需要长期不懈的努力。老龄化加速,养老保障难以应对,中国城市准备不足。

三 中国城市人口管理改革的方向

(一) 转变思想观念,树立为民服务理念

中国城市人口管理存在的种种问题,从根源上讲,是城市管理者没有摆正自己的地位,将自己定位为高高在上的管理者,城市居民和外来暂住

人口是其管理对象，要城市居民和外来暂住人口无条件服从其管理。于是，简单粗暴、不讲方式方法、不尊重人权的行为屡屡出现。在民主化发展的今天，城市管理者应该转换思维，树立为民服务的理念，一切重大决策要充分尊重民意，尊重民权，办居民乐意办的事，采用居民能够接受的行事方式。

（二）尽快修宪，还居民居住与迁徙自由权

居民居住与迁徙自由是人类社会普遍认同的基本人权。中国宪法取消居民居住与迁徙自由权，有其特殊的历史背景，主要目的是为国家主导的工业化服务，尽快赶上发达国家的经济发展水平。如今时过境迁，当初的历史条件已经不复存在。改革开放为中国找到了最好的一条和平崛起的发展道路，没有必要继续限制居民的流动。而市场经济发展的基本前提之一是人员流动自由，可见从国家发展的高度看，应该尽快修宪，还居民居住与迁徙自由权。当前的最大阻力可能是利益集团阻挠和附加在户籍制度上的种种福利待遇没有让全体国民共享。很显然，这些因素绝对不应该成为拒绝修宪的理由，更不能成为限制居民自由流动长期化的理由。

（三）废除户籍制度，建立居民身份证制度

现在世界上只有极少数国家还存在户籍制度，在户籍制度框架内寻求改革的突破口，各地已进行多年的实践，但是越改革越乱。当初，实行户籍制度的初衷是政治安全和城市粮食供应安全保障，现在这两个条件都已经不存在了。户籍制度已经成为发展社会主义市场经济的障碍，应该采用成熟市场经济国家的通行做法，尽快废除户籍制度，代之以身份证管理，建立国民信息系统。把户口电子化，户籍的相关资料都放到身份证管理系统即国民信息系统中来，包括个人收入情况、纳税情况、就业失业情况、申领低保及经济适用房情况，还有信用情况、犯罪记录，甚至做义工、慈善方面的记录等。按照身份证号建立社会安全网，建立可衔接、可转移、全国统一的社会保障体系；同时将个人档案电子化、透明化，进入身份证管理系统，供全社会有条件地查询，打破城乡界线、地区界线、城市界线，塑造政府与公民之间透明、互信的新型关系。

（四）适度调整城市计划生育政策

既然看到了现行计划生育政策的弊端，就应该尽快调整政策。有人担心，取消计划生育政策，可能导致中国人口报复性反弹，多年计划生育的成果可能毁于一旦。这种担心有一定道理，有可能会出现人们担心的结果。但是坚持现有政策，也有可能出现令人担心的负面效果。权衡利弊，应采取折中对策，适度调整城市计划生育政策，放开二胎，杜绝三胎，延缓城市人口老龄化速度，为应对城市人口老龄化留足准备时间。

第十一章　中国城市环境管理

【摘要】本章对新中国成立以来城市环境管理工作进行了简单梳理，较为深入地剖析了中国城市环境管理现存的主要问题，提出以城市环境容量和资源承载力为依据制定城市发展规划、适时上调城市环境质量国家标准、提高城市环境基础设施建设和运营水平、强化环保政策的针对性、因地制宜实施城市环境管理的分类指导、继续深化城市环境综合整治制度、继续推进国家环境保护模范城市创建工作、推进绿色发展模式等对策建议。

一　新中国成立以来的城市环境管理工作

新中国成立以来，在经济发展过程中，环境问题日益凸显。为应对这一问题，中国政府经过长期探索，形成了有中国特色的城市环境管理模式。

（一）城市环境管理工作的探索期（1949~1957年）

新中国成立以后，随着工业化的展开和经济的发展，环境问题开始出现，但由于国民经济初入正轨，国家工业化刚刚起步，环境污染只是在局部地区出现且程度较轻，因而环保意识尚未觉醒，政府并未明确提出环境保护的概念并制订相应的环保政策。不过，在经济建设过程中，相关部门曾经出台了一些具有环保功能的文件和法规，部分城市也采取了一些保护环境的举措。

在工业污染防治上，为了应对城市新建工业项目在规划、选址、设计、"三废"（废水、废气、废渣）处理等方面涉及的卫生问题，卫生部于1953年成立卫生监督室，在苏联顾问指导下，开展预防性卫生监督工作。这是中央政府成立的第一个环保性机构。因卫生监督工作中需要统一的卫生标准和法规作为依据，1956年，卫生部、国家建委联合颁发了《工业企业设计暂行卫生标准》及《关于城市规划和城市建设中有关卫生监督工作的联合指示》。这两个文件对预防污染、保证饮水安全及城市合理规划发挥了积极的指导作用。1957年，国务院第三、第四办公室发出《注意处理工矿企业排出有毒废水、废气问题的通知》，明确提出要注意防治工业污染。该通知已是一个实质意义上的环保文件。为了能更好地防治工业污染，1956年，政府确立了"综合利用工业废物"的方针。该方针成为此后十余年治理工业污染所遵循的基本方针。在上述方针政策的指导下，一些工业企业尤其是集中建设的156项大中型项目，采取了某些防治措施，如安装污水净化处理和消烟除尘设备等，在一定程度上减轻了污染危害。在城市建设中，则比较注意合理布局，把污染企业尽量建在远离城市的地区，并在市区和工业区之间建有林木隔离带，以避免工业"三废"危害市区居民。譬如，"一五"期间开始建设的武汉钢铁公司和武汉肉联厂，厂址均选在了距市中心20公里以外的长江武汉段下游两岸。武汉重型机床厂、武汉锅炉厂、武汉汽轮发动机厂等大型机械工业企业，也分别建在近郊的工业区内。武钢的规划布局则注意到工业"三废"污染问题，将后勤生活区规划在厂区5公里以外，中间设计有绿化隔离带①。

（二）城市环境管理工作的实践期（1958～1972年）

1958年开始的"大跃进"运动，在短期内造成巨大环境污染。仅1958年下半年，全国即动员了数千万农民大炼钢铁、大办"五小工业"，建成了简陋的炼铁、炼钢炉60多万个，小炉窑59000多个，小电站4000多个，小水泥厂9000多个，农具修造厂80000多个。工业企业由1957年的17万个猛增到1959年的60多万个。技术落后、污染密集的小企业数量迅速增加，使工业结构呈现污染密集的重化工化趋势。与此同时，已有的环境保护规章制度受到批判和否定。在管理混乱、污染控制措施缺位的情势下，工业"三废"放任自流，环境污染迅速加剧。针对出现的环境问题，20世纪60

---

① 张连辉：《新中国环境保护事业的早期探索》，《当代中国史研究》2010年第4期。

年代前期，中央政府曾经采取了一些补救措施，以防治工业污染。1960年3月，中共中央在批转建筑工程部党委《关于工业废水危害情况和加强处理利用的报告》中明确指出，工业废水处理利用是一件很重要的事情，必须积极进行工业废水的处理利用，新建企业都应将废水的处理利用作为生产工艺的一个组成部分，在设计和建设中加以保证。与此同时，还提出了"三同时"思想。随后，工业部门提出了"变废为宝"口号。1963年，全国掀起了"三废"综合利用热潮，15个城市被确立为工业废水处理和利用实验研究基地。1956年颁布的《工业企业设计暂行卫生标准》被修订为《工业企业设计卫生标准》，并于1963年颁布实施。其间，对一些盲目建立的工业企业实行了关、停、并、转，混乱的工业布局得到了一定纠正。直到"文化大革命"开始前，中央政府一直没有忽视工业污染防治。1966年1月13日，国家经委拟定的《一九六六年工业交通企业支援农业的十项措施》再次强调，有害农业的污水、废气和废渣都要在1966年内抓紧进行处理，变有害为有利，变无用为有用。此外，1960年初，国务院还批准颁发了《放射性工作卫生防护暂行规定》，对预防放射性污染作出了相关规定。

这一时期，地方政府积极响应中央号召，在环境保护尤其是工业污染防治上扮演了更为积极的角色，成为本阶段环保行政的重要特征。一些地方政府成立了环保机构，如北京、天津、上海、黑龙江和新疆等少数省级行政单位，以及鞍山、武汉、哈尔滨、南京、南昌、齐齐哈尔、保定、青岛、吉林等工业比较集中的城市，成立了"三废"治理利用办公室等环保机构。这些环保机构绝大部分成立于"大跃进"运动结束后的国民经济调整时期，与卫生监督机构相比，这些机构环保内涵更加明确，与现代环保机构更为相像，是环保组织机构从"环境卫生型"向"环境保护型"转变的重要过渡形式。一些省市因地制宜出台了防治污染的相关文件和法规。如哈尔滨市1960~1965年间，先后颁布了8项强调管理工业"三废"、生活污水的文件和法规。北京、青海、黑龙江、重庆、鞍山、保定、武汉、佛山、吉林市、南海县等地，为了掌握本地环境污染状况，开展了以"三废"污染调查为主要内容的环境状况调查。1965年12月，南京市计划委员会、城建局、卫生局联合向市人民委员会报告，提出："新建、扩建、改建单位的'三废'处理设施应作为生产工艺的一部分，在设计、施工时一并安排，并将设计文件报'三废'管理部门,会同卫生、公安、劳动部门签署意见。城建、设计、施工部门应加以监督。"除此之外,在"综合利用""变废为宝"等口号的号召下,许多工厂设计安装了"三废"治理设施,这也对防治点源污染起到了一定作用。但从全国情况来看,推行"三废"治理举措的地方和企业所占比重仍然较小,且由于经验不足、技术落后以及执行不力等原因,大部分地方和企业的污染治理效果不佳,因此,即便在国民经济调整时期,环境保护工作的成效仍然非常有限。另外,由于当时人们对"三废"治理重要性认识不足,尤其是认为"社会主义制度是不可能产生污染的,谁要说有污染,有公害,谁就是'给社会主义抹黑'",这就进一步限制了污染治理的效果。

"文化大革命"开始后,各项环保举措基本废弛,地方五小企业再度兴起。到 20 世纪 60 年代末 70 年代初,部分地区的环境污染已非常严重。譬如 70 年代初,大连湾污染严重,因污染荒废的滩涂 5000 多亩,每年损失海参 1 万多公斤、贝类 10 多万公斤、蚬子 150 多万公斤。日益严重的环境问题引起了周恩来总理的关注。1970 年 6 月 26 日,周恩来在接见卫生部军管会负责人时指出:"卫生系统要关心人民健康,特别是对水、空气,这两种容易污染。"针对美日等国发生的工业污染问题,他又指出,"毛主席讲预防为主,要包括空气和水。要综合利用,把废气、废水都回收利用,资本主义国家不搞,我们社会主义国家要搞",而且"必须解决"。正是由于周恩来的高度重视,人们开始更加关注经济建设中的环境保护问题。同时,1971 年后,周恩来主持国民经济的整顿工作,国内政治经济形势趋于稳定,也为人们能更多关注环境问题和推行环保举措提供了重要的社会环境。1972年 6 月,在斯德哥尔摩召开联合国第一次环境会议,大会向中国发出与会邀请。在周恩来的指示下,中国派出了由国家计委、燃化部、卫生部和外交部共同组成的代表团参会。通过此次会议,至少参会人员开始意识到中国也存在环境问题,并得出了"中国城市的环境问题不比西方国家轻"的结论。此次会议对推动中国环境保护工作的开展和第一次全国环保会议的召开,起到了重要促进作用①。

---

① 张连辉:《新中国环境保护事业的早期探索》,《当代中国史研究》2010 年第 4 期。

(三) 城市环境管理工作的完善期 (1973年至今)

1973年8月5~20日，国务院委托国家计委在北京组织召开中国第一次环境保护会议，审议通过了"全面规划、合理布局、综合利用、化害为利、依靠群众、大家动手、保护环境、造福人民"的环境保护工作32字方针和中国第一个环境保护文件——《关于保护和改善环境的若干规定》。该文件规定：①做好全面规划，自然资源的开发利用，要考虑到环境影响，经济发展与环境保护要统筹兼顾，全面安排。②工业要合理布局，控制大城市规模，建设中小城镇，厂址选择要切实注意对环境的影响。③逐步改善老城市的环境，要注意保护水源，消烟除尘，处理、利用垃圾，改善劳动环境，减少噪声。要首先抓好北京、上海等18个城市的环境改造工作。④综合利用，除害兴利，为防止工业废水、废气、废渣对环境的危害，规定一切新建、扩建和改建企业的主体工程与环境保护设施要同时设计，同时施工，同时投产。⑤加强对土壤和植物的保护，对农业病虫害的防治要推广综合防治技术，减少化学农药污染。⑥保护江河、湖泊、海洋的水质。主要水系要建立水源保护机构。⑦保护森林，保护草原，大力植树造林，绿化祖国。⑧认真开展环境监督工作，制定工业企业污染物排放标准和环境质量标准。⑨大力开展环境保护的科学研究工作和宣传教育。⑩环境保护需要的投资、设备和材料要尽可能予以保证。这次大会之后，从中央到各地区、各有关部门，都相继建立起环境保护机构，并制定各种规章制度，加强了对环境的管理。对某些污染严重的工矿区、城市和江河进行了初步治理，环境科学研究和环境教育蓬勃发展起来。这次会议所确立的一些基本方针和政策，不仅有力地推动了中国当时的环境保护事业的发展，而且对以后的环境保护事业也有指导作用。

此后，中国城市环境管理的重点不断调整和完善，先后经历了四个不同时期：①工业点源治理阶段（1973~1978年）：主要工作是控制大气污染、工业"三废"综合利用和主要污染物的净化处理。②污染综合防治阶段（1979~1984年）：主要在城区开展了污染综合防治工作，一些城市区域的污染治理已经初见成效。③城市环境综合整治阶段（1985~1999年）：实施城市环境综合整治和城市环境综合整治定量考核，把工业污染防治与城市基础设施建设有机结合起来,由单纯污染治理向调整产业结构和城市布局转变。④生态建设与环境质量全面改善阶段（2000年至今）：城市环境管理步入生态建设与环境质量全面改善新阶段,并向着创建国家环境保护模范城市、探索生态城市和不断提升城市可持续发展能力等方向迈进。

经过近40年的实践和探索,中国已经形成了一套具有中国特色的城市环境管理模式,通俗表达为"八项制度"。①环境影响评价制度：进行建设活动之前,对建设项目的选址、设计和建成投产使用后,可能对周围环境产生的不良影响进行调查、预测和评定,提出防治措施,并按照法定程序进行报批的法律制度。②"三同时"制度：建设项目中的环境保护设施必须与主体工程同时设计、同时施工、同时投产使用的制度。③征收排污费制度：又称排污收费制度,指国家环境管理机关依据法律规定对排污者征收一定费用的一整套管理措施。④城市环境综合整治定量考核制度：对环境综合整治的成效、城市环境质量制定量化指标进行考核,评定城市各项环境建设与环境管理的总体水平。⑤环境保护目标责任制度：以签订责任书的形式,具体规定省长、市长、县长在任期内的环境目标和任务,并作为政绩考核内容之一,根据完成的情况给予奖惩。⑥排污申报登记和排污许可证制度：排污申报登记制度指排放污染物的企、事业单位向环境保护主管部门申请登记的环境管理制度。排污许可证制度指向环境排放污染物的单位或个人,必须依法向有关管理机关提出申请,经审查批准发给许可证后,方可排放污染物的管理措施。⑦限期治理制度：对现已存在的危害环境的污染源,由法定机关作出决定,令其在一定期限内治理并达到规定要求的一整套措施。⑧污染集中控制制度：在一个特定的范围内,依据污染防治规划,按照废水、废气、固体废物等的不同性质、种类和所处的地理位置,分别以集中治理为主,以求用尽可能小的投入获取尽可能大的环境、经济与社会效益的一种管理手段。

城市环境综合整治定量考核制度（以下简称"城考"）作为中国城市环境管理的主要手段和重要制度建立于1985年。1984年10月,中共中央《关于经济体制改革的决定》中明确提出"城市政府应当集中精力做好城市的规划、建设和管理,加强各种公共设施的建设,进行环境的综合整治",从而明确了城市环境综合整治是城市政府的一项主要职责。1985年,国务院在洛阳召开第一次全国城市环境保护工作会议,明确在全国开展城市环境综合整治工作。1988年7月13日,国务院环境保护委员会发布《关于城市环境综合整治定量考核的决定》,指出"环境综合整治是城市政府的一项重要职责,市长对城市的环境质量负责,把这项工作列入市长的任期目标,并作为考核成绩的重要内容",规定城考工作自1989年1月1日起施行。1990年,《国务院关于进一步加强环境保护工作的决定》中明确规定:省、自治区、直辖市人民政府环境保护部门对本辖区的城市环境综合整治工作进行定量考核,每年公布结果。直辖市、省会城市和重点风景游览城市的环境综合整治定量考核结果由国家环保局核定后公布。各城市要逐步建立起"在城市政府的领导下,各部门分工负责,广大群众积极参与,环保部门统一监督管理"的管理体制和"制定规划,分解落实,监督检查,考核评比"的运行机制。至此,城市环境综合整治定量考核作为中国城市环境管理的一项制度确立下来,并在全国广泛实施,有力地推动了城市环境保护工作。

2004年,国家环保总局制定了《全国城市环境综合整治定量考核操作规范(试行)》,以进一步规范各地的"城考"工作。为体现分类指导,同时加强省级环保部门城考工作的领导职能,由省、自治区环保部门对所辖城市进行城考会审排名。2004年,全国正式上报"城考"结果的城市达到500个,占全国城市总数的76%;2010年,全国所有城市都纳入了城考范围。通过开展城市环境综合整治定量考核,促进了城市政府对环境保护工作的重视,提高了城市政府领导开展城市环境综合整治的自觉性,把环境保护摆上了重要议事日程。许多城市市长认为改善环境是关系城市发展后劲和竞争力的大事。例如,杭州市委、市政府提出环境立市的发展战略,调动了城市政府各部门和广大市民群众的积极性,重点城市环境质量得到改善。全国城市环境质量从整体上趋于好转,部分城市的环境质量有明显改善。

为了落实《国家环境保护"九五"计划和2010年远景目标》中提出的"城市环境保护要建成若干个经济快速发展、环境清洁优美、生态良性循环的示范城市"的目标,探索城市可持续发展的有效途径,提升城市环境管理水平,国家环境保护总局于1997年决定开展创建国家环境保护模范城市工作，并且将这项工作制度化，建立了完整的考核体系和严格的工作程序。1997年到2011年底，全国共命名77个环境保护模范城市、6个环境保护模范城区。这些中国国家环境保护模范城市和城区的环境空气、地表水环境质量在全国城市中率先按功能分区，分别达到国家规定的环境质量标准；所有工业污染源主要污染物排放达标率均达到100%。通过开展创建活动，模范城市的城市居民普遍拥有蓝天碧水、绿色浓荫的良好生活环境质量。通过创建国家环境保护模范城市，城市政府将环境保护目标责任制的目标列入城市全方位目标管理，建立起政府统一领导、各部门分工负责、广大人民群众积极参与、环保部门统一监督管理的环境管理机制，从整体上提高了城市环境建设和管理水平。绝大部分全国模范城市的城市环境综合整治综合排名都位于全国或所在省的前列，环境管理水平普遍高于其他城市。"创模"从人民群众关心的热点、难点环境问题入手，积极为老百姓办实事、办好事、解难题，切实解决群众身边的环境投诉问题，一些长期困扰百姓生活的环境污染"老大难"问题在"创模"过程中予以解决。"创模"符合人民群众对良好环境质量日益增长的需求，给市民带来了实惠，得到人民群众的广泛支持、参与和认同，对模范城市市民的随机调查表明，模范城市市民对政府环保工作满意率、对城市环境状况的满意率以及对创建工作的支持率均达到90%以上。"创模"提升了城市政府的凝聚力和号召力，提高了城市政府在广大人民群众中的威望。模范城市公众的环境意识有很大的提高。

二　中国城市环境管理主要问题

经过近40年的摸索，中国基本建立起有中国特色的城市环境管理体系，城市环境质量有明显提高，城市可持续发展能力明显增强。但是，与经济发展和广大人民群众的迫切要求相比，城市环境保护工作仍然存在诸多问题，需要引起社会各界高度关注。

（一）一些城市对环境管理的认识依然存在偏差

受传统思维定式影响，一些城市在处理经济发展与环境保护的关系上依然把经济发展摆在至高无上的地位,把环境保护当做摆设。追求经济增长速度和地方财政收入依然是不二的选择。当上级政府和上级部门检查环境保护工作时,可能会拿出一些实际的行动;当上级政府和上级部门无暇检查工作时,环境保护在地方决策中往往无关轻重。甚至一些城市在环境管理工作中弄虚作假,敷衍了事,说明城市环境管理的体制机制还需要进一步完善。

(二) 粗放的经济增长方式给环境管理造成巨大压力

中国城市经济长久以来一直保持高速增长态势,并且延续的是一种"高投入、高消耗、高污染和强排放"的粗放式增长模式,使城市赖以存在的自然生态环境面临越来越严重的威胁,城市环境承载力已趋于饱和;城市经济的快速发展,使城市资源、能源的消耗也快速增长;城镇化进程的加快,城市人口的增加,人民生活水平的提高和消费升级,都给原本趋紧的城市资源、环境供给带来更大的压力,并将进一步加剧城市水资源短缺,生活污水、垃圾等废弃物产生量大幅度增加,许多城市污染物排放总量超过环境容量,保护和改善城市环境质量的任务十分艰巨。

(三) 城市居民对城市环境质量改善提出更高要求

随着城市居民生活水平的提高和环境意识的增强,城市的环境质量已远不能满足居民日益增长的环境要求。目前,中国城市通过"城考"推动了城市环境质量的整体改善,但是用国际标准衡量,中国城市环境质量明显偏低。以 PM2.5 为例就很能说明问题。所谓 PM2.5 是指大气中直径小于或等于 2.5 微米的颗粒物,也称为可入肺颗粒物。PM2.5 粒径小,富含大量的有毒、有害物质且在大气中的停留时间长、输送距离远,因而对人体健康和大气环境质量的影响更大。PM2.5 产生的主要来源,是日常发电、工业生产、汽车尾气排放等过程中经过燃烧而排放的残留物,大多含有重金属等有毒物质。根据美国国家航空航天局 (NASA) 提供的 2001～2006 年的数据,全球 PM2.5 密度最高的地区出现在北非和中国的华北、华东、华中全部。目前国际上主要发达国家以及亚洲的日本、泰国、印度等均将 PM2.5 列入空气质量标准。2011 年 12 月 21 日,在第七次全国环境保护工作大会上，环保部部长周生贤公布了 PM2.5 和臭氧监测时间表，PM2.5 监测全国将分"四步走"。他表示，2012 年，将在京津冀、长三角、珠三角等重点区域以及直辖市和省会城市开展 PM2.5 和臭氧监测；2013 年，在 113 个环境保护重点城市和环保模范城市开展监测；2015 年，在所有地级以上城市开展监测，而 2016 年，则是新标准在全国实施的关门期限，届时全国各地都要按照该标准监测和评价环境空气质量状况，并向社会发布监测结果。这将给城市环境管理提出新的课题，迫使城市环境管理者拿出新的应对措施。

（四）城市环境管理"有法不依"情况严重

经过几十年的探索与实践，中国现已建立起一套较为完备并具有中国特色的污染防治政策法律体系和管理制度。尤其在环境法律体系的设计和建设方面，已逐步接近发达国家水平。但是，在环境法律的实施与执行方面还有较大差距。一些地方政府为获得短期经济效益，干预环保部门执法，对于新建项目不执行环境影响评价制度，使一些高污染、高能耗或布局不合理的新项目上马，造成城市环境边治理、边破坏，甚至治理赶不上破坏。

（五）城市环境管理经济处罚力度不足

经济手段作为环境保护的重要手段之一，一直为各国政府所重视。近 40 年来，中国各级政府一直在加大相关经济刺激政策的制定和实施，主要包括征收排污费、减免税收、加速设备折旧、环境保护项目优先贷款、建立环境保护专门基金、大气污染物排污交易、征收生态补偿费等，但多数未达到预期效果。主要是由于政策和法律设定的奖惩力度低，导致"环境违法成本低、环境执法成本高"。据估算，中国环境违法成本平均不及治理成本的 10%，不及危害代价的 20%。以国家自 1992 年开始征收工业燃煤二氧化硫排污费为例，由于征收的费用远低于企业脱硫、控制二氧化硫污染的成本，致使多数企业宁愿交排污费，也不愿建设脱硫设施。

三 中国城市环境管理改革方向

面对中国城市发展的环境压力和出现的新问题,城市环境管理也应该进行相应变革。今后一个时期,推进中国城市环境管理可以从以下几方面入手。

(一) 以城市环境容量和资源承载力为依据,制定城市发展规划

将环境容量、资源承载力和城市环境质量按功能区达标的要求作为各城市制定或修订城市发展规划的基础和前提,坚持做到以下几点:一是从区域整体出发,统筹考虑城镇与乡村的协调发展,明确城镇的职能分工,引导各类城镇的合理布局;二是调整城市经济结构,转变经济增长方式,发展循环经济,降低污染物排放强度,保护资源,保护环境,限制不符合区域整体利益和长远利益的经济开发活动;三是统筹安排和合理布局区域基础设施,避免重复建设,实现基础设施的区域共享和有效利用;四是把合理划分城市功能、合理布局工业和城市交通作为首要的规划目标。

(二) 适时上调城市环境质量国家标准,逐步与世界先进国家接轨

现行的城市环境质量国家标准,与国际先进标准相比明显偏低,还有一些应该纳入环境监测体系的指标也没有纳入,更谈不上进入"城考"指标体系。为了进一步推动中国城市环境管理再上新台阶,有必要本着借鉴世界先进经验与做法、逐步与世界先进标准接轨的原则,在条件具备的情况下,分阶段、分步骤上调城市环境质量国家标准,最终达到与世界先进国家环境质量标准接轨。

(三) 提高城市环境基础设施建设和运营水平,积极构造市场化运行机制

城市环境基础设施建设落后已经成为保护和改善中国城市环境的瓶颈和障碍,必须加大环保投入,提高城市环境基础设施建设和运营水平。各

级城市在继续发挥政府主导作用的同时,要重视发挥市场机制的作用,充分调动社会各方面的积极性,把国家宏观调控与市场配置资源更好地结合起来,多渠道筹集资金。积极推进投资多元化、产权股份化、运营市场化和服务专业化。要加快城市污水处理设施建设步伐,加强和完善污水处理配套管网系统,提高城市污水处理率和污水再生利用率。合理利用城市环境基础设施,共同推进城镇污水和垃圾处理水平的提高。全国所有城镇都应该建设污水集中处理设施,并逐步实现雨水与污水分流。要落实污水处理收费政策,建立城市污水处理良性循环机制。要加快城市生活垃圾和医疗废物集中处置设施建设步伐,提高安全处置率和综合利用率,改革垃圾收集和处理方式,建立健全垃圾收费政策,促进垃圾和固体废物的减量化、无害化和资源化,加强全过程监管,减少危险废物污染风险;所有城镇都应该建设垃圾无害化处理设施。各级环境保护部门要加大对城市环境基础设施的环境监管力度,确保城市环境基础设施的正常运行。

(四) 强化环保政策的针对性,加大环护政策的刺激力度

在现已实施的环境保护政策和措施中,有些是由于刺激力度太小而不能发挥功效,有些则是在设定上高估了政策本身的功能,也不能达到预期目的。以上海市私车牌照拍卖制度为例,它是市政府在交通管理方面实行的一项特殊政策,以期用市场化手段配置稀缺资源,控制城市汽车保有量,从而改善城市交通状况,控制汽车尾气污染。然而,几年实践表明,此项政策在限制上海市机动车保有量方面具有很大的局限性,因为许多市民可以选择到长三角其他城市上牌,之后在上海市使用。总结国际城市的管理经验,对中心城区的道路征收使用费或许是较为有效的方法之一。同时需以优先发展公交系统并提高其效率,吸引公众选择公交系统出行为前提。因此,政府部门应在借鉴国际先进经验的基础上,结合自身经济、社会、文化、资源和生态环境特点,设计并采用有利于城市经济、社会与环境协调发展的政策和措施。为避免"环境违法成本低、环境执法成本高"现象继续发生,应加大政策刺激的力度,使其真正具有奖惩意义。

（五）因地制宜，实施城市环境管理的分类指导

城市环境管理必须体现分类指导，对西部城市要在保护环境的前提下给城市发展留出一定的环境空间；对东部发达地区的城市在环境保护上要高标准要求，逐步实施环境优先的发展战略，严格环境准入；大城市环境保护工作重点要突出机动车污染、城市环境基础设施建设、城市生态功能恢复等城市生态环境问题，强调城市合理规划和布局，发展综合城市交通系统，在改善城市环境的同时带动城乡结合地区的环境保护工作；中小城镇要加大工业污染控制和集约农业污染控制，加快城市基础设施建设步伐，促进城乡协调发展。

（六）继续深化城市环境综合整治制度，将"城考"制度纳入党政一把手政绩考核

根据新形势和任务的要求逐步深化和发展"城考"制度。进一步强调地方政府对环境质量负责，加快改善城市环境质量；发挥政府的主导作用，建立部门之间的分工协作机制和环保部门的统一监管体系，将"城考"制度纳入党政一把手政绩考核，作为提高城市可持续发展能力的基本手段；"城考"中要增加污染排放强度和资源生态效率、促进城市经济增长方式转变等指标，增加与群众生活密切相关的环境问题和群众满意度的内容，增加强化环保统一监督管理、提高环境保护能力建设的内容等。

（七）继续推进国家环境保护模范城市创建工作，树立城市可持续发展的典范

国家环保模范城市是当今中国城市环境保护工作的最高奖项，是城市社会经济发展与环境建设协调发展的综合体现，是城市实施可持续发展战略的典范。目前，已命名的国家环保模范城市仅占全国城市总数的11.7%，且主要集中在东南沿海发达地区，中西部地区环保模范城市很少，成果辐射的区域有限。要广泛宣传和推广环保模范城市的经验和做法，继续深化国家环境保护模范城市创建工作，在全国各地，特别是中西部地区、重点流域区域以及国家环保重点城市建设一批经济快速发展、环境基础设施比

较完善、环境质量良好、人民群众积极参与的环境保护模范城市；已获得国家环保模范城市称号的城市要持续改进，汲取先进国家城市环境管理的先进经验，继续创建资源能源最有效利用、废物排放量最少、生态环境良性循环、最适合人类居住的生态城市。

（八）推进绿色发展模式，让城市居民牢固树立生态文明的理念

在应对这次国际金融危机中，许多国家更加突出"绿色复苏"理念，纷纷实施所谓"绿色新政"，把绿色经济作为刺激计划的重要内容，以培育新的经济增长点，抢占后危机时代的制高点。绿色经济、低碳经济、循环经济都强调资源节约、环境友好、生态平衡、和谐共生，可以将其纳入生态文明的框架中。

弘扬城市绿色发展理念，就是弘扬城市生态文明的理念。推进城市绿色发展模式，就是推进城市生态文明建设。环境意识的广泛宣传和环保知识的教育普及，是实现国家环境保护意志的重要方式。要弘扬绿色发展模式，倡导生态文明的理念，以环境友好促进社会和谐，以环境文化丰富精神文明。

第十二章 中国城市社区管理

【摘要】本章简单概述了社区概念的产生与发展，对中国城市社区管理的历程与模式演变进行了较为深入的分析，对城市社区管理存在的主要问题，如思想观念转变不到位、行政管理色彩浓厚、组织结构不合理、管理制度不健全、社区居民缺乏认同感等进行了剖析，提出要树立以民为本思想、构造完善的社区组织间关系、创新社区管理模式、健全法律体系、大力发展社区非营利组织等对策建议。

一 社区概念的产生及其发展

（一）社区概念的产生

"社区"一词是伴随西方现代社会学的引入由英文 community 翻译而来，而 community 一词，作为学术概念，译自德文 gemeinschaft。

现代意义的社区概念和理论研究，最早出现在工业化、城镇化发育较早的西方社会。1871 年，英国学者 H. S. 梅因出版的《东西方村落社区》一书，首先使用了社区这个名称[①]。1881 年，德国社会学家斐迪南·滕尼斯（F. J. Tonnies）将 gemeinschaft（一般译为社区、集体、团体、共同体、公社等）一词用于社会学，1887 年，他进一步在其所著的 *Gemeinschaft und Gesellschaft*（德语，译为《社区与社会》）中，最早从社会学理论研究的角度频繁使用社区的概念。滕尼斯将 gemeinschaft 解释为一种由同质人口组成的

---

① 袁秉达、孟临：《社区论》，中国纺织大学出版社，2000。

具有价值观念一致、关系密切、出入相友、守望相助的富有人情味的社会群体①。滕尼斯将 gemeinschaft 同 gesellschaft（一般译为社会）进行对比分析，用来说明社会变迁的趋势和两种不同的社会团体。显然，这一概念的出现与当时西方社会的发展密切相关，隐约折射出 19 世纪后期西方社会在工业化、城镇化、现代化迅速发展的进程中，社会关系日益复杂、人际关系日趋冷漠的社会现实和发展趋势。透过滕尼斯对社区所具有的亲密无间的人际关系的描述，人们隐约看到他对工业化、城镇化、现代化进程的反思和忧虑，反映出一种对传统社区精神的呼唤和向传统的欧洲乡村社区模式复归的愿望②。值得一提的是，滕尼斯在提出 gemeinschaft 时并不强调其地域性。此后，美国学者查尔斯·罗密斯（C. P. Loomis）在英译滕尼斯的这一著作时，把德语 gemeinschaft 翻译为英语的 community（译为公社、团体、共同体等）。community 源于拉丁语 communis，意为伴侣或共同的关系和感情。

　　第一次世界大战后，人们普遍对资本主义社会制度造成的社会秩序混乱和人际关系淡漠感到厌恶，滕尼斯的著作和他提出的社区概念才得到广泛重视。美国社会学家内斯比特（Robert A. Nesbit）认为，"社区是最基本、最广泛的社会学单位概念。毫无疑问，社区的重新发现标志着 19 世纪社会思想最引人注目的发展……其他任何概念都不能如此清晰地将 19 世纪与前一时代，即理性时代区别开来"③。起初，美国社会学界在使用 community 这一概念时，也不强调地域性。随着美国经验社会学研究的兴起，许多社会学家在研究社会共同体的过程中发现，要具体研究城市、研究各类居民的共同体，必须从地域共同体着手，因而更多地看到了"关系""社会组织"同"地域"的相关性，在使用 community 一词时赋予其更多的"地域"含义。

　　第二次世界大战之后，美国经验主义社会学又影响了德、法社会学界，从而使原来不带"地域"含义的德文词 gemeinschaft 和法文词 communaute 的词义也向地域共同体靠拢，带上了"地域"的含义。

---

①　章人英：《普遍社会学》，上海教育出版社，1990。
②　袁秉达、孟临：《社区论》，中国纺织大学出版社，2000。
③　袁秉达、孟临：《社区论》，中国纺织大学出版社，2000。

20 世纪 30 年代初，费孝通等一些燕京大学社会学系学生在系统介绍和引入西方社会学经典著作时，把英文 community 译成中文"社区"。

(二) 社区概念的发展

1. 滕尼斯的共同体价值社区

滕尼斯提出社区概念，是用来与现代社会作对比，借以说明社会变迁的趋势。而无论是对比还是讨论变迁，滕尼斯的视角始终关注着社会价值取向这个核心，并以人际关系状况、形成、变化为观察对象。滕尼斯认为，社区是指那些由具有共同价值取向的同质人口组成的，关系亲密、出入相友、守望相助、疾病相抚、富有人情味的社会关系和社会团体。人们加入这种团体，并不是有目的选择的结果，而是因为他生于斯、长于斯，是自然形成的。这样的团体逐渐向由目的和价值取向不同的异质人口组成的、由分工和契约联系起来的、缺乏感情和关系疏远的团体过渡，这就是社会。可见，在滕尼斯那里，社区是指传统的社会里关系亲密的社会团体，与现代社会不同，社区具有共同体的思想价值取向。

值得注意的是，当年滕尼斯所使用的"社区"概念，含义比较广泛，滕尼斯曾把社区分成三种类型。

(1) 地区社区，亦称地理的或空间的社区。它以共同的居住区及对周围（或附近）财产的共同所有权为基础。邻里、村庄、城镇等都是这种地区社区。

(2) 非地区社区，亦称"精神"社区。这种社区只内含着为共同目标而进行的合作和协调行动，同地理区位没有关系。这种社区包括宗教团体和某种职业群体等。

(3) 亲属社区，亦称血缘社区，即由具有共同血缘关系的成员构成的社区。

2. 以帕克为代表的功能主义社区

以美国芝加哥大学著名功能学派代表帕克教授为代表，将社区的概念逐步从制度、要素、内部结构、地域等角度进一步加以明确，因而这些研究通常被称为功能主义学派的概念。作为 20 世纪城市社会科学的研究高地，美国学者的这种研究思路、风格被迅速扩散到其他许多国家和地区，包括日本和中国。

R. E 帕克认为，社区是"占据在一块被或多或少明确地限定了地域上的人群汇集"，"一个社区不仅仅是人的汇集，也是组织制度的汇集"。帕克所讲的组织制度包括：①生态体制，即人口和组织的地理分布；②经济组织，即社区中的企业组织及其所构成的经济结构；③文化和政治体制，即约束社区成员、组织的规范体系。帕克还进一步概括了社区的基本特点：①它有一个按地域组织起来的人群；②这些人口程度不同地深深扎根在他们所生息的那块土地上；③社区中的每一个人都生活在一种相互依赖的关系之中①。

20 世纪 70 年代，美国社会学家 B. 菲利浦斯在应用较广的一本教科书中给社区下的定义是："社区是居住在某一特定区域的、共同实现多元目标的人所构成的群体。在社区中，每个成员可以过着完整的社会生活。"

美国社会学家戴伦·波普诺在《社会学》一书中曾十分简明地指出："社区是指在一个地理区域围绕着日常交往组织起来的一群人。"

日本社会学家横山宁夫在《社会学概论》中提出："社区具有一定的空间地区，它是一种综合性的生活共同体。"

中国著名社会学家费孝通在《社会学概论》一书中明确界定："社区是若干社会群体（家庭、民族）或社会组织（机关、团体）聚集在一地域里，形成一个在生活上互相关联的大集体。"

3. 互联网时代的虚拟社区

互联网的发明与广泛应用产生了虚拟社区。最早关于虚拟社区的定义是由瑞格尔德（Rheingold）作出的，他将其定义为"一群主要借助计算机网络彼此沟通的人们，他们彼此有某种程度的认识，分享某种程度的知识和信息，在很大程度上如同对待朋友般彼此关怀，从而所形成的团体"②。

虚拟社区有其"真实"的一面，比如国内互联网上的天涯社区的注册

---

① 章人英：《普遍社会学》，上海教育出版社，1990。
② 程娟：《社区概念的演变》，《知识经济》2012 年第 4 期。

用户总数已经达到 60 多万,每天都有几千人在线,其成员构成异质性也较强。人们在互联网上进行与日常生活中同样的行为,在网上与人聊天、交流、娱乐、购物等。同时在虚拟社区中同样存在一系列规则,制约和规范着网民的行为。就社区本源意义而言,虚拟社区具备了人口、情感交流两个最主要的因素。

二 新时期中国城市开展社区建设的意义

改革开放 30 多年来,中国社会结构发生了翻天覆地的变化,社会阶层分化明显。计划经济时期形成的单位制基本瓦解,取而代之的是市场经济条件下的新型社区,它正在承担原来单位制社区的某些职能。而现行体制在社区管理方面的职能十分薄弱,加强社区管理意义十分重大。

(1)加强社区管理,有利于通过社区规范来调解和整合社区中的矛盾冲突和利益纠葛。社区是一个复杂的动态发展的系统,社区中各要素的互动过程必须有一定的社区规范来约束和调整,各种利益纠葛冲突也须有制度化的渠道予以疏解,否则就会造成社区内社会公共秩序紊乱,影响社区居民的生产生活。

(2)加强社区管理,有利于培育社区成员民主自治的主体意识和能力,提高社区管理水平。社区管理是以人为本的管理,走向自治是其大发展的基本走向,社区成员从参与社区管理开始,分担管理责任,共享建设成果。

(3)加强社区管理,有利于维护社会稳定,促进社区发展。在社区管理工作中,凡关乎居民利益的大事,交居民讨论决定,让居民参与管理,不但满足了社区居民的物质文化生活需要,还调动了居民参与社区管理和社区建设的积极性。

(4)加强社区管理,有利于社会主义改革的深入推进。社区管理有助于减少或消解改革过程中由于社会结构和社会利益调整而不可避免地带来的社会生活方面的某些失调,提高社区成员对改革的承受能力。

三 中国城市社区管理历程

新中国成立后的 60 多年里,在社区层面先后采取过单位制附属街居制、社区制两种社区管理模式。前者是在计划经济体制下实施的,后者是在市场经济体制下实施的。

(一) 单位制

改革开放前,中国实行的是高度集权的中央计划经济体制,城市社会管理实行的是在城市街区范围内以单位制为主、以街居制为辅,以社会控制为目标,以管理的单向性、行政导向为主要特征,以管理范围和内容的全能性为核心的社会管理体制①。

单位制的形成具有历史背景,在当时起到了重要的社会整合作用。单位制具有政治、经济与社会三位一体的功能,以行政性、封闭性、单一性为特征。

1. 单位制形成的历史背景

(1) 历史经验

中国共产党在实现"从农村包围城市"夺取全国政权之后,工作重点转移到城市,但对城市社会管理缺乏经验。面对如何将广大人民群众组织起来进行社会主义建设的问题,只有从过去的军事组织经验中去寻找答案。在战争年代,中国共产党形成了一套特殊的管理体制,即"公家人"管理,对以中共党员为核心的公职人员,包括党群团体、军队、政治机构和公营企事业中的成员,一律实行供给制,范围扩展到衣、食、住、行、学、生、老、病、死、伤残等各方面,依照个人职务和资历定出不同等级的供给标准。这套管理体制在战争年代保持了强大的战斗力,为取得全国斗争胜利作出了贡献。新中国成立后,虽然将实行多年的供给制逐步改成了工资制,但"公家人"管理模式通过单位制度得到延续。不仅如此,在"大跃进"时期,还将这一社会管理形式推广至全国,在城市和农村掀起人民公社运

---

① 陈洁:《我国城市社区管理体制的演变历程》,《经营管理者》2011 年第 16 期。

动,试图将所有的人都纳入集生产、交换、分配和人民生活福利为一体的新型社会组织——人民公社内。

（2）现实需要

新中国成立后,中国共产党面临着一个从晚清时期开始整个中国政治解体与社会解构相结合的"总体性危机"。一方面,晚清之后,中国陷入外强入侵与军阀混战连绵不绝的混乱境地,中央政权日渐衰落,现代化步伐步履维艰;另一方面,传统的社会秩序遭到破坏,整个社会陷入前所未有的混乱局面,民众的力量处于"一盘散沙"状态,不能完全凝聚起来。要结束混乱状态,恢复社会秩序,使中国经济、政治发展步入正常轨道,首要的工作是将全社会组织起来,构筑有效的组织体系,因而单位制度成为当时选择的最佳方式。

（3）理想追求

经过百年的屈辱和战乱,新生的中国满目疮痍,资源稀缺,人口又众多。但是,为了急切证明社会主义的优越性,能早日进入共产主义社会,中国共产党背负着沉重的赶超压力。因此,全国自上而下要一盘棋,要尽快摆脱落后局面,要在尽可能短的时期内建立自己的工业化体系,要快速发展,要赶上并超过发达国家的水平。这是我们的美好愿望,而要实现这一理想,必须要有强有力的动员机制和资源配置机制,将全国庞大的人口和有限资源集中起来,所以对单位制的选择成为理所当然。

2. 单位制发挥的作用

单位制对应于高度集权的中央计划经济体制,它的实施对强化政治、经济和社会"三位一体式"的控制发挥了巨大的组织作用。

（1）政治控制

单位制中的单位,具有十分强大的政治控制功能。每个单位（不论事业单位,还是企业单位）都有一定的行政级别,每个单位都是由干部和工人这两大政治身份的人群组成,每个单位都作为行政体系中的一个"部件"而存在,每个单位通过设置健全的党群组织作为政治控制的主导力量。因此,通过单位这一种高效率的政治动员机制,党和政府可以运用自上而下的行政手段,大规模组织群众投入各种政治运动,以实现党和政府的各项方针和政策。借助于高度行政化的单位组织,党和政府的政治动员能力极强,党和政府可以直接面对民众,在战略部署上可以做到全国人民步调一致的现实行动。

(2) 经济控制

实行计划经济体制,国家控制了几乎所有的资源,国家对资源的调控和配置是通过各类单位组织来进行的。党和政府通过编制单位隶属关系网络,使每一个基层单位都隶属于自己的上级单位,使上级单位可以全面控制和支配下级单位,而上级单位又隶属于中央和省市行政部门。因此,党和政府可以通过上级单位对下级单位下达工作任务,调拨、分配人力、物力、财力等资源。单位制为国家集中稀缺资源投入现代化建设的关键性领域发挥了重要作用,有效地保证了国家战略意图的顺利实施,为我国工业化体系的快速建立奠定了良好基础。

(3) 社会控制

在新中国成立之初生产力水平很低的状态下,单位制的实行满足了广大人民群众对就业、劳保福利、分配住房、子女入学等方面的需求,实现了整个社会生活的高度组织化。全国人民几乎都被纳入了行政权力的控制范围之内,国家的触角延伸到了全国的每一个角落和社会生活的每一个领域,整个社会实现了高度的整合。

3. 单位制带来的后果

单位制带来了两个方面的后果,一个是社会高度整合,另一个是独立人格缺失。

(1) 社会高度整合

借助严密的单位组织系统,国家可以动员全国的人力物力资源,以达到某一经济建设和国家发展目标。单位制的高度组织化,使国家可以直接面对民众,因而可以将各种信息直接传达到民众手中,但民众却没有有效的形式实现自下而上的沟通,社会秩序完全依赖国家控制的力度。单位制使得全部社会生活呈现政治化、行政化趋向,社会的各个子系统缺乏独立运作的条件。由单位制而促成的高度整合的社会,克服了旧中国"一盘散沙"的社会危机,但也带来了整个社会缺乏活力的弊端。

(2) 独立人格缺失

单位制通过资源垄断和空间封闭,实现了单位成员对单位的高度依附,造就了单位成员的依赖性人格。首先,在单位制度下,国家控制的资源通过单位来调配。对于单位成员来说,单位是生活福利的唯一来源,不仅工资收入来自单位,而且诸如住房、副食品补贴、退休金、救济金、医疗保障等等都来自单位。由于体制外没有自由流动资源,离开单位就等于失去一切。单位不仅控制着经济资源,还掌握着政治资源、社会资源。单位掌握着提干、入党、出国进修等机会;单位是个人社会地位和身份合法性的界定者,没有单位出具的证明,就不能登记结婚或申请离婚,就不能外出旅行,不能购买飞机票乃至投宿住店;单位还解决职工及其子女的就业问题等。其次,单位制还限制了其成员的生活空间。一方面,单位通过提供各种福利设施,如学校、医院、食堂、浴室等,满足单位成员的基本需求。有的大单位还有专门的单位大院,单位人员朝夕生活在一起。这种单位内部的自足性,大大降低了人们在单位外交往的可能性。另一方面,单位成员更没有自由流动的空间,单位将每个人员牢牢地固定在每一个工作岗位上,"能进不能出,能上不能下",调动工作非常困难,整个社会流动是少之又少,因而每个单位成员的生活空间是相对稳定和封闭的。总的来说,单位通过垄断政治、经济、社会资源,形成了对单位成员的支配关系;通过严格控制单位成员的社会自由流动,造成了单位成员空间的封闭。没有自由流动的资源,缺乏自由流动的空间,单位成员只能全面依附单位,最终造就了独立人格的缺失。

(二) 街居制

街居制是单位制的补充,通过街居体系管理社会闲散人员、民政救济和社会优抚对象等,从而实现国家对城市全体社会成员的控制和整合,达到社会稳定和巩固政权的目的。

街居制的发展经历了以下四个阶段[①]。

1. 初创阶段 (1949~1957年)

1949 年新中国成立后,废除了旧中国长期实行的保甲制度,在城市建立了新的社区层次管理组织。1954 年,内务部颁布了关于建立街道办事处

---

① 陈洁:《我国城市社区管理体制的演变历程》,《经营管理者》2011 年第 16 期。

和居民委员会的通知,各地街公所改名为街道办事处。同年底,全国人大一届四次会议制定并通过了《城市街道办事处组织条例》和《城市居民委员会组织条例》,统一了街道办事处的名称、性质、任务和机构设置。居委会也进行了全面调整和改造,基本形成了作为国家政权派出机构的街道办事处和作为地域性自治组织的居民委员相互衔接的城市社区管理组织格局。

2. 发展阶段（1958～1965年）

1958年兴起的"大跃进"和"人民公社化"运动,使街道的机构和职能迅速膨胀。1965年,国家纠正了城市人民公社的做法,同时对居民委员会进行了整顿和恢复。

3. 挫折阶段（1966～1978年）

1966～1976年的"文化大革命"时期,街居体系遭到严重破坏,城市行政管理体系瘫痪,街道办事处和居委会成为阶级斗争的工具。1966年5月"文化大革命"开始,1967年1月后各街道办事处相继被造反派夺权,1968年改名为"街道革命委员会",其任务主要是"以阶级斗争为纲",对资产阶级进行全面专政,居民委员会被改名为"革命居民委员会",同时建立了街道党委,实行党的一元化领导。

4. 恢复与发展阶段（1979年以后）

1979年,"街道革命委员会"和"革命居民委员会"被撤销,恢复了原来的名称。1980年,全国人大常委会重新公布1954年的《城市居民委员会组织条例》,再次明确街道办事处是区政府的派出机构,街道党委、街道办事处、街道生产服务联社分开,并且宣布街道办事处和居民委员会的工作由民政部管理,1982年通过的《中华人民共和国宪法》首次明确指出,城市按居民居住地设立的居民委员会是基层群众性的自治组织。

（三）社区制

改革开放以来,特别是以市场经济为取向的经济体制改革及与之配套的相关政治、社会体制变革导致整个社会呈现结构性变迁。以单位制为主、街居制为辅的传统城市社区管理体制面临日益严重的危机,城市社会迫切需要一种新的组织形态和管理体制来解决社会中出现的种种问题和各种矛盾,承担重新整合社会的功能,在此背景下,社区制应运而生。

1. 社区制的主要特征

社区制是对单位制、街居制的一种超越和重构，它不同于后两者的主要特征体现在以下几个方面。

（1）从管理理念上来说，面向全体居民，以居民为主，以人为本，变管理为服务。社区制强调对人的关怀（不仅是物质利益的关怀，还有精神文化、政治参与、生活交往等方面的关怀），关注与居民生活息息相关的日常事务。过去的单位制、街居制有很强的控制思想，限制人口流动，固定职工与单位之间的关系。社区制则以服务为核心，合理配置社区资源，解决社区问题，努力为社区居民营造一个环境优美、治安良好、生活便利、人际关系和睦的人文居住环境，最终促成人与自然、社会的和谐发展。

（2）从管理形式上来说，从强调行政控制到强调居民参与。不管是单位制，还是街居制，行政功能都非常突出，命令式的上下级科层色彩浓厚。政府与单位之间、单位与职工之间都是服从与被服从的行政命令关系。市区政府、街道办事处和居委会之间的互动关系也都按照行政命令模式运行。而社区制则强调居民参与，要求社区发展的各项规划、社区建设的实施以及社区事务的处理等都必须体现社区居民的广泛参与，与居民的要求相适应。居民是社区的主体，是社区发展的始终动力源。

（3）从管理目标来说，改变政府管理的唯一主体地位，加强政府与社区的合作，达至善治（良好的治理）。我国过去在对基层社会的管理中，管理主体单一化，只能是政府。而在社区制中，社区管理主体的多元化是必然要求，除了国家（政府）主体之外，还须有社区自治组织以及专业化的社区服务与社会工作机构等。也就是说，政府的能力是有限的，要弥补政府的缺陷，就应实行共同治理，把政府"管不了、也管不好"的社区事务交由社区自己管理。不仅如此，还要在政府与社区之间形成积极而有成效的合作关系，在社区管理的过程中，以善治为目标，达到公共利益的最大化。

2. 社区制的发展历程

中国城市社区制发展已有 20 多年历史，已由最初的以开展社区服务为主发展到目前的全面建设时期，其间大致经历了三个发展阶段。

（1）准备阶段（1986～1990 年）

20 世纪 80 年代，民政部为适应改革的需要，在考虑中国国情并借鉴国外社区发展先进经验的基础上,在全国城市范围内广泛开展了社区服务工作。当时民政部对社区服务的定义是"社区的福利和服务",主要开展照顾老人、照顾残疾人、照顾儿童和便民利民等工作。1989年底,全国有3267个街道开展了社区服务工作,占当时城市街道总数的66.9%。

(2) 起步阶段(1991~1995年)

随着中国社会的发展和改革的深入,城市中的社会问题以及管理体制中的问题日益暴露出来,社区服务越来越难以包含社区作为城市基层组织所应承担的义务与职能。在这种情况下,民政部于1991年提出的社区建设概念,除社区服务外,还包括社区文化、社区卫生、社区医疗、社区康复、社区教育、社区道德等内容,要求各部门积极行动和协调配合。天津市河北区、河西区、杭州市下城区、上海市长宁区、普陀区、大连市中山区、沈阳市沈河区等率先行动,在一些基础较好的街道开始了社区建设实验。

(3) 全面推进阶段(1996年至今)

中共十四届五中全会以后,将适应社会主义市场经济体制的城市基层政权和基层组织建设提上议事日程。上海率先提出了《关于加强街道、居委会和社区管理的政策意见》。1998年,民政部在原基层政权建设司的基础上设立基层政权和社区建设司,为中国的社区建设提供了组织保障。国家领导人对社区建设的极大关注,推动了全国城市社区建设。2000年11月19日,中共中央办公厅、国务院办公厅批转了《民政部关于在全国推进城市社区建设的意见》,对城市社区建设的意义、指导思想、基本原则、主要目标、工作内容、工作开展、组织建设等作了详尽的规定,形成了较为系统和完整的工作思路。

3. 社区制的实践模式

在国家推进社区制过程中,一些省、直辖市先后出台政策或制订规划,创造出特点不同、各有所长的模式,比较有名的有上海模式、沈阳模式、江汉模式,它们为全国城市社区建设实践提供了借鉴和样本。

(1) 上海模式

上海在实行"两级政府、三级管理"改革过程中,将社区定位于街道范围,构筑了领导系统、执行系统和支持系统相结合的街道社区管理体制。

①社区管理领导系统:由街道办事处和城区管理委员会构成。在"两

级政府,三级管理"体制下,街道办事处成为一级管理的地位得到明确。随着权力的下放,街道办事处具有以下权限:部分城区规划的参与权、分级管理权、综合协调权、属地管理权。街道办成为街道行政权力的中心,"以块为主、条块结合"。与此同时,为了有效克服条块分割,建立了由街道办事处牵头,派出所、房管所、环卫所、工商所、街道医院、房管办、市容监察分队等单位参加的城区管理委员会。城区管委会定期召开例会,商量、协调、督察城区管理和社区建设的各种事项,制订社区发展规划。城区管委会作为条与块之间的中介,发挥着重要的行政协调功能,使条的专业管理与块的综合管理形成了有机的整体合力。

②社区管理执行系统:由四个工作委员会构成。上海模式在街道内设定了四个委员会:市政管理委员会、社区发展委员会、社会治安综合治理委员会、财政经济委员会。其具体分工为:市政管理委员会负责市容卫生、市政建设、环境保护、除害灭病、卫生防疫、城市绿化。社区发展委员会负责社会保障、社区福利、社区服务、社区教育、社区文化、计划生育、劳动就业、粮籍管理等与社区发展有关的工作。社会治安综合管理委员会负责社会治安与司法行政。财政经济管理委员会对街道财政负责预决算,对街道内经济进行工商、物价、税收方面的行政管理,扶持和引导街道经济。以街道为中心组建委员会的组织创新,把相关部门和单位包容进来,使街道在对日常事务的处理和协调中有了依托。

③社区管理支持系统:由辖区内企事业单位、社会团体、居民群众及其自治性组织构成。它们通过一定的组织形式,如社区委员会、社区事务咨询会、协调委员会、居民委员会等,主要负责议事、协调、监督和咨询,从而对社区管理提供有效的支持。

上海模式还将居民委员会这一群众性自治组织作为"四级网络",抓好居民委员会干部的队伍建设,充分发挥居委会的作用,推动居民参与社区管理,维护社区治安稳定,保障居民安居乐业。

(2)沈阳模式

将社区定位于小于街道而大于居委会辖区的范围上,在社区内创造性地设立了社区成员代表大会、社区协商议事委员会和社区(管理)委员会三个社区自治的主体组织。这套制度设计在全国产生了广泛的影响,其具体内容如下。

①社区成员代表大会，即"决策层"，是社区最高的民主管理权力机构。社区成员代表由社区居民、驻社区单位、团体按一定比例推荐产生。

②社区议事协商委员会，即"议事层"，是社区成员代表大会推荐产生的议事协商机构。成员由社区内有声望的知名人士、居民代表以及单位代表等人组成，主任一般由社区党组织负责人兼任。议事协商委员会作为社区成员代表大会闭会期间常设的义务工作机构，定期召开会议，行使社区民主议事、民主监督的职能。

③社区（管理）委员会，即"执行层"，是经社区成员代表大会选举产生的执行机构。社区委员会设主任、副主任及委员若干名，一般3～6名。委员会是社区各项工作的实际组织者、实施者。

(3) 江汉模式

是指武汉市江汉区社区制实践的经验，它以主动转变政府职能为核心特征。江汉区在学习借鉴沈阳模式的基础上重新将社区定位为"小于街道、大于居委会"，通过民主协商和依法选举，构建了社区自治组织，即社区成员代表大会、社区居委会和社区协商议事会（与沈阳模式不同的是，江汉模式没有把社区协商议事会作为社区成员代表大会的常设机构），并明确提出社区自治的目标，实现这一目标的路径选择是转变政府职能和培育社区自治，主要做法如下。

①理顺社区居委会与街道、政府部门的关系，明确职责，保障社区居委会的自治性。明确居委会与街道办事处的关系是指导与协助、服务与监督的关系，不是行政上下级关系。重新界定街道各行政部门与社区组织的职责，街道负责行政管理，承担行政任务；而居委会负责社区自治，不再与街道签订目标责任状，并有权拒绝不合理的行政摊派工作。同时建立社区评议考核街道各职能部门的制度，并以此作为奖惩的主要依据。

②政府职能部门面向社区，实现工作重心下移。区街政府部门要做到"五个到社区"，即工作人员配置到社区，工作任务落实到社区，服务承诺到社区，考评监督到社区，工作经费划拨到社区。

③权随责走，费随事转。包括两种情况：一是区街政府部门需要社区居委会协助处理"与居民利益有关的工作"时，经有关部门批准，并征得

社区组织同意后，区街政府部门必须同时为社区组织提供协助所需的权利和必要的经费；二是区街政府部门做不好也做不了的社会服务性职能向社区转移时，必须同时转移权利和工作经费，做到"谁办事、谁用钱、谁负责、谁有权"，从而保证社区在协助工作时或在承接社会性服务职能时，做到"有职、有权、有钱"。

④责任到人、监督到人。主要指为保证区街政府部门职能转换到位，不走过场，根治过去那种"遇见好事抢着做，遇见麻烦事无人做，遇见责任'踢皮球'"的顽症，建立"责任到人、承诺到人和监督到人"的实施机制。

通过这些措施，江汉区力图建立一种行政调控机制与社区自治机制结合、行政功能与自治功能互补、行政资源与社会资源整合、政府力量与社会力量互动的社区治理模式。

四　中国城市社区管理存在的主要问题

改革开放以来，中国城市社区管理转型基本上适应了社会主义市场经济体制发展的要求，取得了较为明显的效果，但是源于旧观念、旧体制的束缚，中国城市社区管理依然存在较多的问题。

（一）思想观念转变不到位

受旧观念、旧体制的束缚，许多人在内心深处还摆脱不了"官本位"思想，将社区管理片面理解为对社区居民的"管制"，以实现社会稳定的目标。于是，对社区居民不信任，各种防控措施花样翻新。长此以往，社区居民对社区管理会滋生不信任。不切实转变思想观念，不放下"官架子"，不将"社区管理"还原为"社区服务"，不处处为社区居民着想，不为社区居民排忧解难，社区管理会走入死胡同。

（二）行政管理色彩浓厚

虽然这些年各城市在社区管理体制方面做了很大的改革，但是行政色彩仍然很浓厚。一方面，街道办政社不分的现象没有得到切实改善，仍旧承担着上级政府交办的较大的工作量，常常疲于奔命，直接导致既不能帮助国家减轻社会管理负担，也不能正常发挥应尽的社会职能，难以满足社区居民日益增长的物质文化需求，也没有从思想上提高居民积极参与社区管理的意识。另一方面，居委会的工作方式也带有较浓的行政色彩，居民享受不到平等的发言权和参与权，只能被动接受，这是因为居委会是由街道办领导的，其工作内容要服从街道办的安排，随即也就陷入繁重的下派事务中。不仅加重了社区管理的负担，而且其基本职能也得不到很好的发挥。

（三）组织结构不合理

旧的管理体制下，我国形成了区、街、居三层组织结构的社区管理结构，区政府是城市管理的基层机关，街道办是区政府的派出机构，居民委员会是街道办领导下的基层群众自治组织，这种组织结构是中国社区管理的一大创举，但是具有明显的不合理性。一是街、区组织机构冗杂而又缺乏权威性。在市、区、街三级管理层面上机构设置和权限呈倒三角，一个街道办下设的居民委员会和各种领导小组达20多个，一个科室要管理多个职能部门，一个办事处主任可身兼数职，这样大大降低了街道办的工作效率，使社区中的很多单位对街道办不重视。二是社会团体和中介性组织缺乏。在我国城市社区中，除了街道办事处和居民委员会以外，其他社会团体如社区志愿者协会、老年人协会等组织严重不足。

（四）管理制度不健全

良好的社区管理离不开规范的管理制度和管理要求，在制度和要求的约束下，社区管理才能更顺利，社区居民才能拥有更舒心的环境，才会有更大的安全感。传统的社区管理制度存在以下缺陷：一是街道办事处对于自身的管理范围和权限没有作出明确规定，常常造成越权或无权管理；二是社区内的机关事业单位分别按照各自的规章办事，和街道办事处之间缺乏有效的法律约束，遇到事情往往容易形成互相"踢皮球"的现象；三是社区内的团体组织没有有效的行为规范，社区成员无从遵守；四是社区管理缺乏有效的监督管理机制，有些管理部门权力过于集中，难以做到监督和制约。

（五）社区居民缺乏认同感

社区应该是具有特定生活方式和成员归属感，相对独立的社会共同体。但是，目前我国大多数社区居民既不了解社区情况，又不关心社区公共事务，更别提对社区的认同感和归属感。部分居民对社区的了解仅仅是办低保、开证明时有个社区居委会。而社区居民委员会作为居民自我管理、自我教育、自我服务的基层群众性自治组织，长期以来主要以行政化方法提供管理与服务。社区居民缺少参与社区公共事务的渠道，参与意识薄弱，很难对社区形成归属感和认同感。

五　中国城市社区管理改革的方向

中国城市社区管理改革，一要转变思想观念，二要完善组织构架，三要创新管理模式，四要建立健全法律法规。具体来说，可以从以下五个方面进行改革。

（一）树立以民为本的指导思想

"以民为本"是城市社区建设的基本原则，居民是城市社区管理的主体，也是管理社区的主体，所以，社区管理的一切活动都应围绕居民来进行。要明确经济效益和社会效益的关系，把社会效益放在首要位置，重视环境清洁、安全保障、医疗保障等方面建设和社区成员之间的关系，只有坚持社区管理的基本原则，处处为居民着想，才能使居民对社区产生信赖感，真正把社区当成自己的家来看待。明确以民为本的指导思想，一方面要提高居民的素质，另一方面要改善居民的居住环境。居民的素质包括身体素质和心理素质两方面，社区建设中要建设健身场所，组织健身活动，鼓励人民群众积极参加身体锻炼，提高居民的身体素质。还要推进精神文明创建活动，组织各种文艺会演，开展各种文化宣传活动，提高居民的心理素质。

(二) 构造完善的社区组织间关系

完善的社区组织体系是加强社区管理的保证。社区组织体系包括社区居民代表大会、社区议事协商委员会、社区居民委员会和社区党组织等。社区居民代表大会是社区中的最高权力机构，社区中的重大事件都须通过它的审核；社区议事协商委员会对社区建设的规划及建设目标等问题提供决策建议，提高决策的可行性；居民委员会是社区的最基层管理机构，其人员素质的高低将直接影响社区管理的好坏，因此，构建一支高素质的管理队伍是加强社区管理的关键环节；社区党组织是社区领导的核心，只有坚持党组织的领导，才能保证社区的健康发展。

(三) 创新城市社区管理模式

社区管理模式应该由单纯的行政管理转变为政府和社区共同发挥作用的管理方式，改革的实质是政府权力和公民权利互相依赖性的转变，具体的实施措施包括：一是要明确居委会和其他社区管理部门各自应承担的责任，首先，明确街道职能部门应该独自承担的责任，把属于自己管理范围的事情处理好，不推给其他部门。其次，明确社区自治管理的职责。最后，明确部门应承担的但需要其他部门协助的职责。二是建立对街道和其他职能部门的监督考核机制，对不符合监督要求的部门要进行批评指导，不符合监督要求的个人将取消评优资格。

(四) 建立健全城市社区管理法律体系

1989年制定的《中华人民共和国城市居民委员会组织法》时至今日已经20多年，当时所依据的很多条件已不复存在，新法规的制定迫在眉睫。目前，新法规制定需要解决的问题主要包括：一是法律中明确规定基层社区组织的权利和地位。我国法律规定居委会是群众性的自治组织，要保证其自治能力，必须以法律形式界定其职责，做到在既定范围内工作和管理。二是明确国家应对基层社区组织承担的财政义务。基层社区组织分担了政府和单位的管理工作，国家有义务对基层社区组织提供必要的经费支持。

（五）大力发展城市社区非营利组织

城市社区非营利组织不仅是社区服务中的可利用资源，也是宣传优秀文化传统、增进居民间友谊的良好纽带，它将分散在城市社区中的每一户居民紧密联系起来，营造和谐、融洽的人际氛围。同时，为城市居民的自治管理提供有效管理方式。城市社区非营利组织为城市社区建设提供了很大帮助，要逐步加大对非营利组织的投入，使其更好地为城市社区管理服务。一方面，可以采用竞争机制合理分配经费投入，有效控制非营利组织的服务质量；另一方面，对于非营利组织从其他渠道获得的资金收入，只要能为公益事业服务，政府应给予其一定的优惠政策。

参考文献

中文著作

［1］〔美〕鲍威尔：《城市管理的成功之道》，姜杰、孙倩译，北京大学出版社，2008。

［2］陈强、尤建新：《现代城市管理学概论》，上海交通大学出版社，2008。

［3］陈瑞莲：《区域公共管理理论与实践研究》，中国社会科学出版社，2008。

［4］程俪聪：《城市管理概论》，同济大学出版社，2009。

［5］杜肯堂、戴士根：《区域经济管理学》，高等教育出版社，2005。

［6］〔美〕戴维·R.摩根等：《城市管理学：美国视角（第6版）》，中国人民大学出版社，2011。

［7］董鉴泓：《中国城市建设史》，中国建筑工业出版社，2004。

［8］胡刚：《城市管理》，知识产权出版社，2012。

［9］侯军岐、曲波：《国民经济管理学》，社会科学文献出版社，2009。

［10］侯景新等：《行政区划与区域管理——21世纪城市与区域管理系列教材》，中国人民大学出版社，2006。

［11］黄淼：《区域环境治理》，中国环境科学出版社，2009。

［12］黄之英：《中国法治之路》，北京大学出版社，2000。

［13］克拉潘：《简明不列颠经济史：从最早时期到1750年》，上海译文出版社，1980。

［14］连玉明：《城市管理的理论与实践》，中国时代经济出版社，2009。

［15］马彦琳、王建平：《现代城市管理学》，科学出版社，2006。

［16］宁越敏、张务栋、钱今昔：《中国城市发展史》，安徽科学技术出版社，1994。

［17］牛凤瑞：《城市学概论》，中国社会科学出版社，2008。

［18］牛凤瑞、潘家华：《中国城市发展报告 No.1》，社会科学文献出版社，2008。

［19］彭和平、侯书森：《城市管理学》，高等教育出版社，2009。

［20］潘家华、牛凤瑞、魏后凯：《中国城市发展报告 No.2》，社会科学文献出版社，2009。

［21］陶希东：《中国跨界区域管理：理论与实践探索》，上海社会科学出版社，2010。

［22］唐燕：《德国大都市地区的区域治理与协作》，中国建筑工业出版社，2011。

［23］唐华：《美国城市管理——以凤凰城为例》，中国人民大学出版社，2006。

［24］卫鹏鹏：《中国区域经济协调发展机制研究》，中国地质大学出版社，2009。

［25］王旭、罗思东：《美国新城市化时期的地方政府——区域统筹与地方自治的博弈》，厦门大学出版社，2010。

［26］王郁：《城市管理创新：世界城市东京的发展战略》，同济大学出版社，2004。

［27］汪伟全：《区域经济圈内地方利益冲突与协调》，上海人民出版社，2011。

［28］王谦：《现代城市公共管理》，重庆大学出版社，2005。

［29］王枫云：《城市管理学新编》，中山大学出版社，2010。

［30］王佃利、曹现强：《城市管理学》，首都经济贸易大学出版社，2007。

［31］王德起、谭善勇：《城市管理学》，中国建筑工业出版社，2009。

［32］姚永玲：《城市管理学》，北京师范大学出版社，2008。

［33］杨戌标：《中国城市管理研究——以杭州市为例》，经济管理出版社，2005。

［34］叶裕民、皮定均：《数字化城市管理导论》，中国人民大学出版社，

2009。

［35］袁秉达、孟临：《社区论》，中国纺织大学出版社，2000。

［36］周俊：《城市管理学导论》，上海大学出版社，2006。

［37］郑国：《国内外数字化城市管理案例》，中国人民大学出版社，2009。

［38］章人英：《普遍社会学》，上海教育出版社，1990。

［39］张波、刘江涛：《城市管理学》，北京大学出版社，2007。

［40］张创新：《公共管理学前沿探微》，社会科学文献出版社，2010。

［41］张军扩、侯永志：《协调区域发展：30年区域政策与发展回顾》，中国发展出版社，2008。

［42］诸大建：《管理城市发展：探讨可持续发展的城市管理模式》，同济大学出版社，2004。

中文论文

［1］安树伟、肖金成、吉新峰：《"十二五"时期我国区域政策调整研究》，《发展研究》2010年第7期，第12～15页。

［2］陈振明：《市场失灵与政府失败——公共选择理论对政府与市场关系的思考及其启示》，《厦门大学学报（哲社版）》1996年第2期，第1～5页。

［3］陈潇潇、朱传耿：《试论主体功能区对我国区域管理的影响》，《经济问题探索》2006年第12期，第21～25页。

［4］陈平：《数字化城市管理模式探析》，《北京大学学报（哲学社会科学版）》2006年第1期，第142～148页。

［5］陈光庭：《西方国家城市行政体制的改革趋向》，《城市问题》1999年第5期，第2～7页。

［6］陈迅、尤建新：《新公共管理对中国城市管理的现实意义》，《中国行政管理》2003年第2期，第38～43页。

［7］陈洁：《我国城市社区管理体制的演变历程》，《经营管理者》2011年第16期，第37～38页。

［8］陈国申、李广：《从城乡二元对立到一体治理——西方发达国家城市治

理模式变迁及启示》,《东南学术》2007年第2期,第62~68页。

[9] 陈健:《发展绿色产业,规范绿色标志制度——概述德国"蓝色天使"绿色标志给我们的启示》,《生态经济》2009年第1期,第104~108页。

[10] 程娟:《社区概念的演变》,《知识经济》2012年第4期,第66~67页。

[11] 段溢波:《公共选择理论的"政府失败说"及其对我国政府管理的启示》,《湖北财经高等专科学校学报》2005年第4期,第18~21页。

[12] 董倩:《英国中世纪手工业行会的城市管理职能探析》,《大众商务》2010年第8期,第139页。

[13] 杜创国:《日本地方自治及其地方分权改革》,《中国行政管理》2007年第4期,第85~87页。

[14] 范广垠:《城市管理学的基础理论体系》,《陕西行政学院学报》2009年第2期,第75~78页。

[15] 樊杰:《我国主体功能区划的科学基础》,《地理学报》2007年第4期,第339~350页。

[16] 方创琳、张舰:《中国城市群形成发育的政策保障机制与对策建议》,《中国人口、资源与环境》2011年第10期,第107~113页。

[17] 冯正好:《中世纪西欧的城市特许状》,《西南大学学报(社会科学版)》2008年第1期,第184~189页。

[18] 冯晓英:《公共治理视角下的城市管理》,《北京社会科学》2009年第6期,第32~37页。

[19] 郭正林:《城市管理创新导向:从政府管理到公共治理》,《城市管理》2004年第1期,第40~43页。

[20] 郭冬梅:《近代日本的地方自治和村落共同体》,《日本学论坛》2004年第1期,第34~38页。

[21] 顾强生:《弹响城市管理三部曲——新加坡城市管理的启示》,《领导科学》2007年第14期,第8~9页。

[22] 何翔、唐果:《公共选择理论对我国政府管理的几点启示》,《科学学与科学技术管理》2005年第2期,第89~91页。

[23] 郝毛、诸大建：《基于三元治理结构的现代化城市管理》，《城市管理》2005年第3期，第42~44页。

[24] 汉克·V. 萨维奇、罗纳德·K. 福格尔：《区域主义范式与城市政治》，《公共行政评论》2009年第3期，第51~204页。

[25] 贾希为：《美国是如何管理城市的城市问题》2002年第1期，第57~60页。

[26] 姜爱林、任志儒：《网格化：现代城市管理新模式——网格化城市管理模式若干问题初探》，《上海城市规划》2007年第1期，第9~11页。

[27] 姜爱林、任志儒：《现代城市管理若干理论述评》，《成都理工大学学报（哲学社会科学版）》2006年第3期，第72~75页。

[28] 蒋嵘涛、李萍：《城市群政府管理体制创新对"两型社会"建设的回应路径研究》，《社会科学辑刊》2009年第4期，第31~33页。

[29] 吉新峰、安树伟：《主体功能区建设中区域利益的协调机制研究》，《未来与发展》2009年第11期，第35~39页。

[30] 李陈筛：《在布坎南的公共选择理论对我国政府改革的启示》，《佳木斯教育学院学报》2010年第3期，第45~46页。

[31] 李昕、陈鸿惠：《城市管理中的政府权能变迁》，《上海城市管理职业技术学院学报》2006年第3期，第57~59页。

[32] 李健：《刍议我国的城市管理体制创新》，《改革与战略》2006年第1期，第122~123页。

[33] 李远：《德国区域管理理论与实践及可鉴之处》，《经济与社会发展》2007年第11期，第82~86页。

[34] 李盛：《关于我国城市管理转轨的若干问题》，《城市发展研究》2001年第3期，第53~57页。

[35] 李宁、丁四保、王荣成、赵伟：《我国实践区际生态补偿机制的困境与措施研究》，《人文地理》2010年第1期，第77~80页。

[36] 李军杰、钟君：《中国地方政府经济行为分析——基于公共选择视角》，《中国工业经济》2004年第4期，第27~34页。

[37] 刘淑妍：《当前我国城市管理中公众参与的路径探索》，《同济大学学

报（社会科学版）》2009年第3期，第85~92页。

[38] 刘薇：《公共选择理论对我国改革和完善公共政策制定机制的启示》，《科技创业月刊》2009年第1期，第72~73页。

[39] 刘正山：《我国粮食安全与耕地保护》，《财经科学》2006年第7期，第89~95页。

[40] 吕普生：《中国行政审批制度的结构与历史变迁——基于历史制度主义的分析范式》，《公共管理学报》2007年第1期，第25~32页。

[41] 吕国庆、汤茂林、姜海宁：《中国八大都市区管治阶段的判定》，《人文地理》2009年第3期，第37~41页。

[42] 罗翔、曹广忠：《日本城市管理中的地方自治及对中国的启示》，《城市发展研究》2006年第2期，第29~33页。

[43] 罗志红、朱青：《完善我国生态补偿机制的财税政策研究》，《税务与经济》2009年第6期，第96~100页。

[44] 罗淑宇：《试论十四世纪之前英国城市包税与城市自治的关系》，《云梦学刊》2010年第2期，第49~53页。

[45] 罗翔、曹广忠：《日本城市管理中的地方自治及对中国的启示——以东京为例》，《城市发展研究》2006年第2期，第29~33页。

[46] 蓝志勇：《地方政府的治理创新战略——以美国凤凰城的案例及经验为例》，《东南学术》2005年第1期，第30~37页。

[47] 梁启东、郑古蕊：《生态功能分区与辽宁经济社会协调发展》，《沈阳工业大学学报（社会科学版）》，2008年第1期，第29~32页。

[48] 林秀玉：《工业革命与英国都市化特征之探析》，《闽江学院学报》2004年第6期，第91~94，102页。

[49] 陆伟芳、余大庆：《19世纪英国城市政府改革与民主化进程》，《史学月刊》2003年第6期，第106~111页。

[50] 娄贵书：《日本封建时代的地方自治》，《贵州师范大学学报（社会科学版）》2004年第2期，第41~45页。

[51] 马祖琦、刘君德：《国外大城市中心城区区级政区职能研究》，《城市规划》2003年第3期，第43~48页。

[52] 马祖琦：《伦敦大都市管理体制研究综述》，《城市问题》2006年第8

期，第 92~97，100 页。

[53] 梅雪芹：《工业革命以来西方主要国家的环境污染与治理的历史考察》，《世界历史》2000 年第 6 期，第 20~29 页。

[54] 毛良虎、赵国杰：《都市圈协调发展机制研究》，《安徽农业科学》2008 年第 7 期，第 2955~2956，2963 页。

[55] 潘娜娜：《文化认同与十五十六世纪欧洲"统一"观念》，《海南大学学报（人文社会科学版）》2007 年第 4 期，第 468~473 页。

[56] 邱中慧：《中美地方政府改革比较》，《云南行政学院学报》2007 年第 4 期，第 17~19 页。

[57] 申剑、白庆华：《从城市管理走向城市治理》，《上海城市管理职业技术学院学报》2006 年第 5 期，第 46~49 页。

[58] 宋斌、谢昕：《地方政府绩效考评的人文 GDP 指标体系初探》，《中国行政管理》2008 年第 2 期，第 33~36 页。

[59] 唐健、陈志刚、赵小风、黄贤金：《论中国的耕地保护与粮食安全——与茅于轼先生商榷》，《中国土地科学》2009 年第 3 期，第 4~10 页。

[60] 王佃利：《城市管理转型与城市治理分析框架》，《中国行政管理》2006 年第 12 期，第 97~101 页。

[61] 王春艳：《美国城市化的历史、特征及启示》，《城市问题》2007 年第 6 期，第 92~98 页。

[62] 王国金、张镭：《中世纪欧洲城市制度及其法律意义》，《文史哲》2001 年第 6 期，第 117~120 页。

[63] 王郁：《从城市规划到城市管理的转型与挑战》，《城市管理》2003 年第 2 期，第 44~45 页。

[64] 王健：《我国生态补偿机制的现状及管理体制创新》，《中国行政管理》2007 年第 11 期，第 87~91 页。

[65] 王岱凌、蒋国瑞：《基于模糊层次分析法的城市管理绩效评价研究》，《中国管理信息化》2009 年第 22 期，第 66~71 页。

[66] 韦修仁、苏华清：《关于加强现代城市管理的思考》，《广西高等财政专科学校学报》，2001 年第 6 期，第 14 页。

[67] 吴俊、王达:《城市建设与城市管理体制及机制研究》,《城市问题》2007 年第 10 期,第 83～85 页。

[68] 〔美〕吴量福、韩志红:《中美地方政府的行政立法与执法系统:案例比较研究》,《社会科学论坛》2009 年第 5 期(上),第 5～23 页。

[69] 吴顺发、程和侠:《关于完善西部生态补偿机制的建议》,《中国农学通报》2007 年第 8 期,第 436～439 页。

[70] 谢守红、傅春梅:《西方大都市区的管理模式及其对我国的启示》,《衡阳师范学院学报》2006 年第 4 期,第 81～84 页。

[71] 徐增辉:《公共选择理论与西方新公共管理的兴起》,《理论导报》2008 年第 5 期,第 39～41 页。

[72] 徐徽、罗文剑:《亚里士多德"城邦善与公正"思想对现代公共管理的启示》,《辽宁工程技术大学学报(社会科学版)》2007 年第 1 期,第 58～60 页。

[73] 杨俊明:《奥古斯都时期古罗马的城市管理与经济状况》,《湖南师范大学社会科学学报》2004 年第 4 期,第 119～122 页。

[74] 杨宏山:《数字化城市管理的制度分析》,《城市发展研究》2009 年第 1 期,第 109～113 页。

[75] 杨长明:《中国城市管理体制的历史考察与改革思考》,《襄樊学院学报》1999 年第 3 期,第 23～27 页。

[76] 杨馥源、陈剩勇、张丙宣:《城市政府改革与城市治理发达国家的经验与启示》,《浙江社会科学》2010 年第 8 期,第 19～24 页。

[77] 姚介厚:《亚里士多德的实践哲学和对希腊城邦文明的理论总结》,《社会科学战线》2009 年第 1 期,第 56～65 页。

[78] 姚尚建:《区域公共危机治理:逻辑与机制》,《广西社会科学》2009 年第 7 期,第 79～83 页。

[79] 叶南客、李芸:《现代城市管理理论的诞生与演进》,《东南大学学报(哲学社会科学版)》,2000 年第 2 期,第 43～49 页。

[80] 叶嘉安:《香港城市管理与可持续发展》,《城乡建设》2004 年第 14 期,第 18～19 页。

[81] 叶岱夫:《空间稀缺理论与城市管理》,《城市管理》2004 年第 5 期,第

50~53页。

[82] 易志斌、马晓明：《多中心合作治理模式与城市管理发展方向》，《城市问题》2009年第3期，第79~81,95页。

[83] 易承志：《美国大都市区政府治理实践及其启示》，《中国行政管理》2010年第5期，第106~108页。

[84] 应瑛、寿涌毅、吴晓波：《城市管理公众满意度指数模型实证分析》，《城市发展研究》2009年第1期，第102~108页。

[85] 尹卫东：《用最少的资源，做最好的自己——新加坡城市规划建设的启示》，《世界经济与政治论坛》2007年第2期，第120~123页。

[86] 于丹丹：《西方发达国家发展绿色消费的经验做法及启示》，《经营管理者》2010年第7期，第98页。

[87] 喻兴龙：《深化城市管理综合执法改革构建和谐城管——兰州市城市管理综合执法问题研究》，《西北民族大学学报（社会科学版）》2008年第5期，第77~82,136页。

[88] 俞慰刚：《日本城市管理的法制化与我国的借鉴》，《上海城市管理职业技术学院学报》2009年第5期，第26~29页。

[89] 岳书敬：《不对称信息条件下政府效率的提高与公众参与》，《经济问题探索》2005年第3期，第13~15页。

[90] 张传玖：《守望大地20年——〈土地管理法〉成长备忘录》，《中国土地》2006年第6期，第4~8页。

[91] 张紧跟：《伦敦大都市区治理改革及启示》，《岭南学刊》2011年第4期，第49~53页。

[92] 张紧跟：《新区域主义：美国大都市治理的新思路》，《中山大学学报（社会科学版）》2010年第1期，第131~141页。

[93] 张连辉：《新中国环境保护事业的早期探索》，《当代中国史研究》2010年第4期。

[94] 张京祥：《省直管县改革与大都市区治理体系的建立》，《经济地理》2009年第8期，第1244~1249页。

[95] 张京祥、黄春晓：《管制理念及中国大都市区管理模式的重构》，《南京大学学报（哲学·人文科学·社会科学）》2001年第5期，第

111~116页。

[96] 张京祥、刘荣增:《美国大都市区的发展与管理》,《国外城市规划》2005年第1期,第6~8页。

[97] 张日元、王敬敏:《英国中世纪地方自治的历史考察》,《岱宗学刊》2007年第3期,第65~67页。

[98] 张秀仕:《从中西城市文化的比较看构建和谐城市管理的途径》,《山西大同大学学报(社会科学版)》2009年第2期,第78~82页。

[99] 张瑜、牛晓燕:《公共选择理论对我国政府与市场关系的启示》,《河北青年管理干部学院学报》2009年第6期,第14~16页。

[100] 张翼、吕斌:《和谐社会与城市规划公共性的回归》,《城市问题》2008年第4期,第5~9页。

[101] 张器先:《建立我国城市管理的法律体系》,《城市问题》1984年第3期,第28~30页。

[102] 张永平:《建立生态补偿机制的财政政策研究》,《中国国土资源经济》2007年第8期,第21~23页。

[103] 章仁彪:《从"全能政府到无为而治"——论现代城市管理理念的转变》,《同济大学学报(社会科学版)》2002年第3期,第37~43页。

[104] 赵燕青:《从城市管理走向城市经营》,《城市规划》2002年第11期,第7~15页。

[105] 赵锦辉:《西方城市管理理论:起源、发展及其应用》,《渤海大学学报(哲学社会科学版)》2008年第5期,第112~117页。

[106] 赵夏:《城市文化遗产保护与城市文化建设》,《城市问题》2008年第4期,第76~80页。

[107] 赵文洪:《中世纪西欧的平等观念》,《世界历史》2004年第1期,第40~48页。

[108] 周业安、赵晓男:《地方政府竞争模式研究——构建地方政府间良性竞争秩序的理论和政策分析》,《管理世界》2002年第12期,第52~61页。

[109] 周执前:《中国古代城市管理法律初探》,《河北法学》2009年第7

期，第 52~56 页。

[110] 邹兵、施源：《建立和完善我国城镇密集地区协调发展的调控机制》，《城市规划会刊》2004 年第 3 期，第 9~15 页。

[111] 邹红美：《生态补偿机制的实践与反思》，《经济与管理》2007 年第 7 期，第 27~29 页。

[112] 朱东恺、施国庆：《城市建设征地和拆迁中的利益关系分析》，《城市发展研究》2004 年第 3 期，第 23~26 页。

[113] 朱英明：《国外大都市区管理的实践及其借鉴》，《世界地理研究》2001 年第 1 期，第 67~70 页。

[114] 卓凯、殷存毅：《区域合作的制度基础：跨界治理理论与欧盟经验》，《财经研究》2007 年第 1 期，第 55~65 页。

[115] 卓越：《英国新公共管理运动的理论与实践》，《新视野》2006 年第 6 期，第 2~4 页。

中文报纸

[1] 张京祥、何建颐：《构建以"公共政策"为核心内容的区域规划体系》，2010-04-22，第 010 版。

[2] 张可云：《"主体功能区"划分显示中国区域管理新进展》，2008-08-04，第 D03 版，《中国联合商报》（地方资讯）。

[3] 赵建平：《寻找流域与区域管理的结合点》，2005-05-28，第 001 版，《中国水利报》。

[4] 赵琳琳、柯学东、窦丰昌、刘旦、刘彦广、周方、舒涓：《应速建跨行政区域协调机制》，2006-03-04，第 003 版，《广州日报》。

学位论文

[1] 陈友青：《从城市管理到城市治理——论我国城市管理模式的转变》，厦门大学硕士学位论文，2002。

[2] 冯建涛：《我国地方政府绩效评估的价值体系研究》，西北大学硕士学

位论文，2008。

[3] 何光汉：《区域空间管制下的四川省主体功能区建设研究》，西南财经大学博士学位论文，2010。

[4] 李壮松：《美国城市经理制——历史到现实的综合考察》，厦门大学博士学位论文，2002。

[5] 刘月：《中国政府治理体系研究》，武汉大学硕士学位论文，2005。

[6] 刘坚：《株洲市城市管理绩效评估与提升对策》，湘潭大学MPA学位论文，2010。

[7] 罗思东：《美国大都市地区的政府与治理——地方政府间关系与区域主义改革》，厦门大学博士学位论文，2005。

[8] 聂小明：《从行政主导到多元治理——昆山城市管理模式转型研究》，同济大学MPA学位论文，2006。

[9] 魏培：《转型期我国利益表达机制研究》，河南大学硕士学位论文，2011。

[10] 徐轶：《我国城市管理模式沿革及其创新研究》，华东师范大学硕士学位论文，2005。

[11] 王怀坤：《城市管理长效化问题研究——以连云港市为例》，苏州大学硕士学位论文，2010。

[12] 胥静：《信息化时代城市管理新模式的构建——数字城管》，苏州大学硕士学位论文，2008。

[13] 杨芳芳：《我国城市辖区制度研究》，西南交通大学硕士学位论文，2007。

[14] 曾兆勇：《博弈论在区域经济合作中的运用研究——以东北亚区域为例》，东北师范大学硕士学位论文，2006。

[15] 郑溢元：《市辖区政府职能问题分析——以广州市四个市辖区政府为例》，暨南大学硕士学位论文，2006。

[16] 朱建辉：《城市摊贩治理研究：国家与社会关系视角下的底层抗争与权力交换——以湖南L市为例》，浙江大学硕士学位论文，2011。

外文著作

［1］Altshuler, A. A.（2011）. Governance and Opportunity in Metropolitan America. Washington D. C.：National Academies Press.

［2］Betsill, M.（2011）. Cities and Climate Change：Urban Sustainability and Global Environmental Governance. London：Routledge.

［3］Dembski, S.（2011）. Metropolitan Governance and Strategic Learning. London：VDM Verlag.

［4］Franzen, A., Hobma. F., Jonge. H. D., & Wigmans. G.（2011）. Management of Urban Development Processes in the Netherlands：Governance, Design, and Feasibility. New York：Island Pr.

［5］Girardet, H.（2008）. Cities People Planet：Urban Development and Climate Change. London：Wiley；2.

［6］Herrschel, T.（2011）. Cities, State and Globalization：City-regional Governance in Europe and North America. London：Routledge.

［7］Pierre, J.（1997）. Partnerships in Urban Governance：European and American Experience. London：Macmillan Press, LTD.

外文期刊

［1］Bowman, A. & Kearney, R.（2012）. Are U. S. Cities Losing Power and Authority? Perceptions of Local Government Actors. Urban Affairs Review, 48（4）, 528 – 546.

［2］Brenner, N.（2003）. Metropolitan Institutional Reform and the Rescaling of State Space in Contemporary Western Europe. European Urban and Regional Studies, 10（4）, 297 – 324.

［3］Bunar, N.（2011）. Urban Development, Governance and Education：The Implementation of an Area-based Development Initiative in Sweden. Urban Studies, 48（13）, 2849 – 2864.

[4] Carley, M. (2000). Urban Partnerships, Governance and the Regeneration of Britain's Cities. International Planning Studies, 5 (3), 273 - 297.

[5] Davies, J. S. (2002). The Governance of Urban Regeneration: A Critique of the 'Governing Without Government' Thesis. Public Administration, 80 (2), 301 - 322.

[6] DiGaetano, A. & Strom, E. (2003). Comparative Urban Governance: An Integrated Approach. Urban Affairs Review, 38 (3), 356 - 395.

[7] Elander, I. (2002). Partnerships and Urban Governance. International Social Science Journal, 54 (172), 191 - 204.

[8] Gerometta, J. (2005). Social Innovation and Civil Society in Urban Governance: Strategies for an Inclusive City. Urban Studies, 42 (11), 2007 - 2021.

[9] Gilbert, A. (2006). Good Urban Governance: Evidence from a Model City? Bulletin of Latin American Research, 25, 392 - 419. doi: 10.1111/j.0261 - 3050.2006.00204.x.

[10] Harvey, D. (1989). From Managerialism to Entrepreneurialism: The Transformation in Urban Governance in Late Capitalism. Geogr. Ann. 71B (1), 3 - 17.

[11] Healey, P. (2004). Creativity and Urban Governance. Policy Studies, 25 (2), 87 - 102.

[12] Kearns, A. & Paddison, R. (2000). New Challenges for Urban Governance. Urban Studies, 37 (5 - 6), 845 - 850.

[13] Klink, J. & Denaldi, R. (2012). Metropolitan Fragmentation and Neolocalism in the Periphery: Revisiting the Case of Curitiba. Urban Studies, 49 (3), 543 - 561.

[14] Kokx, A. & Kempen, R. V. (2010). Dutch Urban Governance: Multilevel or Multi-scalar? European Urban and Regional Studies, 17 (4), 355 - 369.

[15] Laquian, A. A. (2005). Metropolitan Governance Reform in Asia. Public Administration and Development, 25 (4), 307 - 315.

[16] Lefèvre, C. (1998). Metropolitan Government and Governance in Western Countries: A Critical Review. International Journal of Urban and Regional Research, 22 (1), 9 – 25. doi: 10.1111/1468 – 2427.00120.

[17] Nelson, K. L. & Nollenberger, K. (2011). Conflict and Cooperation in Municipalities: Do Variations in Form of Government Have an Effect? Urban Affairs Review, 47 (5), 696 – 720.

[18] Parés, M., Martí, J. B. & Costa, M. M. (2012). Does Participation Really Matter in Urban Regeneration Policies? Exploring Governance Networks in Catalonia (Spain). Urban Affairs Review, 48 (2), 238 – 271.

[19] Pierre, J. (1999). Models of Urban Governance: The Institutional Dimension of Urban Politics. Urban Affairs Review, 34 (3), 372 – 396.

[20] Schreurs, M. A. (2010). Multi-level Governance and Global Climate Change in East Asia. Asian Economic Policy Review, 5 (1), 88 – 105.

[21] Sweeting, D. (2002). Leadership in Urban Governance: The Mayor of London. Local Government Studies, 28 (1), 3 – 20.

[22] Tanner, T., Mitchell, T., Polack, E. & Guenther, B. (2009). Urban Governance for Adaptation: Assessing Climate Change Resilience in Ten Asian Cities. IDS Working Papers, 01 – 47. doi: 10.1111/j.2040 – 0209.2009.00315_2.x.

[23] Vázquez, B. I., Conceição, P. & Fernandes, R. (2009). Partnership Diversity and Governance Culture: Evidence from Urban Regeneration Policies in Portugal. Urban Studies, 46 (10), 2213 – 2238.

图书在版编目（CIP）数据

城市管理的理论与实践／宋迎昌著 . —北京：社会科学文献出版社，2013.4
 ISBN 978 - 7 - 5097 - 4300 - 3

Ⅰ.①城… Ⅱ.①宋… Ⅲ.①城市管理 - 研究 Ⅳ.①F293

中国版本图书馆 CIP 数据核字（2013）第 029710 号

城市管理的理论与实践

著　　者／宋迎昌

出 版 人／谢寿光
出 版 者／社会科学文献出版社
地　　址／北京市西城区北三环中路甲 29 号院 3 号楼华龙大厦
邮政编码／100029

责任部门／皮书出版中心（010）59367127　　责任编辑／陈　颖
电子信箱／pishubu@ ssap. cn　　　　　　　　责任校对／郭艳萍
项目统筹／邓泳红　陈　颖　　　　　　　　　责任印制／岳　阳
经　　销／社会科学文献出版社市场营销中心（010）59367081　59367089
读者服务／读者服务中心（010）59367028

印　　装／三河市尚艺印装有限公司
开　　本／787mm×1092mm　1/16　　　　印　张／20
版　　次／2013 年 4 月第 1 版　　　　　　字　数／312 千字
印　　次／2013 年 4 月第 1 次印刷
书　　号／ISBN 978 - 7 - 5097 - 4300 - 3
定　　价／69.00 元

本书如有破损、缺页、装订错误，请与本社读者服务中心联系更换
▲ 版权所有　翻印必究